Studienwissen kompakt

Mit dem Springer-Lehrbuchprogramm „Studienwissen kompakt" werden kurze Lerneinheiten geschaffen, die als Einstieg in ein Fach bzw. in eine Teildisziplin konzipiert sind, einen ersten Überblick vermitteln und Orientierungswissen darstellen.

Weitere Bände dieser Reihe finden Sie unter
http://www.springer.com/series/13388

Thomas Schuster
Leona Rüdt von Collenberg

Investitionsrechnung: Kapitalwert, Zinsfuß, Annuität, Amortisation

Thomas Schuster
Duale Hochschule Baden-Württemberg Mannheim
Mannheim, Deutschland

Leona Rüdt von Collenberg
Inhouse Consulting GmbH
Deutsche Post DHL
Bonn, Deutschland

Studienwissen kompakt
ISBN 978-3-662-47798-4   ISBN 978-3-662-47799-1 (eBook)
DOI 10.1007/978-3-662-47799-1

Die Deutsche Nationalbibliothek verzeichnet diese Publikation in der Deutschen Nationalbibliografie; detaillierte bibliografische Daten sind im Internet über http://dnb.d-nb.de abrufbar.

Springer Gabler
© Springer-Verlag GmbH Deutschland 2017

Das Werk einschließlich aller seiner Teile ist urheberrechtlich geschützt. Jede Verwertung, die nicht ausdrücklich vom Urheberrechtsgesetz zugelassen ist, bedarf der vorherigen Zustimmung des Verlags. Das gilt insbesondere für Vervielfältigungen, Bearbeitungen, Übersetzungen, Mikroverfilmungen und die Einspeicherung und Verarbeitung in elektronischen Systemen.

Die Wiedergabe von Gebrauchsnamen, Handelsnamen, Warenbezeichnungen usw. in diesem Werk berechtigt auch ohne besondere Kennzeichnung nicht zu der Annahme, dass solche Namen im Sinne der Warenzeichen- und Markenschutz-Gesetzgebung als frei zu betrachten wären und daher von jedermann benutzt werden dürften.

Der Verlag, die Autoren und die Herausgeber gehen davon aus, dass die Angaben und Informationen in diesem Werk zum Zeitpunkt der Veröffentlichung vollständig und korrekt sind. Weder der Verlag noch die Autoren oder die Herausgeber übernehmen, ausdrücklich oder implizit, Gewähr für den Inhalt des Werkes, etwaige Fehler oder Äußerungen.

Lektorat: Margit Schlomski

Gedruckt auf säurefreiem und chlorfrei gebleichtem Papier

Springer Gabler ist Teil von Springer Nature
Die eingetragene Gesellschaft ist Springer-Verlag GmbH Deutschland
Die Anschrift der Gesellschaft ist: Heidelberger Platz 3, 14197 Berlin, Germany

勿论方向，且全心赴之。
Wù lùn fāng xiàng, qiě quán xīn fù zhī.
Wohin du auch gehst, geh mit deinem ganzen Herzen.
Konfuzius (孔子; Kǒngzǐ) (571–489 vor Christus)

Vorwort

Das vorliegende Lehrbuch beinhaltet die Themen, die typischerweise in einer Grundlagenvorlesung in einem wirtschaftswissenschaftlichen Bachelor-Studiengang an Universitäten, Fachhochschulen oder Dualen Hochschulen behandelt werden. Der Inhalt wird von dem Buch „Schuster, Thomas; Rüdt von Collenberg, Leona, Investitionsrechnung: Risiko, Unsicherheit und Unternehmensbewertung" fortgeführt, das ebenfalls bei Springer Gabler in der Reihe „Studienwissen kompakt" erschienen ist. Das Buch eignet sich natürlich auch für Praktiker in Unternehmen und Behörden, die täglich mit Investitionsentscheidungen zu tun haben.

Das Buch weist zahlreiche Vorzüge auf. Zusammen mit dem Buch für Fortgeschrittene deckt es alle wichtigen Themen im Bereich Investition ab. Es ist eingängig geschrieben und leicht verständlich. Das Buch enthält eine Fülle von Praxisbeispielen. Zentrale Aussagen des Textes werden in Merke!-Boxen und durch mit einem Symbol gekennzeichnete Abschnitte mit dem Titel „Auf den Punkt gebracht" hervorgehoben. Für jedes Kapitel gibt es viele Let's-Check-Aufgaben, mit denen der Leser sofort überprüfen kann, ob er das Gelesene verstanden hat. Ausführlichere „Vernetzende Aufgaben" dienen der weiteren Vertiefung und gegebenenfalls der Klausurvorbereitung. Am Ende jeden Kapitels findet der Leser unter der Rubrik „Lesen und Vertiefen" weiterführende Literaturangaben, um den Stoff bei Interesse zu vertiefen. Schließlich ist am Ende des Buchs ein Glossar mit den wichtigsten Fachbegriffen zu finden.

Im Internet sind zu dem Buch weitere Materialien unter folgender Internetadresse veröffentlicht:

▶ www.springer.com/978-3-662-47798-4

Smartphonebesitzer können auch den QR-Code einscannen, der am Ende des Vorworts abgedruckt ist, um die Internetseite des Lehrbuchs aufzurufen.

Leser können auf der Internetseite des Buchs ausführliche Lösungen sowohl zu den Let's-Check-Aufgaben als auch zu den vernetzenden Aufgaben herunterladen. Dozenten finden dort für jedes Kapitel ausführliche PowerPoint-Folien sowie Musterklausuren mit Lösungen. Voraussetzung zum Herunterladen der Vorlesungsunterlagen ist, dass der Dozent sich auf der Internetseite von Springer bei DozentenPLUS anmeldet.

Am Entstehungsprozess dieses Buches haben viele Personen bewusst oder unbewusst mitgewirkt. Es ist für uns eine Selbstverständlichkeit, diesen unseren Dank auszusprechen. Grundlage des Buchs ist eine Vorlesung „Financial Management", die einer der Autoren im Bachelor-Studiengang „International Business" der Internationalen Hochschule Bad Honnef · Bonn mehrmals gehalten hat. Deswegen geht der erste Dank an die Studierenden dieser Vorlesung, die durch aufmerksames Zuhören und kritisches Nachfragen zur pädagogischen und didaktischen Qualität dieses Buches beigetragen haben. Ein weiterer Dank geht an zahlreiche anonyme Autoren im Internet, die uns zahlreiche Anregungen zu Beispielen und Übungsaufgaben gegeben haben. Bei der Layoutgestaltung hat uns dankenswerterweise Mathias Braun unterstützt. Schließlich bedanken wir uns bei Stefanie Brich und Margit Schlomski vom Verlag Springer Gabler, die professionell und kompetent die Entstehung dieses Buches begleitet haben.

Zum Schluss wollen wir es nicht versäumen, unseren Lesern viel Spaß bei der Entdeckungsreise durch das Investitionsland zu wünschen. Wir versprechen Ihnen, dass es viele spannende Dinge zu entdecken gibt. Schauen Sie sich alles an und verweilen Sie dort etwas länger, wo es Ihnen am besten gefällt.

Thomas Schuster
Leona Rüdt von Collenberg
Mannheim und Bonn
Februar 2017

Inhaltsverzeichnis

1	**Einführung in die Investitionstheorie**	1
	Thomas Schuster, Leona Rüdt von Collenberg	
1.1	**Investitionsbegriff**	3
1.1.1	Die Investitionsentscheidung	4
1.1.2	Investitionsprojekt und Finanzierungsprojekt – zwei Seiten einer Medaille	4
1.1.3	Der Begriff der Vorteilhaftigkeit von Investitionsprojekten	6
1.1.4	Investitionsziele	7
1.1.5	Anlässe für Investitionsrechnungen	8
1.1.6	Investitionsarten	9
1.2	**Investitionsentscheidungen unter Sicherheit und unter Unsicherheit**	10
1.2.1	Sicherheit	11
1.2.2	Unsicherheit	11
1.3	**Abgrenzung statische vs. dynamische Verfahren**	16
1.3.1	Statische Verfahren	16
1.3.2	Dynamische Verfahren	18
1.4	**Annahmen in der Investitionsrechnung**	26
1.4.1	Klassische Partialmodelle	27
1.4.2	Weitere Annahmen	28
1.4.3	Der Investitionsprozess	29
1.4.4	Arten von Nutzungsdauern	31
1.5	**Investitionsprojekt (Einzelprojektentscheidungen) vs. Investitionsprogramm (Programmentscheidungen)**	32
1.6	**Praxis der Investitionsplanung**	33
1.7	**Lern-Kontrolle**	36
2	**Kapitalwertmethode**	45
	Thomas Schuster, Leona Rüdt von Collenberg	
2.1	**Kapitalwert und Ertragswert**	47
2.1.1	Definition Kapitalwert	47
2.1.2	Interpretation Kapitalwert	48
2.1.3	Ertragswert	49
2.1.4	Beispiele	50
2.2	**Entscheidungsregeln**	54
2.3	**Abhängigkeit des Kapitalwerts vom Kalkulationszinssatz i**	57

2.4	**Bewertung der Kapitalwertmethode**	59
2.4.1	Vorteile	59
2.4.2	Nachteile	59
2.5	**Lern-Kontrolle**	60

3	**Interne Zinsfußmethode**	**67**
	Thomas Schuster, Leona Rüdt von Collenberg	
3.1	**Der interne Zinsfuß**	68
3.1.1	Definition	68
3.1.2	Interpretation interner Zinsfuß	69
3.2	**Berechnung des Zinsfußes**	71
3.2.1	Rechnerische Bestimmung des internen Zinsfußes	71
3.2.2	Graphische Bestimmung des internen Zinsfußes	73
3.2.3	Graphisch-rechnerische Ermittlung des internen Zinsfußes	74
3.3	**Der interne Zinsfuß als Grundlage von Investitionsentscheidungen**	78
3.3.1	Investitionsentscheidungen	78
3.3.2	Bewertung der internen Zinsfußmethode	79
3.4	**Vergleich von Kapitalwert- und interner Zinsfußmethode**	80
3.4.1	Finanzierungsprojekt vs. Investitionsprojekt	80
3.4.2	Mehrdeutigkeit des internen Zinsfußes	82
3.4.3	Sich gegenseitig ausschließende Projekte	84
3.5	**Lern-Kontrolle**	86

4	**Annuitätenmethode**	**93**
	Thomas Schuster, Leona Rüdt von Collenberg	
4.1	**Die Annuität**	95
4.1.1	Fragestellung und Grundgedanke	95
4.1.2	Definition der Annuität	95
4.1.3	Berechnung der Annuität	96
4.2	**Überschussannuität, Periodenüberschussannuität und Kapitaldienst**	100
4.2.1	Die Überschussannuität	100
4.2.2	Die Periodenüberschussannuität	101
4.2.3	Der Kapitaldienst	101
4.3	**Die Annuität als Grundlage von Investitionsentscheidungen**	107
4.3.1	Entscheidungsregel	107
4.3.2	Bewertung der Annuitätenmethode	110
4.4	**Lern-Kontrolle**	110

Inhaltsverzeichnis

5	**Dynamische Amortisationsrechnung**	119
	Thomas Schuster, Leona Rüdt von Collenberg	
5.1	**Die absolute Amortisationsdauer**	121
5.1.1	Grundgedanke der Amortisationsdauer	121
5.1.2	Definition der Amortisationsdauer	121
5.1.3	Anwendung der Amortisationsdauer	123
5.1.4	Berechnung der Amortisationsdauer	123
5.1.5	Sonderfall konstante Zahlungen	126
5.1.6	Vorteilhaftigkeitsentscheidung	127
5.2	**Die relative und die maximale Amortisationsdauer**	128
5.2.1	Auswahlkriterium relative Amortisationsdauer	128
5.2.2	Auswahlkriterium maximale Amortisationsdauer	130
5.3	**Vergleich der dynamischen Amortisationsdauer mit der Kapitalwertmethode**	131
5.3.1	Unterschiedliche Vorteilhaftigkeitsentscheidungen	131
5.3.2	Bewertung der dynamischen Amortisationsrechnung	133
5.4	**Lern-Kontrolle**	133
6	**Bestimmung des Kalkulationszinssatzes**	141
	Thomas Schuster, Leona Rüdt von Collenberg	
6.1	**Gewichteter durchschnittlicher Kapitalkostensatz (Weighted Average Cost of Capital – WACC)**	143
6.2	**Kalkulationszinssatz bei reiner Eigenkapitalfinanzierung**	146
6.3	**Kalkulationszinssatz bei reiner Fremdkapitalfinanzierung**	151
6.4	**Kalkulationszinssatz bei Mischfinanzierung**	153
6.5	**Kalkulationszinssatz in der Praxis**	155
6.6	**Lern-Kontrolle**	157
	Serviceteil	165
	Tipps fürs Studium und fürs Lernen	166
	Formelsammlung	171
	Finanzmathematische Tabellen	175
	Glossar	189
	Literatur	195

Einführung in die Investitionstheorie

Thomas Schuster, Leona Rüdt von Collenberg

1.1	**Investitionsbegriff – 3**	
1.1.1	Die Investitionsentscheidung – 4	
1.1.2	Investitionsprojekt und Finanzierungsprojekt – zwei Seiten einer Medaille – 4	
1.1.3	Der Begriff der Vorteilhaftigkeit von Investitionsprojekten – 6	
1.1.4	Investitionsziele – 7	
1.1.5	Anlässe für Investitionsrechnungen – 8	
1.1.6	Investitionsarten – 9	
1.2	**Investitionsentscheidungen unter Sicherheit und unter Unsicherheit – 10**	
1.2.1	Sicherheit – 11	
1.2.2	Unsicherheit – 11	
1.3	**Abgrenzung statische vs. dynamische Verfahren – 16**	
1.3.1	Statische Verfahren – 16	
1.3.2	Dynamische Verfahren – 18	
1.4	**Annahmen in der Investitionsrechnung – 26**	
1.4.1	Klassische Partialmodelle – 27	
1.4.2	Weitere Annahmen – 28	
1.4.3	Der Investitionsprozess – 29	
1.4.4	Arten von Nutzungsdauern – 31	
1.5	**Investitionsprojekt (Einzelprojektentscheidungen) vs. Investitionsprogramm (Programmentscheidungen) – 32**	
1.6	**Praxis der Investitionsplanung – 33**	
1.7	**Lern-Kontrolle – 36**	

© Springer-Verlag GmbH Deutschland 2017
T. Schuster, L. Rüdt von Collenberg,
Investitionsrechnung: Kapitalwert, Zinsfuß, Annuität, Amortisation,
Studienwissen kompakt, DOI 10.1007/978-3-662-47799-1_1

Lern-Agenda

Lernziel des ersten Kapitels ist es, sich erst einmal mit den Grundbegriffen und Annahmen der Investitionstheorie vertraut zu machen und sich dem Thema theoretisch anzunähern. Es gilt also die Fragen zu klären, was eine Investition ist, welche unterschiedlichen Verfahren es in der Investitionsbewertung gibt, und einen Einblick zu gewinnen, wie das Thema Investition in der Praxis behandelt wird. Sehen Sie dieses erste Kapitel als eine Art Grundgerüst, worauf die folgenden Kapitel mit konkreteren Einblicken und Rechnungsbeispielen aufbauen.

Zum grundsätzlichen Verständnis geht dieses Lehrbuch im erörternden Teil der Einfachheit halber von Sachinvestitionen aus, etwa Produktionsanlagen.

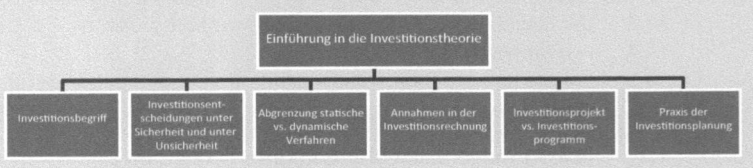

Zum Einstieg ein Beispiel aus der Unternehmenspraxis: Der Juniorchef Kevin M. hat sich nach erfolgreich abgeschlossenem BWL-Fernstudium an der Hochschule Bad Honnef in die väterliche, regional bekannte und tätige Etiketten-Druckerei EtiForm, die selbstklebende Etiketten auf Rollen herstellt und liefert, eingearbeitet. Sein Vater hat ihm die Aufgabe gestellt, nun endlich eine erfolgreiche Strategie zu entwickeln, um die vielen kleineren Winzer und Weingüter im Frankenland um Würzburg, entlang des Mains und an den Hängen des Taubertals zu beliefern, um die sich EtiForm seit einem Jahr ebenso engagiert wie vergeblich bemüht. Das Produkt stimmt, die Kaufbereitschaft ist hoch, aber die durch das Herstellungsverfahren verursachten Kosten bis zur Drucklegung waren viel zu hoch, um wettbewerbsfähige Preise anbieten zu können. Diese Vorkosten – also von der Druckauflage unabhängige Kosten der Herstellung bis das Druckbild steht und der Auflagendruck beginnen kann – belasteten den Stückpreis bei kleinen Auflagen. Man übertraf die Mitbewerber an Qualität und werblicher Anmutung bei weitem, konnte aber preislich einfach nicht konkurrieren. Kevin M. ist Computerfreak mit weitreichenden Kenntnissen von Datenbankprogrammierung und -einbindung und kannte die Lösung: Digital-Druck „von Rolle auf Rolle", im Prinzip nichts anderes als der Farbdrucker im Büro, nur nicht auf Papierbogen druckend, sondern auf Papierrollen. Alle Druckvorbereitungen erfolgen im Computer, Filme und mechanische Druckformen entfallen und kleine Auflagen können ohne Rüstzeitverlust und Papierverbrauch hintereinander gedruckt werden.

Das Verfahren würde die Vorkosten deutlich reduzieren und damit die Preise marktfähig machen. Die Anschaffung einer digitalen Rollen-Druckmaschine stand an und damit die Aufgabe, aus vielen verschiedenen Druckmaschinen die richtige auszuwählen. Allgemein spricht man davon, die richtige Investitionsentscheidung zu treffen. Aber was waren die Parameter, was war zu bedenken, wie war zu rechnen?

Kein Problem: Kevin M. hatte das hinter sich, was vor Ihnen liegt: Er hatte die beiden Investitionslehrbücher gründlich verinnerlicht *und verstanden* und folglich insofern keine Probleme bei der anstehenden Investitionsentscheidung.

Kevin M. hat also die Grundsätze zum Thema Investition bereits gelernt. Er weiß, was der Begriff der Investition bedeutet, welche weiteren Definitionen und Grundsätze zu verstehen sind, bevor eine Beurteilung des Projkts rechnerisch folgen kann. Diese Theorie lernen auch Sie in dem nun beginnenden Kapitel kennen.

1.1 Investitionsbegriff

Im ersten Kapitel dieses Lehrbuchs über Investitionstheorie wollen wir zunächst einmal den Begriff der Investition klären. Was bedeutet Investition eigentlich und was unterscheidet sie vom Begriff der Finanzierung? Es wird sich erweisen, dass es sinnvoll ist, bei der Betrachtung finanzwirtschaftlicher Analysen zwischen Investitions- und Finanzierungsprojekten zu unterscheiden – sie sind so etwas wie zwei Seiten einer Medaille.

Aber was ist eigentlich eine Investition?

Vielleicht stellen Sie sich zu Beginn dieses Lehrbuchs die Frage, was wir zum Thema Investition behandeln werden. Eigentlich nicht so schwer zu beantworten: Man gibt Geld aus und kauft z. B. einen Gegenstand (Sachinvestition) oder eine Firmenbeteiligung oder Aktien (Finanzinvestition) – umfassend und allgemein gesagt: Man bindet längerfristig Geld in einem Projekt. Investitionsentscheidungen haben im Regelfall ihrem Wesen nach Langfristcharakter. Geschieht das in erwerbswirtschaftlicher Absicht, so investiert man in der Hoffnung, dass diese Investition in der Zukunft Gewinn abwirft und Renditen bringt, die höher sind als der jeweilige Bankzins. Auch Privatpersonen investieren. Aber Achtung: nicht jede langfristig wirkende Ausgabe im Privatbereich ist eine wirtschaftlich motivierte Investition. Der Kauf eines Familienautos verfolgt andere, nicht wirtschaftliche Zwecke – die neue Solarheizung hingegen soll langfristig Heizkosten sparen, hat also durchaus Investitionscharakter. Investitionen im Unternehmen zielen auf Erhöhung des Gewinns und der Rendite auf das eingesetzte Kapital (unmittelbar oder mittelbar), Investitionen im privaten Bereich sollen Kosten senken.

Sie werden sich hier vornehmlich mit den Investitionen im erwerbswirtschaftlichen Umfeld beschäftigen – die „Mechanik" und die Parameter der Investitionsrechnung gelten aber grundsätzlich und gleichermaßen auch im Privaten und können auch dort uneingeschränkt weiterhelfen.

1.1.1 Die Investitionsentscheidung

Behalten Sie das eben beschriebene im Hinterkopf, ist es naheliegenderweise nicht ganz unwichtig, dass ein Unternehmen die richtige Entscheidung trifft, was die Investitionsprojektauswahl angeht. Üblicherweise hat ein Unternehmen unterschiedliche Möglichkeiten, wenn es investieren will. Wir erkennen: Die Analyse der unterschiedlichen Investitionsprojekte ist also wichtig, um die attraktivste Alternative zu identifizieren: Welches verspricht die besten Resultate und welches birgt möglicherweise das Risiko einer Fehlentscheidung?

Abstrakt unterscheidet man zwischen *deskriptiver* und *normativer Entscheidungstheorie*. Die *deskriptive* Entscheidungstheorie untersucht, wie Entscheidungen tatsächlich zustande kommen. Sie bezieht dabei reale Gegebenheiten in die Entscheidungen ein, berücksichtigt also die – oft nicht gerade wünschenswerten – Rahmenbedingungen so exakt wie möglich, die z. B. durch eine enge Finanzsituation des Unternehmens oder vorhandene technologische Abläufe oder den mangelhaften Ausbildungsstand des Personals gegeben sein könnten. (Eine digital gesteuerte Präzisions-Schmiede zur Herstellung gebrochener LKW-Achsen mag die wirtschaftlichste Lösung sein, wenn man das Investitionsproblem losgelöst von den Rahmenbedingungen betrachtet – im afrikanischen Busch sieht das aber anders aus. Da wäre vermutlich eine weniger sensible Multifunktions-Anlage mit konventioneller Technologie passender.) Die *normative* Entscheidungstheorie hingegen versucht darzustellen, wie Individuen oder Unternehmen im Idealfall entscheiden sollten, um bestimmte Ziele zu erreichen.

Im folgenden Lehrbuch werden wir unterschiedliche Verfahren zur Investitionsentscheidung aufzeigen und diese mit Hilfe von Modellen, einfachen Beispielen und Annahmen erklären. Wir setzen uns also hier mit der normativen Entscheidungstheorie auseinander. Die unterschiedlichen Methoden sollen schließlich behilflich sein, um eine Entscheidung in realen Situationen optimal treffen zu können.

1.1.2 Investitionsprojekt und Finanzierungsprojekt – zwei Seiten einer Medaille

Man kann es einfach sagen: Jede Investition will finanziert sein. Das bedeutet, dass die Überlegungen und Berechnungen einer Investition immer auch Überlegungen und Berechnungen der Finanzierung einschließen.

1.1.2.1 Das Investitionsprojekt

Das Investitionsprojekt beginnt mit einer Auszahlung, verbunden mit der Erwartung des Rückflusses über den Lebenszyklus der Projektwirkung. Die Bezahlung des Lieferanten des Investitionsobjekts löst eine Auszahlung aus. Also aus Unternehmenssicht und auf das Projekt bezogen entsteht ein Auszahlungsüberschuss am Anfang, dem Einzahlungsüberschüsse während des Lebenszyklus gegenüberstehen. Diese Einzahlungsüberschüsse fallen in Form von Gewinnen an, die das Projekt während der Nutzungsdauer abwirft.

1.1.2.2 Das Finanzierungsprojekt

Dass die Finanzierung als andere Seite jeder Investition verstanden ein gegenläufiger Vorgang ist, kann man leichter verstehen, wenn man sich vorstellt, dass ein Außenstehender – eine Bank beispielsweise – die Investition finanziert. Auch hier werden bei einem Finanzierungsprojekt Ein- und Auszahlungen erwartet. Unterschied zum Investitionsprojekt ist jedoch, dass hier genau umgekehrt am Anfang eine Einzahlung anfällt (die Bank überweist den Kreditbetrag) und diese künftig von Auszahlungen gefolgt werden (der Kreditnehmer muss Zins und Tilgung zahlen). Aus Sicht des Kreditnehmers steht am Anfang des Finanzierungsprojektes die Einzahlung (Überweisung vom Kreditgeber), und die Tilgungen sowie Zinszahlungen während der Laufzeit bedeuten Auszahlungen zugunsten der Bank.

> **Merke!**
>
> Ein **Investitionsprojekt** beginnt mit Auszahlungen und es folgen Einzahlungen.
> Ein **Finanzierungsprojekt** beginnt mit Einzahlungen und es folgen Auszahlungen.

In diesem Lehrbuch betrachten wir, wie der Name ja bereits andeutet, Investitionsprojekte. Wie Sie soeben gelernt haben, kann ein Investitionsprojekt ohne Finanzierungsüberlegungen – und das schließt natürlich Finanzierungsberechnungen ein – nicht gewürdigt werden.[1]

Investitionsprojekte kann man nach unterschiedlichen Gesichtspunkten klassifizieren, nach dem Zweck und nach der Funktion der Investition – siehe Investitionsarten weiter unten.

Außerdem muss man Investitionsprojekte bei sicheren Erwartungen und bei unsicheren Erwartungen betrachten (Genauere Erläuterungen hierzu finden Sie im ▶ Abschn. 1.2).

Schließlich ist es zweckmäßig, Einzelprojekte und Programmprojekte zu unterscheiden. *(Die Unterscheidung zwischen Einzelprojekten und Programmprojekten wird im ▶ Abschn. 1.5 genauer erläutert. So viel sei bereits verraten: Ein Projektprogramm setzt sich aus mehreren Einzelprojekten zusammen.)*

---

1 Was leider erfordert, im Thema Finanzierung noch ausreichend fit zu sein: Alles zum Thema Finanzierung finden Sie in den Lehrbüchern „Finanzierung: Finanzberichte, -kennzahlen, -planung" und „Finanzierung: Aktien, Anleihen, Optionen" vom selben Autor.

> **Merke!**
>
> Bei Investitionsprojekten unterscheidet man solche mit **sicheren** und **unsicheren Erwartungen**. Außerdem gibt es **Einzel-** und **Programmprojekte**.

Zunächst sollten Sie sich aber auf die hier folgenden Überlegungen, Betrachtungsweisen und Blickwinkel einlassen, die im Zusammenhang mit Investitionen und zumal Investitionsrechnungen geboten sind – selbst dann, wenn Ihnen die Ausführungen zunächst zusammenhanglos und gelegentlich selbstverständlich vorkommen. Sich bewusst machen hilft immer. Diese Überlegungen sind die Basis, um die verschiedenen Verfahren der Investitionsrechnung, die dann im Folgenden besprochen werden, zu verstehen.

1.1.3 Der Begriff der Vorteilhaftigkeit von Investitionsprojekten

Um Investitionsvorhaben beurteilen zu können, muss man evaluieren, ob ein Projekt vorteilhaft ist oder nicht. Folgende zwei Entscheidungsregeln werden bei Investitionsprojekten diesbezüglich herangezogen:
1. *Die absolute Vorteilhaftigkeit*: Hier stellt man sich die Frage, ob die Durchführung eines Investitionsprojekts isoliert betrachtet sinnvoll ist.
   Beispiel: Sie sind Autovermieter und wollen ein Auto kaufen. Sie betrachten nur das Modell VW Golf. Sie wissen, dass die Investition in den Golf 5,7 % Rendite bringt und der Kreditzinssatz 5 % beträgt. Auf dieser Grundlage fällen Sie dann Ihre Entscheidung. Sie betrachten also nur isoliert den Golf. Ist eine Investition in dieses Auto rentabel oder nicht bzw. vorteilhaft oder nicht?
2. *Die relative Vorteilhaftigkeit*: Hier liegt die Fragestellung zu Grunde: Welches Investitionsprojekt soll bei der Auswahlmöglichkeit zwischen verschiedenen absolut vorteilhaften Investitionsprojekten durchgeführt werden?

Greifen Sie also nochmal das Beispiel von oben auf: So haben wir festgestellt, dass die Investition in den Golf absolut vorteilhaft ist. Der Kreditzinssatz ist mit 5 % niedriger als die Rendite von 5,7 %, die wir von dem Golf erwarten. Nun stellen Sie aber fest, dass auch der VW Lupo mit einer Rendite von 6,8 % absolut vorteilhaft ist. Die Fragestellung der relativen Vorteilhaftigkeit unterstützt Sie also in der Entscheidung zwischen beiden Modellen. Der Lupo ist in unserem Beispiel relativ vorteilhaft, da er die höhere Rendite verspricht.

Übrigens ein schönes Beispiel dafür, dass Rentabilität nur dann ein absolutes Entscheidungskriterium ist, wenn es keine weiteren Kriterien gibt: Denn was hilft die relative Vorteilhaftigkeit des Lupo gegenüber des Golfs, wenn es Lieferschwierigkeiten beim Lupo gäbe und dieser frühestens in einem Jahr lieferbar wäre?

> **Merke!**
>
> Ist ein Projekt **absolut vorteilhaft**, sollte es durchgeführt werden. Bei mehreren Projekten sollte dasjenige realisiert werden, das **relativ vorteilhaft** ist.

1.1.4 Investitionsziele

Fragt man sich nach den Zielen einer Investition, so führt uns das letztlich immer zurück zur Optimierung unserer Investitionsentscheidung gemessen am Befolgen des ökonomischen Prinzips, die Grundlage jeglichen wirtschaftlichen Handelns. Man entscheidet über die Investition in ein Projekt immer nach der Wirtschaftlichkeit. Folgende zwei Prinzipien sind Ihnen aus anderen wirtschaftlichen Bereichen sicher bekannt:

Minimalprinzip: Hier wird versucht, ein vorgegebenes Ziel mit möglichst wenigen Mitteln zu erreichen. Diese Maßnahme löst Bemühungen um Kostenminimierung aus.

Maximalprinzip: Hier wird angestrebt, das größtmögliche Ergebnis mit gegebenen Mitteln zu erreichen. Ein Beispiel wäre die Gewinnmaximierung.

Im Privatbereich dominiert eher das Minimalprinzip. Ein Hausherr will eine neue Heizungsanlage so wählen, dass die Kosten minimiert werden.

Hingegen handeln Unternehmen im Bereich Investitionsentscheidungen meist nach dem Maximalprinzip. Es soll das Investitionsprojekt angeschafft werden, das die Summe der zukünftigen Gewinne aus diesem Projekt maximiert.

Natürlich werden Investitionen nicht nur aus rein finanziellen Gesichtspunkten getätigt. Es gibt noch eine Reihe anderer Motive wie beispielsweise:
- Macht,
- soziale Verantwortung,
- Verbesserung der Arbeitsbedingungen,
- Erhöhung des Marktanteils,
- Autarkiestreben.

Nicht rein kommerzielle Ziele eines Investitionsvorhabens können natürlich Konflikte hervorrufen, da sie gegensätzlich sein können bzw. das wirtschaftliche Prinzip unterordnen.

Das Streben von Vorständen großer Aktiengesellschaften nach Macht, Einfluss und Ansehen hat schon zu manch kostspieliger Fehlinvestition geführt – man denke nur an die kostspielige und dem Ansehen schadende Rückabwicklung der Fusion von Daimler und Chrysler.

Ein anderes Konfliktfeld könnten Investitionen zur Erhöhung des Marktanteils sein, der beispielsweise mit überproportionalen Preissenkungen „erkauft" werden muss. Preissenkungen widersprechen meistens – zumindest auf kurzfristige Sicht – dem Ziel der Gewinnmaximierung.

1.1.5 Anlässe für Investitionsrechnungen

Es tut sich natürlich die Frage auf, wann oder warum ein Unternehmen oder auch eine Privatperson Investitionsrechnungen durchführen sollte.

Immer dann, wenn Maßnahmen anstehen, die langfristige Wirkung und Einfluss auf den Geschäftsverlauf und damit das wirtschaftliche Ergebnis haben, sollten die erwarteten (angestrebten, befürchteten) Ergebnisse berechnet werden. Investitionsprojekte – aber auch Verfahrensänderungen bei bestehenden Produktionsabläufen – sind dafür charakteristisch. Das gilt auch, wenn ein Unternehmen zwischen alternativen Lösungen entscheiden muss: Es bietet sich die Investitionsrechnung zur vergleichenden Ermittlung der wirtschaftlichen Effekte an.

Mit Hilfe von Investitionsrechnungen kann auch festgestellt werden, ob es nicht wirtschaftlich sinnvoll ist, hergebrachte vorhandene Verfahren neu zu bewerten, um als Entscheidungshilfe für die Frage zu dienen, ob eine Rationalisierungsinvestition empfehlenswert ist.

Hat man sich schließlich für ein Projekt entschieden, so ist es auch Aufgabe der Investitionsrechnung, die erwarteten wirtschaftlichen Auswirkungen des Projekts zu bestimmen und es so auszugestalten, dass es am vorteilhaftesten für das Unternehmen ist.

Investitionsrechnungen sind letztlich also viel mehr als die nahe liegende, laienhafte Vermutung, es gehe lediglich darum, Ein- und Auszahlungen bei der Anschaffung einer Maschine im Vorfeld zu erfassen.

Beispiel
Auch im privaten Umfeld ist man ab und zu mit Investitionsfragen konfrontiert.
Im Zweifel haben Ihre Eltern die vergangenen Jahrzehnte erfolgreich genutzt und leben in einem Eigenheim. Allerdings erfüllt dessen energetischer Fingerabdruck nicht mehr so ganz die Anforderungen der Zeit. Zur Bestands- und Wertsicherung sind Isolierung und Heizung zu überprüfen und es stellen sich Fragen nach Möglichkeiten häuslicher Energiegewinnung durch Sonnenkollektoren, nach dem Umgang mit Brauchwasser und viele mehr. Eine Reihe staatlicher Förderangebote – ergänzend und konkurrierend – regen zum Nachdenken an. Es geht um Investitionen doch sehr erheblichen Umfangs und deren Finanzierung unter

Berücksichtigung staatlicher Förderprogramme und es stellt sich die Frage: Lohnt sich das noch? Die technische Seite der Lösungen bieten einschlägige Fachbetriebe, aber wer hilft Ihren Eltern bei der wirtschaftlichen Seite der Investitionsentscheidung? Normalerweise begnügen sich die meisten mangels weitergehender Kenntnisse mit dem Blick auf ihre Finanzreserven und dem Gespräch mit dem Berater der Hausbank, der an der Finanzierung verdient – nur bedingt eine wohlwollende Informationsquelle. Gut, dass Sie sich gerade mit Investitionsrechnung beschäftigen, denn Sie können mit Ihren hier zu erwerbenden Kenntnissen Ihre Eltern davor bewahren, dass sie im privaten Bereich Opfer der Hochglanzprospekte der Lösungsanbieter werden, ohne die Vorteilhaftigkeit ausgerechnet zu haben.

1.1.6 Investitionsarten

Investitionsarten lassen sich nach Investitionszweck und nach Investitionsbereichen klassifizieren, wobei der jeweilige Investitionszweck einem der Investitionsbereiche zuzuordnen sein wird. Siehe ◘ Tab. 1.1 und 1.2.

Kommen wir zurück auf Kevin M., den wir eingangs dieses Kapitels kennengelernt haben. Selbstverständlich erinnerte er sich an die ◘ Tab. 1.1 und 1.2, als er zur endgültigen Überzeugung seines Vaters seine Überlegungen in einem Memorandum zu Papier – oder zu PowerPoint – gebracht hat. Zum Glück, denn dadurch fiel ihm auf, dass es nicht nur dem Zweck nach um die Investition und Finanzierung der digitalen Druckmaschine, also um den Ausbau des Produktionsapparates ging, sondern – ja, natürlich sind Sie selbst schon drauf gekommen – auch um die Investition und Finanzierung in den Ausbau der Organisationsabläufe, des Fachpersonals, der Absatzorganisation und möglicherweise zumindest in die Entwicklung neuer Kommunikationsverfahren zur Kundenbindung ging.

Es handelte sich also nicht nur um ein Einzelprojekt, sondern um ein echtes kleines Programmprojekt, dessen Zweck den Charakter einer Neuinvestition (neues Verfahren) aufwies und das mehrere Funktionsbereiche tangierte.

◘ **Tab. 1.1** Investitionen nach Investitionszweck

Zweck	Erläuterung
Neuinvestitionen	Gründungen, Errichtung neuer Zweigwerke, Aufbau einer neuartigen Fertigung
Erweiterungs- bzw. Ergänzungsinvestitionen	Ausbau vorhandener Kapazitäten
Ersatzinvestitionen	Ersatz vorhandener Anlagen durch neue Anlagen. Hierbei wird zwischen dem technisch bedingten Ersatz und dem wirtschaftlich bedingten Ersatz (Rationalisierung) unterschieden

Tab. 1.2 Investitionen nach Funktionsbereichen

Funktionsbereich	Erläuterung
Auf- und Ausbau des Produktionsapparates	Investitionen, wie etwa Maschinen, die man sich typischerweise vorstellt, wenn man an Investitionen denkt
Auf- und Ausbau der Organisation	In diesen Bereich würde zum Beispiel die Installation einer neuen EDV-Anlage oder die Einrichtung eines neuen Vertriebssystems gehören
Finanzinvestitionen	Es kann sich hierbei um direkte Beteiligungen an anderen Unternehmen, Aktien, Anleihen oder andere Formen der Geldanlage handeln. In der Regel wird ein Unternehmen Investitionen im eigenen Unternehmen nur dann tätigen, wenn mit Finanzinvestitionen eine niedrigere Rendite zu erzielen ist
Personal- und Sozialbereich	Personalinvestitionen dienen der Anwerbung und Ausbildung des Personals. Sozialinvestitionen (zum Beispiel Betriebskindergarten, Kantine, Sportanlagen) sollen die Motivation des Personals erhöhen
Absatzbereich	Diese Investitionen dienen dem Marken- und Firmen-Image. Hierbei handelt es sich um langfristig wirksame Werbe- und Public-Relations-Kampagnen
Forschung und Entwicklung	Investitionen, die der Entwicklung neuer Produkte dienen

> **Merke!**
>
> Investitionen werden nach dem **Investitionszweck** und nach **Funktionsbereichen** unterschieden.

1.2 Investitionsentscheidungen unter Sicherheit und unter Unsicherheit

Investitionsrechnungen benötigen das Wissen über die Zukunft als Rechengrundlage, da die zukünftigen Ein- und Auszahlungen eines Investitionsprojekts prognostiziert werden müssen, um die Investitionsrechnung durchführen zu können. In der nicht ganz neuen Erkenntnis, dass wir die Zukunft nicht kennen, liegt die Schwäche jeder Entscheidung – und die der Aussagekraft von Investitionsrechnungen. Dies aber wird die Nützlichkeit der Investitionsrechnungen nur sehr peripher beeinträchtigen, wie Sie erkennen werden.

1.2 · Investitionsentscheidungen

1.2.1 Sicherheit

Bei den einfachen Methoden der Investitionsrechnung, die in diesem Lehrbuch behandelt werden, geht man von sicheren Erwartungen aus. Das heißt, dass die prognostizierten Ein- und Auszahlungen während der Nutzungsdauer des Projekts mit 100 %iger Sicherheit zutreffen. Bei einigen Investitionsprojekten ist das tatsächlich der Fall, wenn zum Beispiel das Unternehmen langfristige Verträge sowohl mit den Lieferanten der Rohstoffe bzw. Vorprodukte als auch mit den Kunden abschließt. Damit sind die Kosten (für die Rohstoffe) und die Erlöse (durch den Verkauf der Produkte) schon im Voraus bekannt. Dieser Fall ist oft in der Automobilzuliefererindustrie anzutreffen. Die Automobilunternehmen schließen Fünf- oder Zehnjahresverträge mit dem Zulieferer ab und legen bei Vertragsschluss schon Liefermengen und -preise fest. Der Zulieferer versucht seinerseits, mit seinen Lieferanten zeitkongruente Verträge abzuschließen und berechnet auf dieser Basis, ob er den Produktionsauftrag annehmen soll.

Obwohl es nicht oft vorkommt, dass das Unternehmen mit Sicherheit planen kann, ändert das jedoch nichts an der Tatsache, dass vereinfachte Investitionsrechenmethoden in der Praxis doch eine wichtige Entscheidungsgrundlage bilden, wenn es um konkurrierende Lösungen geht. Man geht pragmatisch davon aus, dass die prognostizierten Ein- und Auszahlungen die besten verfügbaren Prognosen darstellen und damit auch die beste Informationsgrundlage sind, die Investitionsentscheidung zu treffen.

1.2.2 Unsicherheit

Wie Sie im Laufe dieses Lehrbuches noch lernen werden, kann man Investitionsentscheidungen anhand unterschiedlicher Berechnungsmethoden treffen.

Wenn man Berechnungen mit Zukunftswirkungen vornimmt – so haben wir begriffen – rechnet man auf der Basis von Prognosen, wo Fakten nicht vorliegen. Das ist unvermeidlich.

Wir haben auch gelernt, dass vergleichende Investitionsrechnungen unter Verwendung der besten verfügbaren Prognose durchaus Sinn machen und aussagestark sind, da kompliziertere Verfahren, die die Unsicherheit berücksichtigen, oft zu komplex sind, um sie durchzuführen.

Sind sichere Erwartungen nicht gegeben und sind die gemachten Prognosen zu ungenau, dann hilft uns das aber nicht bei der Entscheidung als solcher, denn Prognosen ersetzen Wissen – und wie falsch Prognosen trotz Einsatz raffiniertester Methoden sein können, erleben wir Bürger spätestens bei den nächsten Wahlen aufs Neue.

Wenn aber unsere Versuche, die Zukunft durch Planung vorzubestimmen und durch prognostizierte Werte sicher zu machen, nur sehr bedingt erfolgreich sind, so muss eine gute Investitionsrechnung zu anderen Denkansätzen und Methoden greifen. Dabei muss es im Ansatz darum gehen, die Auswirkungen von Abweichungen der tatsächlichen zukünftigen Entwicklungen von den zum Berechnungszeitpunkt Angenommenen sichtbar zu machen und zu bewerten.

Es muss Ziel sein, eine Investitionsrechnung zu entwerfen, die trotz unsicherer Größen eine solide Basis für eine vernünftige Entscheidung ermöglicht.

„Investitionsentscheidungen, bei denen für mindestens eine Entscheidungsalternative mehrere Ergebnisse für möglich gehalten werden, sind […] Investitionsentscheidungen unter Unsicherheit" (Perridon et al. 2012, S. 108).

Hier tritt eine bisher noch nicht erwähnte Schlüsseldimension ins Bild: Der Mensch, sein Charakter, seine Gefühle, seine Stimmungen, sein Wesen. Anmerkung dazu: Alle Entscheidungen, die Menschen treffen, haben Wirkungen in die Zukunft hinein, gründen also sehr weitgehend auf der Unterstellung, dass die Zukunft sich so entwickeln wird, wie der Entscheider sie sich vorstellt. Und es zeigt sich, dass Entscheidungsfreude ein Spiegel des Wesens und des Selbstbewusstseins des Entscheiders ist – des Selbstbewusstseins und der Souveränität deshalb, weil er im Wissen um eine mögliche Fehlentscheidung in sich die Überzeugung trägt, die Folgen zu beherrschen. Entscheidungen gerade im wirtschaftlichen Bereich bergen immer Chancen und Risiken – erfolgreiche Unternehmermentalität erkennt die Chancen vor den Risiken und geht mit der Überzeugung ans Werk, dass es wichtiger ist, hinter einer 51 %-Chance mit aller Kraft und Überzeugung zu stehen, als so lange zu rechnen, bis die 90 %-Chance die Nachtruhe sichert.

Dieser kleine Seitenblick soll erkennen helfen, dass richtig gerechnet zu haben nicht genügt, dass aber ohne Rechnung das Risiko der Fehlentscheidung unverantwortlich steigt, denn ob eine Investition getätigt wird oder nicht, entscheidet ein Unternehmen oder eine Einzelperson letztendlich nach eigenem Empfinden: Wie hoch ist die Unsicherheit, wie hoch werden Risiken gewichtet und wie risikofreudig bin ich eigentlich?

Kommen wir zurück zur Investitionsrechnung und betrachten wir die möglichen unsicheren Elemente, die in einer Investitionsrechnung eingehen können mit Blick auf ihr Veränderungs-Potenzial:

- Produktionsfaktoren werden teurer, wie z. B. Löhne und Gehälter von Arbeitern und Angestellten.
- Der Preis des Produktes, das mit Hilfe einer Investition hergestellt werden soll, verfällt, weil beispielsweise andere Produkte das eigene substituieren.
- Das Produkt erweist sich als nicht verkäuflich. Dies kann häufig bei technischen Geräten der Fall sein. Dauert die Herstellung eines Handys z. B. zu lange, ist die Technik schon wieder überholt und veraltet, wenn es auf den Markt kommt.
- Zinssätze können sich unerwartet verändern.
- Wechselkurse schwanken.
- Die Entwicklung der Inflation kann anders verlaufen als im Plan festgehalten.
- Die Gesetzesgrundlage kann sich verändern, was z. B. dazu führen könnte, dass ein Produkt nicht mehr hergestellt werden darf.

1.2 · Investitionsentscheidungen

- Unerwartete Probleme treten auf. Es könnten Mitarbeiter auf Grund von Krankheit ausfallen oder technische Probleme die Produktion verlangsamen bzw. sie zum Erliegen bringen, oder Lieferanten haben überraschende Lieferschwierigkeiten.

All diese Faktoren machen es unmöglich, Investitionsentscheidungen und -berechnungen vorzunehmen, die zu 100 % verlässlich und sicher sind. Uns Menschen ist es bisher einfach noch nicht gelungen in die Zukunft zu sehen – und das dürfte auch noch ein Weilchen so bleiben …

Es ist aber notwendig, zukünftige Entwicklungen in eine Investitionsentscheidung miteinzubeziehen, um Fehlentscheidungen, wenn möglich, zu vermeiden.

Wenn Sie darüber nachdenken, werden Sie nachvollziehen können, dass es Sinn macht, Unsicherheitssituationen in Risiko- und Ungewissheitssituationen zu untergliedern, wie ◘ Abb. 1.1 darstellt, weil erkennbar mathematisch fassbare Unterschiede bestehen.

1.2.2.1 Risiko

Man spricht von Entscheidung unter Risiko, wenn der Entscheidungsträger, sei es objektiv oder subjektiv, glaubt abschätzen zu können, welche Umweltzustände in Zukunft eintreten können und zusätzlich weiß, wie hoch die Eintrittswahrscheinlichkeiten dieser Umweltzustände ist. Ein Unternehmen weiß dann beispielsweise, dass der Produktpreis mit einer Wahrscheinlichkeit von 40 % 100 € und mit einer Wahrscheinlichkeit von 60 % 120 € beträgt.

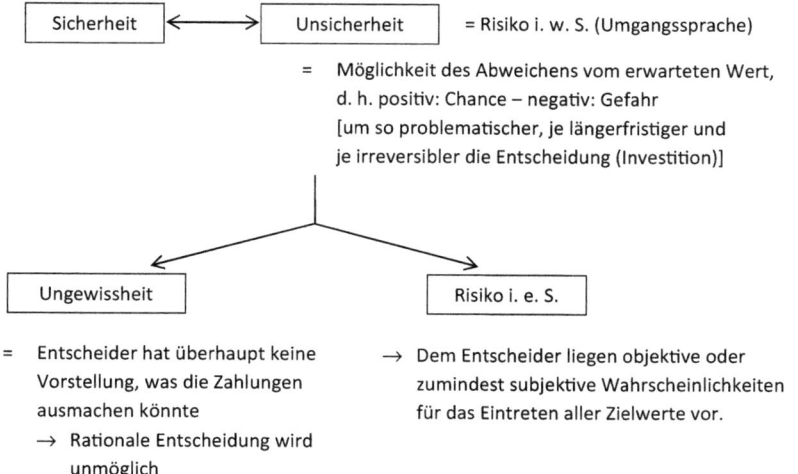

◘ **Abb. 1.1** Übersicht Unsicherheit. (Quelle: Perridon et al. 2012, S. 109)

1.2.2.1.1 Objektive Wahrscheinlichkeiten

Dies sind Wahrscheinlichkeiten, die sich beispielsweise nach Häufigkeitsverteilungen richten. Unabhängig vom Betrachter würde man also das gleiche Risiko kalkulieren. Die Wahrscheinlichkeit, einen Sechser im Lotto zu haben, beträgt 1 zu 13.983.816 oder 0,000000715 %. Dies ist eine objektive Wahrscheinlichkeit. Unabhängig davon, wer diese berechnet oder einschätzt – man wird zum gleichen Ergebnis kommen, weil die Ermittlung mathematisch erfolgt. Die Wahrscheinlichkeit, den Jackpot zu knacken bzw. sein Geld zu verlieren, ist also bekannt (auch wenn es keine erfreuliche Erkenntnis ist).

1.2.2.1.2 Subjektive Wahrscheinlichkeiten

Anders verhält sich die Situation mit subjektiven Wahrscheinlichkeiten. Dies sind Werte, die einzig und allein auf Erfahrung von Personen beruhen. Hier wird also aufgrund eigener Überlegungen und Annahmen die Wahrscheinlichkeit für das Eintreten eines bestimmten Umweltzustandes bestimmt. Exakt hier fließt der „Faktor Mensch" (siehe oben) in die Berechnungsgrundlagen ein, werden Entscheidungen von den handelnden Persönlichkeiten beeinflusst – im wirklichen Leben übrigen meistens entscheidend.

1.2.2.2 Ungewissheit

Im Fall der Ungewissheit können keine Wahrscheinlichkeiten für das Eintreten bestimmter Situationen objektiv berechnet oder subjektiv abgeschätzt werden. Es ist also dem Entscheidungsträger nicht möglich, die zukünftige Entwicklung bestimmter Größen abzuschätzen. In diesem Fall wird meist die Annahme getroffen, dass alle Umweltzustände gleich wahrscheinlich sind. Damit können dann wieder die Investitionsverfahren unter Risiko angewendet werden.

Kritisch wird es erst dann, wenn nicht einmal mehr die verschiedenen Umweltzustände benannt werden können. In diesem Fall kann man sozusagen einpacken und es kann somit keine rational begründbare Investitionsentscheidung mehr getroffen werden. Wenn der Unternehmer nicht einmal mehr sagen kann, wie die möglichen Löhne seiner Arbeiter sein werden oder in welcher Spanne sich der Produktpreis entwickeln könnte, leuchtet schnell ein, dass eine fundierte Investitionsentscheidung auf der Basis dieser Informationen nicht mehr getroffen werden kann.

Unsicherheit allein ist jedoch noch kein Grund, eine Entscheidung sofort als wirtschaftliches Risiko einzustufen. Kann man beispielsweise eine Investition ohne großen Aufwand und finanzielle Einbußen rückgängig machen, so ist eine Investitionsentscheidung, trotz gewisser Unsicherheit, noch kein großes wirtschaftliches Risiko.

Nicht jede Investition kann so einfach ungeschehen gemacht werden. Dies ist in der Realität natürlich häufig der Fall. Dann liegt bei Ungewissheit natürlich ein erhöhtes wirtschaftliches Risiko vor, das mit der Größe des Projektes an Bedeutung für das Ganze zunimmt.

1.2 · Investitionsentscheidungen

Das wirtschaftliche Gesamtrisiko bei Investitionsentscheidungen bestimmen die Parameter *Unsicherheit* und *fehlende Flexibilität*.
- Unsicherheit: Man kann nicht einschätzen, inwiefern bestimmte Annahmen und Prognosen sich in der Zukunft bewahrheiten oder eintreten.
- Fehlende Flexibilität: Eine Investitionsentscheidung kann nicht oder nur verlustreich rückgängig machen werden.

Um Unsicherheiten in der Bewertung von Projekten zu berücksichtigen und miteinzubeziehen, gibt es unterschiedliche Verfahren. Die bekanntesten sind:
- Korrekturverfahren,
- Sensitivitätsanalyse,
- Risikoanalyse,
- Entscheidungsbaumverfahren,
- Portfoliotheoretische Ansätze.

Die Sensitivitätsanalyse und die Risikoanalyse werden wir im Lehrbuch „Investitionsrechnung: Risiko, Unsicherheit und Unternehmensbewertung" von denselben Autoren genauer behandeln.

Lassen Sie uns unserem Kevin M. unter die Arme greifen und bei seiner Bewährungsprobe helfen. Sein Vater war überzeugt und das Finanzierungsvolumen für die digitale Druckmaschine unproblematisch. Umfeld – Organisation und das Markteinführungskonzept waren gesichert, das aufzubauende technische Know-how berücksichtigt – das Investitionsprojekt, sein erstes Programmprojekt, durchgerechnet und geplant. Bei der intensiven Beschäftigung mit den möglichen Anbietern der Anlage hatte sich allerdings herausgestellt, dass nur zwei Maschinenlieferanten und damit zwei Systeme ernsthaft zur Wahl standen: Xeicon und Digi-Print. Die Hoffnung mit einer einfachen, vergleichenden Investitionsrechnung die Entscheidung treffen zu können, zerstob in dem Moment, in dem sichtbar wurde, dass er sich so oder so in die Hände eines Angebotsmonopolisten begeben würde. Denn beide lieferten ihre Anlagen nur unter der Bedingung, den Toner, also die Druckfarbe, ausschließlich bei ihnen zu beziehen, und untermauerten diesen Anspruch mit dem Hinweis, dass der Einsatz eventuell verfügbarer preiswerter Nachahmer-Farben unmittelbar die an sich unentgeltlichen (und durchaus erheblichen) Service-Leistungen außer Kraft setzen würden. Damit war klar: Er war auf Gedeih und Verderb hinsichtlich des teuersten Verbrauchsmaterials an einen Lieferanten gebunden, der so direkten Einfluss auf seine Gewinnmarge nehmen könnte. Hinzu kam ein weiteres Risiko: Wenn der ausfallen würde, hätte das die Einstellung der Produktionsmöglichkeit zur Folge – mit allem, was damit verbunden wäre, bis hin zum Verlust des mühsam aufgebauten neuen Marktsegment „Fränkische Winzer". Kevin war sofort klar, dass er ein Investitionsverfahren unter Berücksichtigung von Unsicherheit bemühen musste, um eine solide Entscheidung über die zu kaufende Druckmaschine zu fällen.

> **Merke!**
>
> Im Hinblick auf die zur Verfügung stehenden Informationen werden **Investitionen unter Sicherheit, Unsicherheit** und **Risiko** unterschieden.

1.3 Abgrenzung statische vs. dynamische Verfahren

Wie Sie nicht anders erwartet haben, hat die Betriebswirtschaftslehre unterschiedliche Verfahren entwickelt, um Investitionsrechnungen anforderungsorientiert durchzuführen.

Die Investitionstheorie kennt statische und dynamische Verfahren der Investitionsrechnung. Den Unterschied erfahren Sie in diesem Kapitel.

Dabei werden Sie insbesondere Idee und Denkansätze und die Rechenverfahren folgender dynamischer Methoden kennen lernen:
- Kapitalwertmethode,
- interne Zinsfußmethode,
- Annuitätenmethode,
- dynamische Amortisierungsrechnung.

Mit deren methodischen Umsetzung werden Sie sich in ▶ Kap. 2 anfreunden (müssen).

Zunächst sollten wir aber erst einmal eine Basis schaffen und verstehen, was statische und dynamische Verfahren sind und wie sie sich überhaupt unterscheiden.

1.3.1 Statische Verfahren

Die statischen Verfahren werden nur am Rande gestreift. Es geht hier um die Abgrenzung zu den im Zentrum unseres Interesses stehenden dynamischen Verfahren.

Folgende wichtigen Merkmale charakterisieren statische Verfahren:
- Man betrachtet immer nur eine Periode, die sogenannte Referenzperiode.
- Rechenelemente werden aus dem Rechnungswesen verwendet. Man spricht also von Kosten und Leistung bzw. Aufwand und Ertrag.
- Man berücksichtigt nicht den Zeitwert von Geld, also den unterschiedlichen Wert von Ein- oder Auszahlungen zu unterschiedlichen Zeitpunkten. Es werden Durchschnittsergebnisse der Ein- und Auszahlungen über die gesamte Nutzungsdauer gebildet.

Die Aussagen statischer Verfahren sind eingeschränkter als bei dynamischen Verfahren und somit auch insbesondere mit Blick auf Zinseszins- und Zeitwerteffekte grober, realitätsferner. Da stellt sich natürlich die Frage, warum dann überhaupt statische

1.3 · Abgrenzung statische vs. dynamische Verfahren

Verfahren angewendet werden, anstatt einfach mit dynamischen Verfahren zu rechnen. Die Antwort ist recht simpel: Sind die Ungenauigkeiten in der Praxis bei Investitionsrechnungen akzeptabel und somit nicht extrem verfälschend, so sind statistische Verfahren vorteilhaft, weil sie einfach anzuwenden sind. Diese Verfahren sind damit auch kostengünstiger. Außerdem beherrschen viele ältere Praktiker die modernen Verfahren der Investitionsrechnung nicht. Aber das wird sich ja bei Ihnen bald ändern.

Wenn beispielsweise Kapitalrückflüsse in kurzer Zeit auftreten und diese Raten auch noch konstant sind, so verfälschen statische Verfahren das Ergebnis nicht wesentlich und sind für solche Investitionsprojekte eine gute Schätzung.

Genaue Werte jedoch liefern dynamische Verfahren, zumal bei Kapitalrückflüssen von unterschiedlicher Größe und über einen größeren Zeitraum verteilt. In solchen Situationen sind statische Verfahren deutlich weniger aussagestark und als Entscheidungsbasis nur wenig geeignet.

Die betriebswirtschaftliche Literatur bezeichnet statische Verfahren wegen ihrer etwas realitätsfernen Natur auch als Hilfs- und Annäherungsverfahren.

Statische Verfahren werden oft in kleineren und mittleren Unternehmen angewendet. Die Berechnung und Bestimmung der Kenngrößen ist deswegen einfach, weil sie bei der Kostenrechnung sowieso bestimmt werden.

Wie schon erwähnt, wird bei statischen Verfahren mit Durchschnittswerten gerechnet. Es werden also durch eine Investition anfallende durchschnittliche Auszahlungen und Einzahlungen miteinander verglichen. Auch für die Zinskosten werden Durchschnittswerte gebildet. Sie haben schon gelernt, dass bei statischen Verfahren nur eine (Durchschnitts-)Periode betrachtet wird. Dies bedeutet auch, dass der Zinseszinseffekt wegfällt. Zur kurzen Erinnerung: Bei Zinseszinsen bekommen Sie immer auch auf die schon erhaltenen Zinsen erneut Zinsen. Nach der ersten Periode bekommen Sie ja aber zum ersten Mal Zinsen. Es kann also nur Ihr ursprünglich angelegtes Kapital verzinst werden. Der Zinseszinseffekt findet nach einer Periode noch nicht statt.

Größter Nachteil und somit auch Kritikpunkt an diesen Verfahren ist also das Ausblenden des Zeitwertes von Geld. Versucht man die Vorteilhaftigkeit einer Investition zu bestimmen, kann man nicht einfach Kapitalwerte, die zu unterschiedlichen Zeitpunkten auftreten, direkt miteinander vergleichen. Es spielt eben nicht nur die Größe eines Betrages eine Rolle, sondern auch, zu welchem Zeitpunkt der Betrag anfällt. Wenn Sie wählen müssten zwischen 15.000 € heute oder 15.000 € in einem Jahr, sollte das für Sie nicht egal sein. 15.000 € können Sie anlegen und hätten bei einem Zinssatz von 5 % somit nach einem Jahr schon 15.750 € auf Ihrem Konto. Der Wert von 15.000 € zu unterschiedlichen Zeitpunkten ist also nicht derselbe.

Folgende Verfahren zählen zu den statischen Verfahren:
- Kostenvergleichsrechnung,
- Gewinnvergleichsrechnung,
- Rentabilitätsvergleichsrechnung,
- Amortisationsrechnung.

> **Auf den Punkt gebracht:** Statische Verfahren berücksichtigen nicht den zeitlichen Anfall von Ein- und Auszahlungen. Da sie deswegen unzuverlässig sind, werden sie in diesem Lehrbuch nicht behandelt.

1.3.2 Dynamische Verfahren

Im Gegensatz zu den statischen Verfahren berücksichtigt man bei dynamischen Verfahren den Ablauf der Zeit, also den Zeitwert von Geld.

Hier zunächst eine Stichwortliste, die uns einen Überblick über die Grundlagen dynamischer Verfahren verschafft:

- Nicht nur die Höhe der Zahlungen, sondern auch der Zeitpunkt spielt bei diesen Verfahren eine Rolle.
- Der Zeitwert von Geld wird berücksichtigt, d. h. die Höhe einer Zahlung hängt nicht nur vom absoluten Zahlungsbetrag ab, sondern auch vom Zeitpunkt.
- Um die Zahlungen zu verschiedenen Zeitpunkten vergleichen zu können, wird der Wert dieser zu einem bestimmten Zeitpunkt bestimmt. Dies wird durch Ab- bzw. Aufzinsen der entsprechenden Beträge erzielt.
- Rechengrößen sind hier Ein- und Auszahlungen eines Investitionsprojekts. Noch einmal zum Vergleich zu statischen Verfahren: Hier spricht man von Kosten und Leistung oder Aufwand und Ertrag.

Da man bei den dynamischen Verfahren die Zeitpunkte der Ein- und Auszahlungen beachtet, teilt man bei diesen Projekten die Nutzungsdauer in Perioden ein. Diese Perioden werden mit „t" bezeichnet. Hat ein Investitionsprojekt also fünf Perioden, so existieren die Perioden $t_1, t_2, ..., t_5$. In der Realität treten Ein- oder Auszahlungen während eines Projektzyklus natürlich nicht immer exakt zum Anfang oder Ende einer Periode auf, sondern auch dazwischen. Bei dynamischen Verfahren wird jedoch zur Vereinfachung jeder Kapitalfluss während einer Periode so behandelt, als würde er am Ende der entsprechenden Periode auftreten – man spricht dabei von einer nachschüssigen Zahlung. Das wird deshalb gemacht, damit man hinsichtlich der Höhe des Risikos auf der sicheren Seite ist. Wie werden noch lernen, dass eine Einzahlung umso weniger wert ist, je später sie anfällt. Wird immer unterstellt, dass die Zahlungen zur Periodenende anfallen, wird der aus dem Investitionsprojekt resultierende Gewinn ein wenig zu niedrig eingeschätzt.

> **Auf den Punkt gebracht:** In der dynamischen Investitionsrechnung wird der Zeitwert von Geld berücksichtigt, d. h. die Höhe einer Zahlung hängt nicht nur vom absoluten Zahlungsbetrag ab, sondern auch vom Zeitpunkt.

1.3 · Abgrenzung statische vs. dynamische Verfahren

Stellen wir also im Folgenden Berechnungen an, dann müssen Sie im Hinterkopf behalten, dass wir immer *nachschüssige* Zahlungen betrachten. Eine Sonderstellung nehmen die Anschaffungsauszahlung bzw. die Anfangseinzahlung ein. Diese Zahlungen werden immer in der Periode t_0 nachschüssig fällig, d. h. am Ende der Periode t_0, was gleichzeitig dem Anfang der Periode t_1 entspricht. Bildlich gesprochen kaufen Sie die Maschine am 31.12. der Periode t_0 und fangen am 01.01 der Periode t_1 an, zu produzieren.

Beispiel
Sie investieren in ein Projekt zunächst 10.000 € und erhoffen sich in den drei Folgeperioden Einzahlungen (Rückflüsse) von je 2.000 €. Wie sind die unterschiedlichen Zahlungen den Perioden zugeordnet?

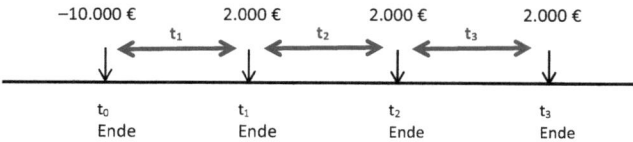

Ein kleiner Exkurs: Können Sie noch die beiden Begriffe „Anschaffungsauszahlung" und „Anfangseinzahlung" der Investition bzw. Finanzierung zuordnen, wie wir es in ▶ Abschn. 1.1 gelernt haben? Natürlich können Sie: Eine Investition beginnt immer mit einer Auszahlung. Sie investieren ja schließlich, müssen also Geld zahlen. Eine Finanzierung ist so definiert, dass der erste Kapitalfluss eine Einzahlung ist. Denn wenn Sie beispielsweise den Kauf eines Autos finanzieren möchten, nehmen Sie zunächst einen Kredit auf. Es erfolgt also eine Einzahlung auf Ihrem Konto. Sie sollten das im Kopf behalten und für die nächsten Überlegungen parat haben.

Wie oben in der Stichpunktliste bereits aufgeführt, werden die verschiedenen Kapitalbeträge, um sie vergleichbar zu machen, auf einen Zeitpunkt auf- oder abgezinst. Dieser Zeitpunkt ist häufig t_0. Im Abschnitt „statische Verfahren" haben wir ja bereits darauf hingewiesen, dass der Zeitwert des Geldes berücksichtigt werden muss. Es ist immer besser, Kapital heute zu besitzen als denselben Betrag zu einem späteren Zeitpunkt. Denn Kapital, was ein Wirtschaftssubjekt heute anlegt, kann sofort Zinsen verdienen.

Die Kapitalflüsse in der dynamischen Investitionsrechnung werden mit Einzahlungen „e_t" und Auszahlungen „a_t" bezeichnet. Wobei sich „t" auf die entsprechende Periode bezieht. Die Ein- und Auszahlungen beziehen sich also auf bestimmte Zeitpunkte.

In diesem Zusammenhang ist es wichtig, folgende Regel zu beachten: Einzahlungen gehen immer mit einem Pluszeichen in die Rechnung ein, sie werden also addiert, Auszahlungen werden mit einem Minus bezeichnet, sie werden demnach immer subtrahiert.

Hier also noch eine kleine Wiederholung zum Unterschied Investition – Finanzierung und eine Ergänzung zum Exkurs oben:
- Investition: Auf eine Anschaffungsauszahlung „a_0" folgen positive Einzahlungsüberschüsse EZÜ (= $e_t - a_t$). Die Anschaffungsauszahlung könnte zum Beispiel der Kaufpreis einer Maschine sein.
- Finanzierung: Auf eine Einzahlung e_0 folgen Auszahlungen a_t. Die Einzahlung könnte die Auszahlung der Kreditsumme an die Kunden sein. Daraufhin folgen seine Auszahlungen, nämlich die Rückzahlung des Kredits (Tilgung) und die Zinszahlungen an die Bank.

Betrachten wir noch ein Beispiel einer Investition:

Beispiel
Am Jahresanfang kaufen Sie eine Maschine für 25.000 €. Die Nutzungsdauer beträgt fünf Jahre. Ihre aus der Investition resultierenden $EZÜ_t$ betragen 7.000 €.
Sehen wir uns diese Situation graphisch an:

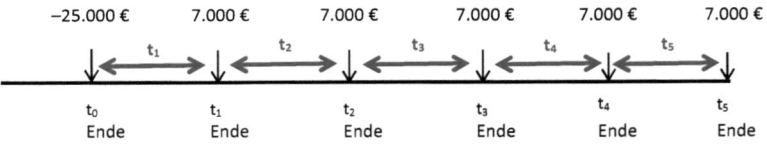

t_n entspricht in diesem Beispiel einem Jahr.

Wann eine bestimmte Zahlung auftritt, hat eine entscheidende Bedeutung für den Wert zum Zeitpunkt t_0, zu dem die Werte üblicherweise verglichen werden. Je später eine Zahlung erfolgt, desto geringer ist ihr ökonomischer Wert zum Zeitpunkt t_0. Der Grund dafür ist, dass mit Einzahlungen in ferner Zukunft Zinseinnahmen verloren gehen. Stünde das Geld früher zur Verfügung, könnte das Kapital zinsbringend angelegt werden.

Bevor wir weitere Beispiele zum Thema Finanzanlage und Kreditaufnahme besprechen, widmen wir uns kurz dem Thema *Kalkulationszinssatz*, der für die weiteren Ausführungen ein durchdachter Begriff sein sollte.

1.3.2.1 Kalkulationszinssatz

Der Kalkulationssatz wird auch Kalkulationsfuß genannt und mit dem Buchstaben „i" bezeichnet. Er entspricht dem Zinssatz, den ein Investor mindestens von einer Investition erwartet, anderenfalls würde er sie nicht durchführen. Diese erforderliche Mindestverzinsung wird vom Risikoträger, dem Unternehmer des Projekts, berechnet oder festgelegt und hängt zum einen von den Finanzierungskosten für diese bestimmte

1.3 · Abgrenzung statische vs. dynamische Verfahren

Investition ab. Muss ein Kredit aufgenommen werden, so sind die Zinsen des Kreditgebers zu berücksichtigen; sind Geldreserven verfügbar, dann stellt sich die Frage nach dem zu erzielenden Zins bei Anlage dieser Barreserven.

> **Merke!**
>
> Der **Kalkulationszinssatz** entspricht dem Zinssatz, den ein Investor mindestens von einer Investition erwartet. Er hängt von den Finanzierungskosten für das Investitionsprojekt ab.

Außerdem spielen natürlich auch unternehmerische Risiken eine Rolle. Eine sehr einfache Methode, das Risiko in der Kalkulation des Zinssatzes zu berücksichtigen, besteht in einem Risikoaufschlag auf diesen Zins. Dieser Aufschlag spiegelt den zusätzlichen, über eine sichere Anlage hinausgehenden Nutzen wider, der erzielt werden soll, damit der Investor bereit ist, das zusätzliche Risiko der Investition zu übernehmen. Wenn kein Mehrwert erzielbar ist, wird keine Investition erfolgen, die immer ein Risiko einschließt. Marktzinsen zuzüglich Risikozuschlag bilden den Kalkulationszinssatz, mit dem die Investitionsrechnung vorgenommen wird. Die Ermittlung des Risikozuschlags unterliegt im Regelfall einem eigenen Erörterungsverfahren, dessen Umfang von der möglichen Vielschichtigkeit unterschiedlicher Investitionsrisiken abhängt. Wie exakt der Kalkulationszinssatz bestimmt wird, erfahren Sie in ▶ Kap. 6. Für den Rest dieses Kapitels und für ▶ Kap. 2 bis 5 reicht es aus, zu wissen, dass der Kalkulationszinssatz positiv von einerseits den Anlage- bzw. Kreditzinsen und andererseits dem Risiko der Investition abhängt.

Nun wollen wir etwas konkreter werden und ein Beispiel für Finanzanlagen berechnen, übrigens auch eine Form der Investition:

Beispiel

Ein Kunde legt 10.000 € für 4 % p. a. für ein Jahr an. Es handelt sich um eine nachschüssige Zinszahlung und Kapitalrückzahlung am Ende des Jahres.

$e_0 = 10.000\ €$

$e_1 = 10.400\ € = 10.000\ €$ Einzahlung $+ 400\ €$ Zinsen

Die 10.400 € bezeichnet man auch als den sogenannten *Endwert* e_n einer Einzahlung. Es handelt sich um eine auf t_n aufgezinste Einzahlung e_0.
Der Endwert wird folgendermaßen berechnet:

$e_1 = e_0 \cdot (1+i)^1$,

$i = 0{,}04$,

$p = 4\ \% = i \cdot 100\ \%$.

Nun ein Beispiel bei dem es nicht wie im vorigen um Aufzinsen, sondern um Abzinsen geht, ein Beispiel für Kreditaufnahme:

Beispiel

Wir wollen Tilgung und Zins eines Kredits in Höhe von 10.400 € berechnen. Der Zinssatz beträgt wieder 4 % p. a. und die Laufzeit ist ein Jahr. Es handelt sich auch hier um eine nachschüssige Zinszahlung und Kapitalrückzahlung am Ende des Jahres.

a_1 = 10.400 € = 10.000 € Rückzahlung + 400 € Zinsen

a_0 = 10.000 €

Die 10.000 € bezeichnet man auch als den *Barwert* a_0 einer Kreditaufnahme. Es handelt sich um eine auf t_0 abgezinste Auszahlung a_1.
Der Barwert wird folgendermaßen berechnet:

10.400 €/(1 + 0,04) = 10.000 €,

$a_0 = a_1/(1+i)^1$.

— **Merke!** —————————————————————

Aufzinsung und **Abzinsung** arbeiten nach demselben Prinzip, aber mit unterschiedlicher Fragestellung.

1.3.2.2 Endwert

Das Beispiel für Finanzanlage hat uns schon in das Thema Barwert eingeführt. Folgende Definition des Endwerts gilt also:

Wird eine Zahlung e_0 (a_0), die im Betrachtungszeitpunkt t_0 anfällt, auf den Endzeitpunkt des Planungshorizontes (= letztes Jahr) t_n mit dem Zinssatz p % pro Jahr aufgezinst, so spricht man vom Endwert e_n (a_n). Die Zinszahlung fällt am Ende des Jahres an (nachschüssige Verzinsung).

— **Merke!** —————————————————————

Der **Endwert** ist derjenige Wert einer Zahlung, den man am Laufzeitende erhält.

Folgende Formeln haben wir in dem vorigen Beispiel bereits angewendet:

$e_n = e_0 \cdot (1 + p/100)^n = e_0 \cdot (1+i)^n = e_0 \cdot q^n$,

$a_n = a_0 \cdot (1 + p/100)^n = a_0 \cdot (1+i)^n = a_0 \cdot q^n$.

1.3 · Abgrenzung statische vs. dynamische Verfahren

Beispiel

Gehen Sie davon aus, Ihnen stehen die 10.000 € des Finanzanlagenbeispiels von oben zur Verfügung. Sie möchten das Kapital zu dem bekannten Zinssatz von p = 4 % für n = 10 Jahre anlegen. Wie viel Geld haben Sie nach den zehn Jahren auf Ihrem Konto? Wir wenden die gerade gelernte Formel an:

> Gesucht ist e_{10}
> Gegeben sind e_0 = 10.000 €, p = 4 %, n = 10 Jahre

Wir wissen, dass

$i = p/100$ und $q = 1 + i$.

Es folgt also:

$$\begin{aligned} e_{10} &= 10.000 \, € \cdot \left(1 + \frac{4}{100}\right)^{10} \\ &= 10.000 \, € \cdot (1 + 0{,}04)^{10} \\ &= 10.000 \, € \cdot 1{,}04^{10} \\ &= 14.802{,}44 \, €. \end{aligned}$$

Der Aufzinsungsfaktor $q^n = (1 + i)^n$ ist dabei von zwei Faktoren abhängig:
- dem Kalkulationszinssatz i,
- der Laufzeit n.

Wie hoch der Aufzinsungsfaktor q^n ist, kann aus finanzmathematischen Tabellen abgelesen werden. Diese errechnen q jeweils für die bestimmte Kombination aus Laufzeit n und Kalkulationszinssatz i. Er kann auch einfach mit dem Taschenrechner ausgerechnet werden. Überprüfen Sie das bitte anhand einiger Beispiele aus der finanzmathematischen Tabelle im Anhang.

Lesen Sie zur Übung an dieser Stelle den Aufzinsungsfaktor q^n aus dem Finanzanlagenbeispiel im Anhang ab.

Richtig, Sie blättern zu der Seite, auf dem Sie den Aufzinsungsfaktor finden, kombinieren 4 % p. a. und 10 Jahre und erhalten ein q^n von 1,48024.

Es gelten folgende Schlussfolgerungen für den Zusammenhang zwischen Barwert, Endwert, Laufzeit und Zinssatz einer Ein- bzw. einer Auszahlung:

$p, i \uparrow \rightarrow e_n \uparrow \qquad n \uparrow \rightarrow e_n \uparrow \qquad e_0 \uparrow \rightarrow e_n \uparrow$

$p, i \uparrow \rightarrow a_n \uparrow \qquad n \uparrow \rightarrow a_n \uparrow \qquad a_0 \uparrow \rightarrow a_n \uparrow$

1. Fall: Steigt der Zinssatz (p bzw. i), so ist folglich auch der Endwert größer. Ganz konkret bedeutet das: Wenn Sie für 10.000 € 10 % Zinsen pro Jahr erhalten, so ist Ihr Endwert nach der Laufzeit höher als wenn Sie 4 % Zinsen p. a. bekommen.

2. Fall: Je länger Sie Ihr Kapital anlegen, desto höher ist der Endwert, den Sie erhalten. Angenommen Sie legen Ihre 10.000 € für 4 % über fünf Jahre an, so haben Sie weniger auf dem Konto, als wenn Sie Ihre 10.000 € für 4 % über zehn Jahre anlegen.

3. Fall. Je mehr Sie am Anfang auf Ihr Konto legen, desto mehr erhalten Sie am Ende der Laufzeit. Legen Sie 5.000 € für 4 % über zehn Jahre an, so haben Sie weniger Geld auf dem Konto, als wenn Sie 10.000 € für 4 % über zehn Jahre anlegen.

Ihnen ist sicher aufgefallen, dass in jedem Fall alle Variablen, die nicht explizit betrachtet werden, als konstant angenommen werden. Zum Beispiel in Fall 3 stehen e_0 und e_n im Zusammenhang und p bzw. i als auch n bleiben konstant.

1.3.2.3 Barwert

Das obige Beispiel für die Kreditaufnahmen hat auch bereits den Barwert thematisiert. Folgende Definition liegt hier für vor:

Wird eine Zahlung e_n (a_n), die im Betrachtungszeitpunkt t_n anfällt, mit dem Zinssatz p % pro Jahr auf den Betrachtungszeitpunkt t_0 abgezinst, so spricht man vom Barwert (Gegenwartswert) e_0 (a_0). Es wird ebenfalls eine nachschüssige Verzinsung unterstellt.

> **Merke!**
>
> Der **Barwert** ist derjenige Wert einer Zahlung, den man jetzt anlegen muss, um diese bestimmte Zahlung am Laufzeitende zu erhalten.

Die zugehörigen Formeln für den Barwert:

$$e_0 = e_n \cdot 1/(1 + p/100)^n = e_n \cdot 1/(1 + i)^n = e_n \cdot q^{-n},$$
$$a_0 = a_n \cdot 1/(1 + p/100)^n = a_n \cdot 1/(1 + i)^n = a_n \cdot q^{-n}.$$

Beispiel
Sie wollen in zehn Jahren ein Auto kaufen, das genau 14.802,44 € kosten wird. Wie viel müssen Sie heute anlegen, damit Sie in zehn Jahren diese Summe zur Verfügung haben? Wir wenden zur Berechnung die gerade neu kennengelernte Formel an:
Gesucht ist e_0.
Gegeben sind e_{10} = 14.802,44 €, p = 4 % und n = 10 Jahre.

1.3 · Abgrenzung statische vs. dynamische Verfahren

Wir sind uns immer noch darüber im Klaren, dass

$i = p/100$ und $q = 1 + i$.

Es folgt also:

$$e_0 = 14.802{,}44 \,€ \cdot \left(\frac{1}{1 + \frac{4}{100}}\right)^{10}$$

$$= 14.802{,}44 \,€ \cdot \left(\frac{1}{1{,}04}\right)^{10}$$

$$= 14.802{,}44 \,€ \cdot 1{,}04^{-10}$$

$$= 10.000 \,€.$$

> **Merke!**
>
> Genau wie der **Abzinsungsfaktor** $q^{-n} = (1 + i)^{-n}$, ist auch der **Aufzinsungsfaktor** $q^n = (1 + i)^n$ von den beiden Faktoren i (Kalkulationszinssatz) und n (Laufzeit) abhängig.

Natürlich kann auch hier die Höhe des Abzinsungsfaktors q^{-n} aus finanzmathematischen Tabellen, die n und i entsprechend kombinieren, abgelesen werden.

Blättern Sie doch auch hier kurz in den Anhang und suchen Sie den Abzinsungsfaktor q^{-n} für unser Autokaufbeispiel raus.

Richtig, Sie blättern auf die Seite mit dem Abzinsungsfaktor, kombinieren 4 % und zehn Jahre und erhalten ein q^{-n} von 0,67556.

Es kommt zu folgenden Schlussfolgerungen:

$p, i \uparrow \rightarrow e_0 \downarrow \quad\quad n \uparrow \rightarrow e_0 \downarrow \quad\quad e_n \uparrow \rightarrow e_0 \uparrow$

$p, i \uparrow \rightarrow a_0 \downarrow \quad\quad n \uparrow \rightarrow a_0 \downarrow \quad\quad a_n \uparrow \rightarrow a_0 \uparrow$

1. Fall: Je höher der Zinssatz ist, desto niedriger ist der Barwert. Dies ist klar, denn bei Berechnung des Barwertes teilen Sie den Endwert e_n durch die Zinsen. Je höher der Nenner, desto kleiner das Ergebnis, sprich e_0. Die Laufzeit n bleibt hier konstant.

2. Fall: Je länger die Laufzeit, desto niedriger ebenfalls der Barwert, wenn die Zinsen konstant gehalten werden. Auch hier wird ein Endwert durch einen immer höheren Nenner geteilt (Der Nenner wird ja hoch n genommen und nimmt mit größerem n zu.) Somit wird e_0 mit größerem n kleiner.

3. Fall: Je größer der Endwert, desto höher ist der Barwert, wenn der Zinssatz und die Laufzeit konstant gehalten werden. Liegt ein Endwert von 10.000 € vor und ein anderer Endwert von 50.000 € und werden beide über vier Jahre zu 5 % Zinsen abgezinst, so ist der Barwert von 50.000 € höher als jener von 10.000 €.

Soweit die Abgrenzung von statischen und dynamischen Verfahren. Auf die unterschiedlichen dynamischen Verfahren gehen wir, wie Sie bereits wissen, in ▶ Kap. 2 bis 5 noch genauer ein.

> **Auf den Punkt gebracht: Dynamische Verfahren berücksichtigen den zeitlichen Anfall von Ein- und Auszahlungen.** Sie geben exakt wieder, ob eine Investition betriebswirtschaftlich rentabel ist oder nicht. Sie sollten deswegen bei einem Investitionsprojekt immer Grundlage der Entscheidung sein, ob ein oder welches Projekt durchgeführt wird.

1.4 Annahmen in der Investitionsrechnung

In diesem Kapitel wollen wir ein paar Grundlagen und Annahmen der Investitionsrechnung betrachten. Vorab ein Blick auf das Investitionsgeschehen im betrieblichen Gesamtzusammenhang.

Abgesehen von Gründungssituationen und Finanzinvestitionen findet die Mehrzahl der Investitionen in einem bestehenden Unternehmensumfeld statt.

Das bedeutet in der Praxis, dass – je nach Investition – viele Unternehmensbereiche mehr oder weniger tangiert sind. Da geht es um die Einbindung in die Organisationsstruktur (Zuständigkeiten und Verantwortlichkeiten), die Struktur der Betriebsabrechnung (Kostenstellen, Gemeinkostenbeteiligung etc.) und die Ablauforganisation (Prozesseinbindung). Eventuell sind gesonderte Räume, zusätzliche Ver- und Entsorgungs-Infrastruktur und klimatische Bedingungen gefordert, wird Personalschulung nötig, müssen Informationen über neue Produkte oder geänderte Produkteigenschaften an Marketing und Vertrieb kommuniziert werden und vieles mehr.

Es wird also sichtbar, dass selbst die Investition von Kevin M. nicht dann schon in ihren betriebswirtschaftlichen Auswirkungen erfasst und berechnet ist, weil Standort, Finanzierung und Markterwartung richtig interpretiert und in die Überlegungen einbezogen sind.

Damit wird auch sichtbar, dass die Interdependenzen, also die gegenseitig sich bedingenden Abhängigkeiten betrieblichen Geschehens, mehr oder weniger weitgehend von Investitionsprozessen betroffen sind.

Es wäre nun vermessen den Versuch zu starten, alle Folgen eines Investitionsgeschehens in die Investitionsrechnung einbeziehen zu wollen. Enorme Simulationsmodelle auf dem Hintergrund sachlicher und zeitlicher Ablaufplanungsmodelle müssten gebaut werden und die Verhältnismäßigkeit wäre schnell überschritten – zumal beim Blick auf das Ergebnis: Der größte Unsicherheitsfaktor bleibt die unsichere Zukunft und die kann nicht ausgeschaltet werden. Angesichts der dadurch verursachten Aussageungenauigkeit von Investitionsrechnungen ist es angeraten, den Aufwand nicht zu übertreiben. Denn: Die Ergebnisse würden vielleicht genauer – aber leider nicht in gleichem Maß richtiger.

Und weil dem so ist, erfreuen sich Rechenmodelle, die die Projektumwelt vereinfachen, als praktikable Lösungsansätze großer Beliebtheit. Dabei ist es sinnvoll, jedes Investitionsprojekt nicht nur durchzurechnen, sondern von einer Durchführungsplanung begleiten zu lassen. Abgesehen davon, dass die Investitionsrechnung ohnehin teilweise auf der Durchführungs- und Nutzungsplanung aufbaut.

Das gerade dargestellte konkrete Investitionsumfeld zeigt nochmal die Komplexität von Investitionsvorgängen und deren Auswirkung. Diese Komplexität in Investitionsrechnungen abbilden zu wollen, ist nicht zielführend.

Partialmodelle lösen den Konflikt zwischen Genauigkeit, Wirtschaftlichkeit und Aussagekraft.

1.4.1 Klassische Partialmodelle

Wie wollen uns nun kurz einen Überblick über klassische Partialmodelle verschaffen. Es gibt verschiedene Investitionsrechenmodelle: Totalmodelle, kombinatorische Partialmodelle und klassische Partialmodelle. Solche Rechenmodelle helfen uns dabei, unterschiedliche Investitions- und Finanzierungsprojekte zu beurteilen. Da unter ihnen die klassischen Partialmodelle die größte Bedeutung haben, gehen wir hier nur kurz auf diese ein.

Mit Hilfe der klassischen Partialmodelle wird die Projektumwelt – die Annahmen, die man der Beurteilung von Investitions- oder Finanzierungsprojekten zugrunde legt –, vereinfacht. Wie der Name Partialmodell schon aussagt, betrachtet man bei diesen Modellen also nur bestimmte Teileaspekte des Investitionsvorgangs. Damit wird ein Teil der Auswirkungen vernachlässigt. Durch dieses Vorgehen wird eine Simulation und Bewertung von Projekten möglich, denn alle Einflussfaktoren und Bedingungen zu berücksichtigen wäre – wie eingangs ausgeführt – einfach nicht darstellbar. Es ist entscheidend bei jedem Partialmodell, das situationsorientiert mit Parametern ausgestattet wird, die wichtigen Faktoren zu erfassen.

Eine weitere vereinfachende Unterstellung ist die Existenz eines *vollkommenen Kapitalmarktes*. Das bedeutet, dass Kapital zu jeder Zeit und Menge verfügbar ist. Der Zinssatz (bzw. die erwartete Mindestverzinsung), der den Berechnungen zu Grunde gelegt wird, ist der Kalkulationszinssatz i, den Sie ja bereits kennengelernt haben. Wenn es also um Finanzierung geht, so entbindet die Fiktion des vollkommenen Kapitalmarktes von der Überprüfung unterschiedlicher Angebote von Kreditinstituten, da einfach ein einheitlicher Kalkulationszinssatz repräsentativ verwendet wird. Zu diesem einheitlichen Kalkulationszinssatz kann der Investor entweder einen Kredit zur Finanzierung der Anschaffungsauszahlung aufnehmen oder seine Einzahlungsüberschüsse anlegen.

Auch das Thema Datenerfassung wird vereinfacht. Beispielsweise treten Ein- oder Auszahlungen unterjährig auf. Diese werden kumuliert und immer am Ende der Periode angenommen und für Berechnungen berücksichtigt: Nachschüssige Zahlungen.

Die klassischen Partialmodelle schließen außerdem Unsicherheiten aus und versuchen nicht, Unsicheres durch Prognosen vermeintlich sicher zu machen.

Denn natürlich können wir auch in diesem Kapitel, wie schon öfters oben erwähnt, nicht in die Zukunft schauen und uns sicher sein, dass Kosten konstant bleiben oder sonstige Zahlungen so auftreten, wie wir sie voraussetzen. So werden eben als Ersatz die besten verfügbaren Prognosen verwendet.

Vereinfachungen haben ihre Tücken und man tut gut daran, nach in der Simplifizierung verborgenen Fallen zu suchen. So ist die Unterstellung des unbegrenzten Zugangs zu Finanzierungsmöglichkeiten schon manchem zur Falle geworden, so Herrn Hermann F.:

Beispiel
Hermann F. hat in seinem Haus eine ganzflächige und daher unwirtschaftliche Fußbodenheizung auf Basis Öl. Er errechnete, dass die Ergänzung durch eine partiell regulierbare Raumheizung in Übergangsperioden eine Investition in Höhe von rund 80.000 € nötig machen würde. Nach fünf Jahren wäre die Investition durch Heizkostenersparnisse getilgt. Er bestellte die Handwerker, vergab die Aufträge und freute sich seiner intelligenten Investitionsentscheidung. Bis die Rechnungen zur Zahlung anstanden. Leider finanzierte die Hausbank die Maßnahme wegen der bereits angespannten Finanzsituation von Hermann F. nicht. Ihr gehört heute das Haus mit der wirtschaftlichen Zusatzheizung. Hermann F. war zahlungsunfähig. Die Bank ließ sich das Haus überschreiben.

Zusammengefasst geht es bei Partialmodellen also um Vereinfachungen hinsichtlich der Anzahl der berücksichtigten Faktoren und deren Genauigkeit, weil die Zukunftsunsicherheit höhere Genauigkeit „aushebelt".

1.4.2 Weitere Annahmen

Nun wollen wir den Begriff der Auswahl- und der Ersatzentscheidung klären. Bei Investitions- aber auch Finanzierungsprojekten geht es immer darum, eine Entscheidung zu treffen. Welches Projekt ist wirtschaftlich, finanziell etc. sinnvoll?

1.4.2.1 Auswahlentscheidung

Eine Auswahlentscheidung wird dann getroffen, wenn ein Projekt realisiert werden soll, was noch nicht realisiert ist. Etwas konkreter: Angenommen, Ihre Bäckerei möchte in eine Maschine, die Muffins backt, investieren. Bisher haben Sie noch keine Maschine gehabt, die so etwas kann. Nun stehen Sie vor einer Auswahlentscheidung. Sie müssen bzw. sollten verschieden Angebote einholen und sich für die rentabelste Muffin-Maschine entscheiden.

1.4.2.2 Ersatzentscheidung

Wir greifen das Bäckerbeispiel von oben nochmal auf: Angenommen, Sie haben in Ihrer Bäckerei schon eine Muffin-Maschine und überlegen nun die Produktion der Muffins pro Stunde zu erhöhen, indem Sie eine schnellere Maschine kaufen. Dies ist eine Ersatzentscheidung. Ihr Projekt „Muffin-Maschine" ist bereits realisiert. Sie möchten eine schnellere Maschine kaufen, um die Produktivität zu erhöhen. In diesem Projekt würden also bestimmte Auszahlungen, wie der Anbau, um die Muffin-Maschine aufzustellen, nicht mehr anfallen, da der Anbau ja bereits steht. Sie müssen sich als Unternehmer also immer die Frage stellen, ob es günstiger ist, das bestehende Projekt zu behalten oder ob eine Ersatzentscheidung diesbezüglich attraktiver ist. Dabei ist neben weiteren Kriterien zu beachten, dass die Restnutzungsdauer der schon gekauften Muffin-Maschine natürlich kürzer ist als die der neu anzuschaffenden Muffin-Maschine.

Es muss also verglichen werden, ob die alte Maschine unter Berücksichtigung des aktuellen Zeitwerts bzw. Restverkaufswerts vorteilhafter ist als die neue Maschine, für die der volle Anschaffungspreis anfallen würde.

Die ▶ Kap. 2 bis 5 beschäftigen sich konkret mit den Methoden der Investitionsrechnung. Die dort debattierten und berechneten Daten sind mit Begriffen verbunden, die hier noch einmal zusammengefasst erklärt werden.

1.4.3 Der Investitionsprozess

Vorab sollten Sie sich jedoch noch einmal den Investitionsprozess im betriebswirtschaftlichen Zusammenhang vor Augen führen. Eine Investition ist ihrem Wesen nach die Umwandlung von Geld in ein Vorhaben mit Verzinsung (Rendite). Investitionen haben Langzeitwirkung und durchlaufen zwei Phasen: Den Vorgang der Investition selbst, der mit Aufnahme der Nutzung (z. B. Produktionsbeginn) abgeschlossen ist. Ihm folgt nahtlos der Vorgang der Desinvestition, der mit der Aufnahme der Nutzung beginnt.

Die Produktion der Anlage führt über den Verkauf von Einzelleistungen, z. B. Gummibärchen, zu Einzahlungen. Im Kontext mit der Investitionsbetrachtung befriedigen diese Einzahlungen drei Erwartungsblöcke, die jedes Gummibärchen – um bei diesem Beispiel zu bleiben – beinhaltet:

- Block 1: Die variablen Kosten bezogen auf die hergestellte Leistungseinheit (z. B. Rohmaterialien, Lohnkosten, Energiekosten zum Betreiben der Maschine), die bei der Preisfestlegung (Stückkosten-Kalkulation) eingerechnet wurden.
- Block 2: Ein auf das Stück herunter gebrochenes Nutzungsentgelt für die Anlage in Höhe der Abschreibung, das modellhaft dazu dient, „Cent für Cent" die in die Anlage investierten Gelder anzusparen, um nach Ende der Nutzungsdauer eine neue Maschine zu kaufen.
- Block 3: Anteilige Zinsen, anteilige Vergütung für das mit der Investition eingegangene Risiko und letztlich einen in der Preiskalkulation enthaltenen Gewinnanteil.

Der Rückfluss der ursprünglichen Investitionsmittel geht mit einem entsprechenden Verschleiß der Anlage einher. Dieser Verschleiß wird am Ende dazu führen, dass die Maschine nicht mehr nützlich ist, weil verbraucht und somit ohne wirtschaftlichen Wert. Es hat also während der Nutzung eine kontinuierliche Desinvestition stattgefunden.

Investitionen sind von folgenden betriebswirtschaftlichen Faktoren begleitet, die bei der Investitionsentscheidung eine Rolle spielen.

Kapitaleinsatz: Das ist die Anfangsauszahlung a_0, also das Kapital, das ich in ein Projekt investiere. Der Kapitaleinsatz entspricht dem Kaufpreis inklusive Nebenkosten.

Laufende Auszahlungen a_t: Dies sind durchaus auch der Höhe nach variierende Auszahlungen, die während der unterschiedlichen Perioden eines Projekts anfallen, z. B. Lohnkosten für den Arbeiter, der die Maschine bedient.

Beispiele für Auszahlungen im Zusammenhang mit der Nutzung der Investition:
- Anschaffungspreis einer Maschine,
- Löhne und Gehälter,
- Materialkosten,
- Reparatur- und Instandhaltungskosten,
- Raum- und Energiekosten,
- Zinsen und Tilgung eines Kredits.

Keine Auszahlungen sind z. B. Abschreibungen. Diese sollen dem Wertverlust durch Gebrauch (Verschleiß) und technologische Alterung (durch konkurrierende, effizientere Nachfolgemodelle) sichtbar machen, gehen als investitionsverursachte Kosten gewinnmindernd in die Ergebnisrechnung ein, ohne zu Auszahlungen zu führen.

Laufende Einzahlungen e_t: sind das Gegenstück zu den laufenden Auszahlungen. Man könnte auch sagen, dass diese Einzahlungen, die als Geldzufluss verbucht werden, der eigentliche Zweck des Investitionsprojektes sind. Man investiert ja schließlich, um davon nach gewisser Zeit dadurch zu profitieren, dass die Summe der Einzahlungen die ursprünglichen Auszahlungen überkompensieren.

Beispiele für Einzahlungen:
- Erlöse aus dem Verkauf der Leistungen der Investition
- Restverkaufserlös
- Bereitstellung einer Kreditsumme

Einzahlungsüberschuss EZÜ $e_t - a_t$: Dies ist die Differenz aus den laufenden Einzahlungen und den laufenden Auszahlungen. Dieser Wert ist grundsätzlich positiv. Sollte er negativ sein, spricht man von einem Auszahlungsüberschuss AZÜ.

Nutzungsdauer ND: Wie lange läuft das Projekt?

Kalkulationszinssatz i: Mit diesem Zinssatz berechnet man die Verzinsung des gebundenen Kapitals.

Restverkaufserlös RVE: Am Ende eines Projekts kann es erneut zu einer Einzahlung kommen, wenn man nämlich sein Investitionsobjekt verkauft. Angenommen, Sie bauen ein Hotel und können es nach 12 Jahren Betrieb für 1 Mio. € verkaufen, dann sind diese 1 Mio. € Ihr Restverkaufserlös.

> **Merke!**
>
> Bei Investitionsentscheidungen werden alle **Ein- und Auszahlungen** während der Laufzeit berücksichtigt. **Abschreibungen** werden jedoch nicht abgezogen, da sie keine Auszahlungen darstellen.

1.4.4 Arten von Nutzungsdauern

Nun wollen wir noch zwischen der technischen und wirtschaftlichen *Nutzungsdauer* unterscheiden.

1.4.4.1 Technische Nutzungsdauer
Dies ist einfach die Nutzungsdauer, die technisch möglich ist. Wie lange kann ich meine Maschine also nutzen, bis sie quasi auseinanderfällt?

1.4.4.2 Wirtschaftliche Nutzungsdauer
Natürlich wird versucht eine Maschine genauso lange zu nutzen, dass der Gesamtgewinn aus diesem Investitionsprojekt maximal ist. Spätestens, wenn der Gewinn aus dem Projekt unter die Verzinsung des noch gebundenen Kapitals – das man ja alternativ auf einem Bankkonto anlegen könnte – gesunken ist, sollte die Maschine abgestoßen werden, auch wenn Sie noch auf Jahre hinaus produzieren könnte. Natürlich

kann man eine Maschine nicht über ihre technischen Möglichkeiten hinaus nutzen. Das bedeutet im Umkehrschluss, dass die wirtschaftliche Nutzungsdauer kleiner oder maximal gleich der technischen Nutzungsdauer ist. Zuverlässige Angaben über die Nutzungsdauer können jedoch meist nur für Maschinen getroffen werden, deren Nutzungsdauer relativ kurz ist, da sich natürlich die Gegebenheiten ändern und völlige Sicherheit, wie Sie bereits gelernt haben, nicht vorhanden ist. Die Nutzungsdauer eines Gebäudes oder einer Brücke abzuschätzen ist demnach ungleich schwerer.

> **Merke!**
>
> Es gibt zwei Arten von Nutzungsdauern: **Technische** und **wirtschaftliche Nutzungsdauer**.

1.5 Investitionsprojekt (Einzelprojektentscheidungen) vs. Investitionsprogramm (Programmentscheidungen)

Wenn wir bisher in diesem Lehrbuch von Investitionsprojekten geredet haben, ging es immer nur um isolierte Einzelprojekte. Dennoch sind Sie oben öfters dem Hinweis begegnet, dass Einzelprojekte meistens im Kontext eines bestehenden betrieblichen Wirkzusammenhanges betrachtet werden müssen. Eine fünfte Maschine des gleichen Typs erweitert zum Beispiel in sich gesehen zwar die Produktionskapazität um 25 % und es scheint angesichts vorliegender Vergleichswerte leicht, eine verlässliche Investitionsrechnung anzustellen. Stimmt – aber wenn die Aufnahmefähigkeit des Absatzmarktes und die Kapazität der Vertriebswege nicht bedacht wurden, stimmt das Ergebnis nicht mehr.

Noch komplexer wird die Investitionssituation (ihre Planung, Beurteilung und Berechnung), wenn es sich um Investitionsentscheidungen handelt, die mehrstufige und prozessverzahnte Elemente berücksichtigen muss.

Springen Sie gedanklich zurück zu Kevin M., Ihrem Alumnus, den Sie bisher nur aus diesem Lehrbuch kennen, dem Sie aber beim nächsten Alumni-Treffen sicher begegnen werden.

Seine Absicht, in den digitalen Rollendruck zu investieren, war – so stellte sich nach Installation der Maschine heraus – leider nicht voll durchdacht. Doch, er hat richtig gerechnet, hat sich eines klassischen Partialmodells bedient, und alles war schlüssig. Seine partiell auf das Investitionsvorhaben bezogene Berechnungen und daraus abgeleiteten Maßnahmen waren erfolgreich – der Keller füllte sich mit Frankenwein.

Aber Kevin hatte übersehen, dass der Prozess in der Druckvorstufe, also jener Bereich, dessen Kosten er durch die Bearbeitung der Druckbilder am Bildschirm mindern und zu einem Preisvorteil nutzen wollte, für die bereits bestehenden Buchdruckverfahren im Hause nicht nutzbringend eingebunden werden konnte. Die eigens erworbene

Soft- und Hardware, Herzstücke der vorkostensparenden Investitionsidee, konnten aus technischen Gründen nicht umfassend genutzt werden, was zum Parallelbetrieb zweier Systeme zwang und dauerhaft kostspielige Kapazitätsauslastungsprobleme schuf.

Es kann gut sein, dass Kevin den Unterschied zwischen Investitionsprojekt und Investitionsprogramm nicht gebührend gewürdigt hat.

Investitionsprogramme berücksichtigen die Kombination und die Zusammenführung von mehreren Investitions- und Finanzierungsprojekten, beurteilen Investitionen im Zusammenhang. Es wird also nicht ein einzelnes Projekt nach seiner Vorteilhaftigkeit beurteilt, sondern mehrere miteinander verknüpfte Projekte, die in Wechselwirkung stehen, werden betrachtet und bewertet. Das kann die Prozessverknüpfung sein (wie bei Kevin), kann aber auch Finanzierungsabläufe verknüpfend berücksichtigen. Wenn ein Automobilunternehmen ein neues Modell produzieren will, handelt es sich um ein Investitionsprogramm, da eine neue Produktionshalle, ein neue Pressmaschine, eine neue Lackieranlage, ein neues Montageband etc. gebaut werden müssen.

Da sich natürlich die Bewertung von Investitionsprogrammen als weitaus komplexer herausstellt, werden in der Realität Entscheidungen trotz dieses Wissens häufig über isolierte Einzelprojekte getroffen. Es wird also die rentabelste Produktionshalle herausgesucht, dann wird die rentabelste Pressmaschine errichtet, etc.

◘ Abb. 1.2 zeigt einen systematisierenden Überblick über Modelle der Investitionsrechnung.

> **Auf den Punkt gebracht: Es gibt viele verschiedene Investitionsrechenmethoden. In diesem Lehrbuch werden wir uns auf die dynamischen Verfahren Kapitalwertmethode, interne Zinsfußmethode, Annuitätenmethode und dynamische Investitionsrechnung konzentrieren, da sie betriebswirtschaftlich zuverlässig und in vielen Praxisfällen angewendet werden können.**

1.6 Praxis der Investitionsplanung

Nachdem wir im ersten Kapitel bis hier einen intensiven Einblick in die Theorie der Investitionsrechnung hatten, wollen wir uns zum Abschluss dieses Kapitels – endlich – der Praxis zuwenden. Sie haben sich sicher schon während des Durcharbeitens manchmal gefragt, ob die umfassenden Erörterungen verschiedenster Gesichtspunkte der Investitionstheorie mit Blick auf das Verhalten von Unternehmen überhaupt relevant sind und angewendet werden. Vielleicht haben Sie sich auch gefragt, ob diese Thematik bei den Unternehmen überhaupt bekannt ist.

Die Frage ist berechtigt und Sie sind wirklich nicht der Erste, der sie sich stellt.

Mit den Antworten wird Sie dieses Kapitel vertraut machen.

Sie haben in ▶ Abschn. 1.3 statische und dynamische Verfahren kennengelernt. Die dynamischen Verfahren haben wir dabei als weniger aufwändig und kostengünstiger

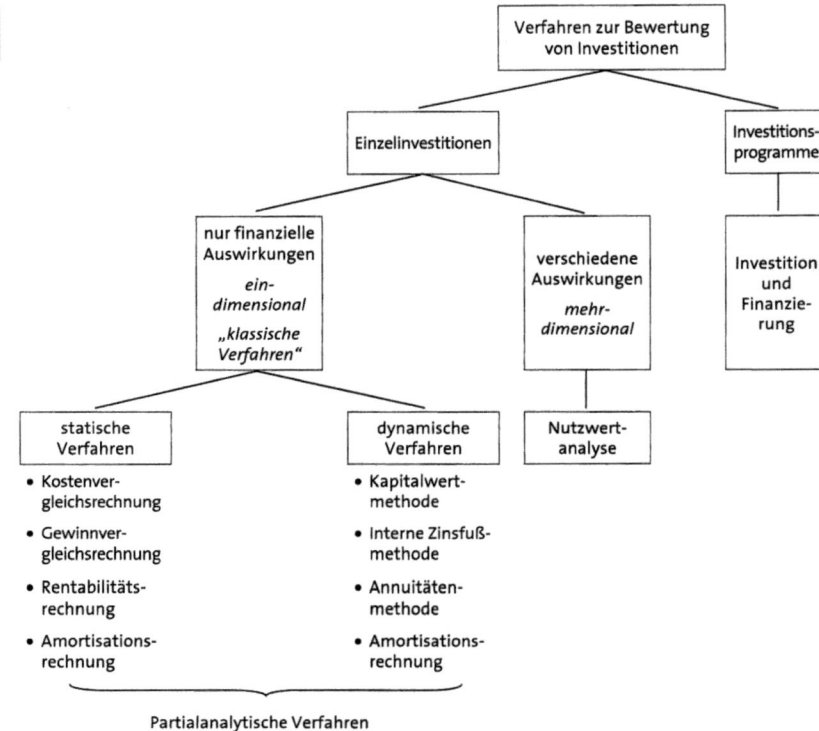

Abb. 1.2 Verfahren der Investitionsrechnung. (Quelle: Däumler und Grabe 2014, S. 30)

kennengelernt. Dynamische Verfahren hingegen sind komplexer, liefern aber auch genauere und realistischere Ergebnisse als ihre statischen Äquivalente.

Eine Umfrage von Herrlinger (2005) bei 43 Unternehmen zwischen 5 Mio. € und über 1 Mrd. € Jahresumsatz hat herausgefunden, dass die statischen Verfahren in der Praxis häufiger verwendet werden als die dynamischen. Die *Kostenvergleichsrechnung*, mit der wir uns in diesem Lehrbuch jedoch nicht näher befassen werden, ist laut Umfrage die am meisten verbreitete Methode. Vermutet worden war vor der Befragung, dass die Kapitalwertmethode die meistverwendete sein würde. Sie ist die Methode, die am zweithäufigsten verwendet wird.

Schaut man sich die Umfrageergebnisse genauer an, stellt man fest, dass in der Praxis die Kapitalwertmethode vor allem von großen Unternehmen verwendet wird. Hier liegt der Verbreitungsanteil bei 75 %, wohingegen nur 30 % der Großunternehmen

1.6 · Praxis der Investitionsplanung

die Kostenvergleichsrechnung verwenden. Warum die Kapitalwertmethode so weit verbreitet ist, erfahren Sie im nächsten Kapitel, wo wir uns direkt im ersten Abschnitt diese Methode genauer ansehen.

Die Umfrage lässt auch erkennen, dass statische Verfahren bevorzugt von kleineren Unternehmen für Investitionsbewertungen angewendet werden. Mittlere und größere Unternehmen hingegen greifen häufiger zu dynamischen Methoden. Dieser Unterschied könnte damit begründet werden, dass die statischen Verfahren die einfachere Variante der Investitionsanalyse sind. Dabei dürfte eine Rolle spielen, dass – zumal bei kleineren Unternehmen – nennenswerte Investitionen kein „täglicher Vorgang" sind. Insbesondere dort, wo es sich um unternehmergeführte kleine und mittelständische Unternehmen handelt – und das ist zumindest in Deutschland der zahlenmäßig größte Teil aller Unternehmen – werden dynamische Investitionsrechnenmethoden kaum bekannt sein. Von unternehmerischer Überzeugung getragen, nach einem Blick auf die Finanzierbarkeit und den Absatzmarkt, begleitet von ein paar eher weniger professionellen Rechnungen mit Zukunftserwartungen dürften viele Investitionsentscheidung fallen. Motto: Lieber mit 51 % berechneter Sicherheit und unternehmerischer Überzeugung hinter der Entscheidung stehen als mit aufwändigen Berechnungen erst bei der 90 %iger Sicherheit handeln.

Im Schnitt werden für die Bewertung jedes Investitionsvorhabens von Unternehmen laut dieser Studie jeweils zwei Verfahren verwendet.

Ein anderer Blick auf die Investitionsvorbereitung zeigt, dass die Beliebtheit der Methode nach Branchen variiert. Beispielsweise scheint der Energiesektor sich eher auf die Kapitalwertmethode zur Bewertung von Investitions- und Finanzierungsprojekten zu verlassen. Das dürfte in der guten Abschätzbarkeit der Kapitalflüsse in Anlehnung an die Energie-Verbrauchsgewohnheiten begründet sein. Die Filmindustrie auf der anderen Seite kann diese Kapitalflüsse eher schwer einschätzen. Es kommt eben darauf an, ob der Film erfolgreich wird oder nicht. Hier kann sich die Kapitalwertmethode folglich nicht großer Beliebtheit erfreuen.

Betrachten wir die Verbreitung und Verwendung der unterschiedlichen Investitionsrechenmethoden noch länderübergreifend, so stellt man fest, dass Großbritannien, Frankreich und Deutschland am häufigsten die Amortisationsmethode einsetzen. Werfen Sie einen Blick auf ◘ Tab. 1.3, um den Ländervergleich der Methoden genauer unter die Lupe zu nehmen.

Sollten Sie – nach umfangreichen, eher abstrakten Erörterungen hier angekommen – das Bedürfnis nach Konkretem verspüren, dann können wir Ihnen Erfreuliches vermelden: Im nächsten Kapitel werden wir lernen, mit den verbreiteten Investitionsrechnungsverfahren umzugehen. Wir werden uns – wie oben erwähnt – mit den folgenden Methoden auseinandersetzen:

- Kapitalwertmethode,
- interne Zinsfußmethode,
- Annuitätenmethode,
- dynamische Amortisationsrechnung.

Tab. 1.3 Ländervergleich – Praxis der Investitionsrechnung. (Eigene Tabelle, basierend auf Brounen et al. 2004, S. 82)

	USA	UK	Niederlande	Deutschland	Frankreich
Kapitalwertmethode	74,93	46,97	70,00	47,58	35,09
Interne Zinsfußmethode	75,61	53,13	56,00	42,15	44,07
Durchschnittliche Rentabilität	20,29	38,10	25,00	32,17	16,07
Rentabilitäts-Index	11,87	15,87	8,16	16,07	37,74
Statische Amortisationsrechnung	56,74	69,23	64,71	50,00	50,88
Dynamische Amortisationsrechnung	29,45	25,40	25,00	30,51	11,32
Mindestrendite	56,94	26,98	41,67	28,81	3,85
Sensitivitätsanalyse	51,54	42,86	36,73	28,07	10,42
Realoptionen	26,56	29,03	34,69	44,04	53,06
Alle Angaben in Prozent					

Was die einzelnen dynamischen Methoden nun bedeuten und wie man sie genau anwendet, lernen wir gemeinsam im folgenden Kapitel.

Zuvor sollten Sie sich anhand der folgenden Aufgaben jedoch abschließend kritisch an der Lösung dieser Aufgaben prüfen.

> **Merke!**
>
> In Deutschland sind die **statische Amortisationsrechnung** und die **Kapitalwertmethode** am weitesten verbreitet.

1.7 Lern-Kontrolle

Kurz und bündig
Sie sollten jetzt verstanden haben, was Investitionen sind, wodurch sie ausgelöst werden und wie ihre Wirkung im betriebswirtschaftlichen Zusammenhang zu sehen sind. Ihnen sollte bewusst sein, dass Fehlinvestitionen das Wirtschaftsergebnis belasten und gegeben falls

1.7 · Lern-Kontrolle

bedrohlich für den Unternehmensbestand sein können. Sie sollten wegen der Bedeutung von Investitionen für den Fortbestand von Wirtschaft im Allgemeinen und des einzelnen Betriebes im Besonderen erkannt haben, dass es unverantwortlich wäre, Investitionen vorzunehmen, ohne im Vorfeld durch absichernde Investitionsrechnungen ihrem Wesen nach unsichere Zukunftsentscheidungen abzusichern. Sie sollten sich bewusst geworden sein, dass es kein Zufall ist, dass es eine Reihe einander ergänzender und auch sich gegenseitig „überwachender" Berechnungsverfahren gibt und auch darüber, dass letztlich jemand die Verantwortung für das unvermeidliche Restrisiko durch seine Entscheidung übernehmen muss.

Für sich selbst sollten Sie mitgenommen haben, dass mit zunehmend perfekten Planungs- und Rechengebäuden die Gefahr steigt, die Richtigkeit der Ergebnisse mit der Richtigkeit der Entscheidung zu verwechseln. Für Investitionsentscheidungen gilt letztlich: *Hirn hilft – eine Investitionsrechnung ist nur so gut wie die Daten, die ihr zugrunde liegen – überzeugtes Handeln schließt die Risikolücke.*

❓ Let's check
Aufgaben zu 1.1
1. Welche der folgenden Aussagen über Investitionen treffen nicht zu?
   - ☐ Investitionen sind zwingend mit Erweiterung der Produktionskapazität verbunden.
   - ☐ Investitionen liegen auch vor, wenn mehr Personal eingestellt wird.
   - ☐ Investitionen sind immer der Versuch, das Unternehmensergebnis zu verbessern.
   - ☐ Investitionsrechnungen können auch dazu führen, dass noch voll funktionsfähige Anlagen ersetzt werden sollten.
2. Warum ist es für eine Privatperson nützlich, eine Investitionsrechnung vorzunehmen?
   - ☐ Weil sie nur dann weiß, wie viel Geld sie benötigt, um eine Anschaffung zu bezahlen.
   - ☐ Weil sie nur so weiß, ob sie sich eine Anschaffung leisten kann.
   - ☐ Weil sie nur so bei Bezahlung aus vorhandenen Mitteln weiß, wie viel sie die Investition unter der Berücksichtigung der Finanzierung wirklich kostet.
   - ☐ Es ist nie nützlich, als Privatperson eine Investitionsrechnung vorzunehmen, weil nur Unternehmen die Voraussetzungen für solche Rechnungen erfüllen.
3. Oben wird behauptet, dass Investitionsrechnungen immer dem Versuch dienen, sich am wirtschaftlichen Prinzip zu orientieren. Kreuzen Sie die Investitionsziele an, bei denen die Investitionsrechnungen das wirtschaftliche Prinzip außer Acht lassen:
   - ☐ Macht
   - ☐ Soziale Verantwortung
   - ☐ Verbesserte Arbeitsbedingungen
   - ☐ Erhöhung des Marktanteils
   - ☐ Autarkiestreben

Aufgaben zu 1.2
1. Welche der folgenden Faktoren muss Kevin M. in seiner Investitionsüberlegung berücksichtigen?
   - ☐ Die erzielbaren Preise für die angebotenen, digital gedruckten Etiketten
   - ☐ Den Trend der Aktienkurse großer Druckunternehmen
   - ☐ Den Preis der Druckmaschine
   - ☐ Das Risiko, von nur einem Lieferanten abhängig zu sein
2. Welche Aussagen über Prognosen im Zusammenhang mit Investitionsrechnungen sind falsch?
   - ☐ Prognosen sind vermeidbar, wenn die Entscheider gründlich recherchieren.
   - ☐ Prognosen erfassen Vergangenheitswerte und errechnen damit absolut zuverlässig die benötigten Rechengrößen für Investitionsrechnungen.
   - ☐ Prognosen liefern so unsichere Aussagen, dass die Investitionsrechnung auf sie verzichten kann.
   - ☐ Prognosen machen Vorhersagen über bestimmte Umweltzustände wie z. B. den Produktpreis oder den Dollarkurs.
3. Warum ist der Faktor Mensch bei Investitionen oft die entscheidende Größe? Welche Aussagen sind falsch?
   - ☐ Die Aussage, dass der Mensch die entscheidende Größe bei Investitionen ist, ist falsch.
   - ☐ Es gibt so gut wie keine Investitionsentscheidungen, die letztlich ohne die Handschrift menschlicher Überzeugungen erfolgen.
   - ☐ Investitionen sind Sachentscheidungen und fordern im wirtschaftlichen Zusammenhang absolute Orientierung am wirtschaftlichen Prinzip. Daher kann und darf menschliche Überzeugung ex definitione keine oder höchstens eine untergeordnete Rolle spielen.
   - ☐ Investitionen sind Maßnahmen, deren Richtigkeit erst die Zukunft erweist. Ohne unternehmerische Risikobereitschaft können sie nicht erfolgen.

Aufgaben zu 1.3
1. Oben wird behauptet, dass die Anwendung nachschüssiger Geldflussbetrachtung beim kontinuierlichen Rückfluss der investierten Gelder das Investitionsrisiko graduell verbessert. Kreuzen Sie zur Beurteilung dieser Behauptung die richtigen Antworten an.
   - ☐ Nachschüssige Bewertung eines Geldflusses geht davon aus, dass der Geldfluss spätestens zum Endtermin der Fälligkeit gut geschrieben wird. Im Verlauf der Periode eingehende Teilbeträge stehen schon vorher zur Verfügung und können zinsbringend verwendet werden.
   - ☐ Vorschüssige Bewertung eines Geldflusses reduziert den Zinseszinseffekt und mindert somit die Risikoabdeckung.

1.7 • Lern-Kontrolle

- ☐ Die Aussage als solche ist falsch, weil Zinszeitpunkt und Investitionsrechnung nicht zusammenhängen.
- ☐ Die Aussage ist nicht richtig, da Zinseffekte in der dynamischen Investitionsrechnung nicht berücksichtigt werden.

2. Die Anwendung der statischen Verfahren der Investitionsrechnung hat folgende Vorteile gegenüber den dynamischen Verfahren – kreuzen Sie die zutreffenden Aussagen hierzu an:
   - ☐ Die statischen Verfahren führen zu deutlich verlässlicheren Ergebnissen.
   - ☐ Die statischen Verfahren genügen insbesondere bei allen Einzelunternehmen mit stark autoritärem Führungsstil und markanter Unternehmerpersönlichkeit.
   - ☐ Die statischen Verfahren werden insbesondere bei sehr langfristigen Investitionsvorhaben eingesetzt.
   - ☐ Die statischen Verfahren sind weniger kompliziert und werden daher bevorzugt von kleineren Unternehmen als ausreichend angesehen und angewendet.
3. Welche der angeführten Faktoren findet bei der Ermittlung des Kalkulationszinssatzes sicher keine Berücksichtigung? Kreuzen Sie bitte an:
   - ☐ Das Devisenkursrisiko
   - ☐ Die tariflichen Lohnerhöhungen
   - ☐ Die Risikobereitschaft des Entscheidungsgremiums
   - ☐ Der Barwert der Investition

Aufgaben zu 1.4

1. Welche der folgenden Einzahlungen bzw. Auszahlungen stehen nicht direkt mit der Investitionsrechnung als solcher in Verbindung? Bitte kreuzen Sie an.
   - ☐ Kreditzinsen
   - ☐ Rohmaterial
   - ☐ Gewinn
   - ☐ Abschreibung
   - ☐ Tilgung
   - ☐ Energiekosten
2. Was ist gemeint, wenn von einem *vollkommenen Kapitalmarkt* gesprochen wird?
   - ☐ Es wird der gesamte Kapitalmarkt betrachtet und nicht nur Ausschnitte.
   - ☐ Es wird der Kapitalmarkt so integriert, wie er auch in der Realität ist, also mit allen typischen Eigenschaften und Faktoren.
   - ☐ Die Investitionsrechnungen werden durch die Annahme des vollkommenen Kapitalmarkts vereinfacht.
   - ☐ Es wird davon ausgegangen, dass unendlich viel Kapital am Markt zur Verfügung steht.
   - ☐ Im vollkommenen Kapitalmarkt geht man davon aus, dass die Zinsen eines Investitionsprojekts auch denen am freien Markt entsprechen.

3. Partialmodellrechnungen verzichten weitgehend auf die gedankliche und kalkulatorische Einbindung des Investitionsumfeldes und gehen allenthalben mit der Genauigkeit der den Berechnungen zugrundeliegenden Daten „großzügig" um. Sie sind dennoch ausreichend, weil ...
   Kreuzen Sie die richtigen Aussagen an.
   ☐ ... sie ein ausreichend genaues Ergebnis für Investitionsentscheidungen liefern.
   ☐ ... höhere Genauigkeit zu höheren Kosten führt und das scheuen Investoren wegen des Gebots der Kostenminimierung.
   ☐ ... es sowieso nicht möglich wäre, noch genauere Annahmen zu treffen und weitere Einflussfaktoren in eine Investitionsrechnung miteinzubeziehen, als es die Partialmodelle bereits tun.
   ☐ ... höhere Genauigkeit und weitergehende Einbeziehung des Investitionsumfeldes zwar zu deutlich exakteren und umfassenderen Aussagen führen mag – der Mehraufwand wegen der in der Zukunft liegenden Unwägbarkeiten aber zu keinen „richtigeren" Entscheidungsgrundlagen führt.
4. Wann ist der Restverkaufserlös eine für den Erfolg einer Investition *entscheidende* Größe? Bitte kreuzen Sie die richtige Antwort an.
   ☐ Wenn der Anlagenverkauf eine Einzahlung generiert.
   ☐ Wenn der Anlagenverkauf eine Auszahlung generiert.
   ☐ Wenn der Anlagenverkauf den ursprünglich erwarteten Restverkaufserlös übersteigt.
   ☐ Wenn der Restwert bei der Investitionsrechnung als Teil der Einzahlungen angesetzt wurde.

Aufgaben zu 1.5
1. Investitionsprojekt und Investitionsprogramm unterscheiden sich in folgenden Aspekten. Kreuzen Sie die richtigen Aussagen an.
   ☐ Komplexität der Berechnungen
   ☐ Kalkulationszinssatz
   ☐ Interdependenz der zu berücksichtigenden Faktoren
   ☐ Sie unterscheiden sich nicht
2. Prozessverzahnte Investitionsprojekte sind besonders einfach zu berechnen. Diese Aussage ist richtig oder falsch?
   ☐ Richtig
   ☐ Falsch
3. Da das Bewerten von Investitionsprogrammen sehr komplex ist, werden die einzelnen Bausteine des Programms einzeln und isoliert bewertet.
   ☐ Richtig
   ☐ Falsch

1.7 · Lern-Kontrolle

Aufgaben zu 1.6
1. Die dynamische Amortisationsmethode ist die laut obigen Ausführungen die beliebteste.
   ☐ Richtig
   ☐ Falsch
2. Energieversorger ziehen die Kapitalwertmethode vor. Der Grund liegt im weitgehend berechenbaren Kapitalrückfluss in dieser Branche.
   ☐ Richtig
   ☐ Falsch
3. Größere Unternehmen verwenden häufiger statische Verfahren als kleinere Unternehmen. Grund dafür könnte sein, dass statische Verfahren kostspieliger sind und sich somit große Unternehmen solche Modellrechnung eher leisten können.
   ☐ Richtig
   ☐ Falsch

❓ Vernetzende Aufgaben
1. Jede Investitionsrechnung muss die durch die Investition verursachten Auszahlungen berücksichtigen. Begründen Sie die Notwendigkeit, Auszahlungen einzuschließen, die nicht unmittelbar der Investition zuzurechnen sind.
2. Warum genügt es für die Vorteilhaftigkeit einer Investition nicht, dass die Summe der zukünftigen Einzahlungsüberschüsse größer als die Anschaffungsauszahlung ist?
3. Warum steigt mit zunehmendem finanziellem Volumen des Investitionsprojekts und zunehmender Nutzungsdauer die Notwendigkeit der Anwendung dynamischer Investitionsrechnungsverfahren?
4. Benennen Sie die wichtigsten Größen jeder Investitionsentscheidung, die nur mit großer Unsicherheit prognostiziert werden können. Erläutern Sie, warum die Unsicherheit so groß ist.
5. Gehen Sie auf die Investor-Relations-Homepage der BMW AG und suchen Sie nach dem Geschäftsbericht 2014. Öffnen Sie dort die Bilanz von BMW.
   ▶ http://geschaeftsbericht2014.bmwgroup.com/bmwgroup/annual/2014/gb/German/pdf/Bilanz.pdf
   Nachdem wir in diesem Kapitel viel Theorie über Investitionen gelernt haben, wollen wir uns ansehen, ob wir herausfinden können, wie viel zum Beispiel die BMW Group im Jahr 2014 in Sachvermögen investiert hat. Vergleichen Sie das Ergebnis mit dem Jahr 2013 und erörtern Sie summarisch die möglichen Investitionsvorgänge, die hinter den ausgewiesenen Zahlen stecken könnten.

6. Werfen Sie alternativ einen Blick auf die folgende Tabelle.

◼ Ausschnitt Bilanz 2014 BMW Group. (Quelle: BMW Group 2015)

Aktiva	Konzern	
in Mio. €	2014	31.12.2013
Immaterielle Vermögenswerte	6.499	6.179
Sachanlagen	17.182	15.168
Vermietete Gegenstände	30.165	25.914
At-Equity bewertete Beteiligungen	1.088	638
Sonstige Finanzanlagen	408	553
Forderungen aus Finanzdienstleistungen	37.438	32.616
Finanzforderungen	2.024	2.593
Latente Ertragsteuern	2.061	1.620
Sonstige Vermögenswerte	1.094	912
Langfristige Vermögenswerte	**97.959**	**86.193**
Vorräte	11.089	9.595
Forderungen aus Lieferungen und Leistungen	2.153	2.449
Forderungen aus Finanzdienstleistungen	23.586	21.501
Finanzforderungen	5.384	5.559
Laufende Ertragsteuern	1.906	1.151
Sonstige Vermögenswerte	5.038	4.258
Zahlungsmittel und Zahlungsmitteläquivalente	7.688	7.671
Zur Veräußerung gehaltene Vermögenswerte	–	–
Kurzfristige Vermögenswerte	**56.844**	**52.184**
Bilanzsumme	**154.803**	**138.377**

1.7 · Lern-Kontrolle

ⓘ Lesen und Vertiefen

- Däumler, K.-D., & Grabe, J. (2014). *Grundlagen der Investitions- und Wirtschaftlichkeitsrechnung*. Herne/Berlin: Verlag Neue Wirtschaftsbriefe, Kap. 1.
  Im ersten Kapitel werden ausführlich die Grundlagen der Investitionsrechnung wie Investitionsbegriff, Vorteilhaftigkeit und Rechnungselemente der Investitionsrechenverfahren untersucht.
- Perridon, L., Steiner, M., & Rathgeber, A. W. (2012). *Finanzwirtschaft der Unternehmung*. München: Vahlen, Kap. B.I.1 und B.I.5.
  Kap. B.I.1 handelt die Grundbegriffe der Investitionsrechnung ab. Kap. B.I.5 widmet sich insbesondere den Investitionen bei Unsicherheit und bei Risiko.
- Volkart, R., & Wagner, A. F. (2014). *Corporate Finance – Grundlagen von Finanzierung und Investition*. Zürich: Versus, Kap. I.1.2.
  In Kap. I.1.2 werden der Investitionsbegriff und die verschiedenen Investitionsarten besprochen.
- Walz, H., & Gramlich, D. (2011). *Investitions- und Finanzplanung*. Heidelberg: Verlag Recht und Wirtschaft, Kap. II.1–II.2.
  Kap. II.1–II.2 stellen die Grundlagen der Investitionstheorie dar. Kap. II.1 behandelt die relevanten Definitionen wie Investitions- und Finanzierungsprojekt. In Kap. II.2 werden die Eigenschaften von Total- und Partialmodellen dargestellt.

Kapitalwertmethode

Thomas Schuster, Leona Rüdt von Collenberg

2.1 Kapitalwert und Ertragswert – 47
2.1.1 Definition Kapitalwert – 47
2.1.2 Interpretation Kapitalwert – 48
2.1.3 Ertragswert – 49
2.1.4 Beispiele – 50

2.2 Entscheidungsregeln – 54

2.3 Abhängigkeit des Kapitalwerts vom Kalkulationszinssatz i – 57

2.4 Bewertung der Kapitalwertmethode – 59
2.4.1 Vorteile – 59
2.4.2 Nachteile – 59

2.5 Lern-Kontrolle – 60

© Springer-Verlag GmbH Deutschland 2017
T. Schuster, L. Rüdt von Collenberg,
Investitionsrechnung: Kapitalwert, Zinsfuß, Annuität, Amortisation,
Studienwissen kompakt, DOI 10.1007/978-3-662-47799-1_2

Lern-Agenda

Sie haben im ▶ Abschn. 1.6 erfahren, dass die Anwendungen von Investitionsrechenverfahren durchaus bekannt sind und mit abnehmender Unternehmensgröße die Neigung nachlässt, dynamische Verfahren zu verwenden, die den Zeitwert des Geldes berücksichtigen. Das ist vermutlich auch deshalb so, weil ihre Anwendung höhere Anforderung an finanzmathematische Kenntnisse stellt, die gerade in kleineren, inhabergeführten Unternehmungen oft nicht ausreichend vorhanden sind. Dort liegt der Rückgriff auf Zahlen nahe, die die Buchhaltung und – wenn vorhanden – die Kostenrechnung liefern.

Dieses Kapitel hat den Anspruch, Sie vor dieser Wissenslücke zu bewahren und Sie mit der wichtigsten Methoden der Investitionsrechnung – der *Kapitalwertmethode* – so vertraut zu machen, sodass Sie diese ohne Probleme anwenden können.

Sie werden die *Kapitalwertmethode* nicht nur kennen, sondern auch lernen, mit ihrer Hilfe Investitionsentscheidungen rechnerisch vorzubereiten und das attraktivste Investitionsprojekt auszuwählen.

Beginnen wir mit dem folgenden Praxisbeispiel mit der Wirklichkeit, die, wie Sie erkennen werden, Ihr in diesem Kapitel zu erlernendes Know-how dringend benötigt.

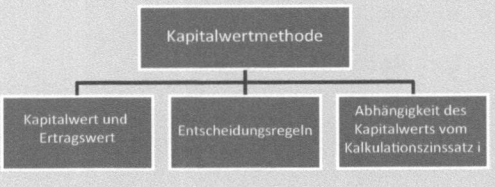

Ein konkretes Beispiel für anfallende Investitionsentscheidungen: Im schönen Appeldorn übernehmen Thomas R., Koch von Beruf, und Kristina D., gelernte Restaurantfachfrau, den einst gut beleumundeten, aber durch mehrmonatigen Leerstand inzwischen etwas in Vergessenheit geratenen Gasthof Krone. Sie werden beide Geschäftsführer der eigens gegründeten Betriebs-GmbH und machen sich mit fundiertem Wissen im Gastronomie-Alltag und hoher Kundenorientierung ans Werk. Die Räume sind gemietet, die Ablöse für Restaurantbestuhlung und Küchenausstattung bezahlt, und schon nach wenigen Monaten ist das durch die Anlaufauszahlungen reduzierte Stammkapital in Höhe von 50.000 € wieder als Guthaben auf dem Geschäftskonto und dient dem laufenden Geschäftsbetrieb. Es sind keine Verbindlichkeiten vorhanden, Einkäufe und Betriebskosten werden auf Guthabenbasis stets pünktlich bezahlt. Alles gut, alles unproblematisch, der gute Ruf ist wieder hergestellt, das Ansehen steigt und die Zahl der Stammgäste auch.

2.1 • Kapitalwert und Ertragswert

In der Nacht vom 26. auf den 27. Februar 2017 fällt der Geschirrspüler angesichts von Bergen ungewaschenen Geschirrs, Überbleibsel der abendlichen Veranstaltung, endgültig aus und damit ein unverzichtbares Element reibungslos funktionierenden Gastrobetriebs. Für die Ersatzbeschaffung bleiben dank der just beginnenden Betriebsferien 14 Tage – ausreichend, um den Austausch technisch vornehmen zu können. Wegen der beruhigenden Finanzlage und des Ertrag bringenden Geschäftsbetriebes macht die Finanzierung an sich keine Schwierigkeiten, wohl aber die Entscheidung zwischen zwei im Preis, aber auch vom Leistungsprofil unterschiedlichen Lösungen. Die reine Ersatzmaschine würde 12.000 € kosten. Der Vollautomat beläuft sich auf 20.000 €, aber dies bedeutet eine Einsparung von fünf Arbeitsstunden der Küchenhilfe, die fünf Tage die Woche arbeitet und mit Brutto 12,00 €/Stunde zu Buche schlägt. Thomas R. ist ein guter Koch und seine Ausbildung schloss die Preiskalkulation für sein Speiseangebot ein, aber von vergleichenden Investitionsrechnungen hat er noch nie gehört.

Behalten Sie bitte seine anstehende Investitionsentscheidung im Gedächtnis – nachdem Sie dieses Kapitel studiert haben, sollte es für Sie ein Leichtes sein, Thomas R. eine betriebswirtschaftlich fundierte Entscheidungshilfe zu bieten. Sie können dann den Kapitalwert der Ersatzmaschine ausrechnen und entscheiden, ob sich die Anschaffung lohnt.

Die erste der dynamischen Investitionsberechnungsmethoden, die wir uns ansehen werden, ist die Kapitalwertmethode. Dazu müssen wir zunächst wissen, was der Begriff Kapitalwert bedeutet und – weiter unten – was der Begriff Ertragswert beinhaltet und wie die beiden Begriffe zusammenhängen. Dabei geht es nicht ohne Rückerinnerung an das, was Sie bereits in den Lehrbüchern Finanzierung: Finanzberichte, -kennzahlen, -planung und Finanzierung: Anleihen, Aktien, Option vom selben Autor gelernt haben.

2.1 Kapitalwert und Ertragswert

2.1.1 Definition Kapitalwert

Bildet man die Summe der Barwerte aller Zahlungen (von t_0 bis t_n) eines Investitions- oder Finanzierungsprojekts, so erhält man den Kapitalwert. Das bedeutet also, dass alle Aus- und Einzahlungen mit einem bestimmten Kalkulationszinssatz i auf den Zeitpunkt t_0, den Anfangspunkt eines Projekts, abgezinst werden.

> **Merke!**
>
> Der **Kapitalwert** ist die Summe der **Barwerte** aller **Ein- und Auszahlungen** (von t_0 bis t_n) eines Investitions- oder Finanzierungsprojekts.

Ein- und Auszahlungen, die in einer gleichen Periode anfallen, werden natürlich mit dem gleichen Abzinsungsfaktor abgezinst. Daher berechnet man für jede Periode zunächst den Einzahlungsüberschuss (EZÜ) als Differenz aus Ein- und Auszahlungen in der Periode und zinst diesen dann ab. Wie der Einzahlungsüberschuss definiert ist, haben wir bereits im ▶ Abschn. 1.3 gelernt. An dieser Stelle nochmal eine kleine Wiederholung, falls Sie sich nicht mehr ganz sicher sind, was ein Einzahlungsüberschuss ist:

$$EZÜ = e_t - a_t.$$

EZÜ ist die Differenz zwischen Einzahlungen und Auszahlungen in einer bestimmten Periode t.

Folgende Formel kann also zur Berechnung des Kapitalwerts verwendet werden:

$$C_0 = \sum_{t=0}^{n} \frac{e_t - a_t}{(1+i)^t}$$

Wobei:

C_0 = Kapitalwert
e_t = laufende Einzahlungen
a_t = laufende Auszahlungen
i = Kalkulationszinssatz
n = Anzahl der Perioden
$1/(1+i)^t$ = Abzinsungsfaktor

Die künftigen Einzahlungsüberschüsse werden auf den Zeitpunkt t_0 abgezinst und mit der Anfangszahlung a_0 verrechnet. Wie Sie wissen, werden Einzahlungen positiv und Auszahlungen negativ angegeben. Sprich, die Anfangsauszahlung wird bei der Berechnung des Kapitalwerts nach dem Abzinsen der EZÜ von diesen abgezogen. Die Anfangsauszahlung selber muss natürlich nicht mehr abgezinst werden, da sie bereits den Barwert zum Zeitpunkt t_0 besitzt.

2.1.2 Interpretation Kapitalwert

Der Kapitalwert ist der Restbetrag (barer Gewinn), der nach Tilgung des Kredits in Höhe des Anschaffungspreises a_0 durch die Einzahlungsüberschüsse ($e_t - a_t$) und Verzinsung des nicht getilgten Betrags mit dem gewählten Kalkulationszinssatz i zum Zeitpunkt t_0 entnommen werden könnte.

2.1 · Kapitalwert und Ertragswert

Das bedeutet, wenn der Kapitalwert größer als null ist, kann dieser Betrag theoretisch schon zu Beginn des Projekts verwendet werden, ohne dass damit die Rückzahlung des Kredits (= die anfängliche Investition a_0) gefährdet wäre. Entnimmt man also den Kapitalwert direkt am Anfang, dann wirft das Projekt genau das Kapital ab, das man zur Rückzahlung des Kredits, sprich Tilgung und Zinsen, benötigt.

Anders betrachtet bedeutet ein positiver Kapitalwert also, dass man mit der Investition in dieses Projekt mehr Zinsen generiert als bei Anlage des Kapitals zum gleichen Zinssatz am Kapitalmarkt.

Folgende Faktoren beeinflussen die Höhe des Kapitalwerts:
- Höhe der Anfangsauszahlung a_0,
- Höhe der nachfolgenden Einnahmen und Ausgaben EZÜ,
- Länge der Nutzungsdauer ND,
- zeitlicher Anfall der Einzahlungsüberschüsse t,
- Höhe des Kalkulationszinssatzes i.

2.1.3 Ertragswert

Berücksichtigt man bei der Kapitalwertberechnung lediglich die EZÜ, zinst diese mit i ab und summiert sie, ohne am Ende die Anfangsauszahlung a_0 zum Zeitpunkt t_0 von diesem Wert zu subtrahieren, so spricht man vom Ertragswert.

Ertragswert EW = Summe der Barwerte aller Zahlungen eines Projekts von t_1 bis t_n

> **Merke!**
>
> Der **Ertragswert** ist die Summe der **Barwerte** aller **Ein- und Auszahlungen** von t_1 bis t_n eines Investitionsprojekts. Die Anfangsauszahlung wird also nicht berücksichtigt.

Also berechnet folgende Formel den Ertragswert eines Investitions- oder Finanzierungsprojekts:

$$EW = \sum_{t=1}^{n} \frac{e_t - a_t}{(1+i)^t}.$$

Sie haben den Unterschied zur Kapitalwertformel bestimmt entdeckt: Es werden nur noch die EZÜ, also ab Periode 1, abgezinst und addiert. Somit fällt die Anfangsauszahlung a_0, die ja zum Zeitpunkt t = 0 anfällt, weg und wird somit nicht subtrahiert.

Es kann also folgender Zusammenhang zwischen *Kapitalwert* und *Ertragswert* hergestellt werden:

Kapitalwert = Anfangsauszahlung (negativer Wert) + Ertragswert,

$C_0 = -a_0 + EW$

oder

$EW = C_0 + a_0$.

2.1.4 Beispiele

Nun lassen Sie uns konkret werden und rechnen. Wir betrachten dazu folgende Beispiele:
Das erste Beispiel handelt vom Kapitalwert und Ertragswert.

Beispiel
Folgendes ist gegeben:

Zinssatz p = 8,0 %
a_0 = 37.000 €
EW = 45.000 €

Wie hoch ist also nun der Kapitalwert C_0?
Das ist natürlich nicht schwierig. Sie wissen, dass der Ertragswert alle EZÜ abzinst und addiert, die Anfangsauszahlung jedoch nicht berücksichtigt, da er erst Zahlungen ab Periode 1 betrachtet. Sie müssen also nur die Anfangsauszahlungen vom Ertragswert subtrahieren, um den Kapitalwert zu berechnen. Den Zinssatz p benötigen Sie für diese Berechnung nicht.

$C_0 = -37.000 € + 45.000 € = 8.000 €$

Versuchen wir nun das Ergebnis bzw. dieses Beispiel über den Kapitalwert und den Ertragswert zu interpretieren:

▪▪ Interpretation bei Auszahlungsüberschüssen am Anfang
Man könnte also 45.000 € am Anfang als Kredit (zu p %) aufnehmen (= Finanzierung), 8.000 € sofort konsumieren, mit dem Rest den Anschaffungspreis bezahlen und aus den EZÜ genau die laufenden Zinsen zahlen sowie den Kredit tilgen.

2.1 · Kapitalwert und Ertragswert

▪▪ Interpretation bei Einzahlungsüberschüssen am Anfang

Nach Amortisation (Rückzahlung des Anschaffungspreises) und Verzinsung der Einzahlungsüberschüsse zu p % (Kalkulationssatz: Kapitalkosten; Mindestverzinsung) pro Jahr wird ein zahlungswirksamer „Gewinn" von 8.000 € erwirtschaftet.

Das zweite Beispiel stellt ein Investitionsprojekt dar.

Beispiel

Man stellt Investitions- oder auch Finanzierungsprojekte bei den dynamischen Methoden meist anhand eines Zeitstrahls dar. Unser Investitionsprojekt wird in der folgenden Abbildung visualisiert.

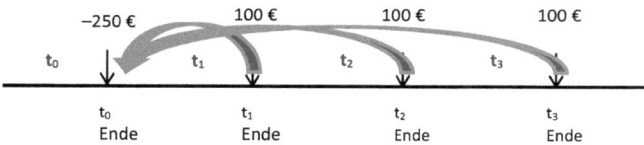

Die Anfangsauszahlung beläuft sich also auf 250 €, und es folgen drei EZÜ in Höhe von je 100 €. Der Kalkulationszinssatz beträgt 10 %.

Wie hoch ist in diesem Beispiel also der Kapitalwert?

Um die einzelnen Rechnungen aufzuzeigen, verwenden wir folgende Tabelle.

▪ Investitionsprojekt Kapitalwert und Ertragswert			
Periode	**Zahlungsreihe**	**Abzinsungsfaktor**	**Barwert**
t_0	−250 €	$1{,}1^{-0} = 1$	−250 €
t_1	+100 €	$1{,}1^{-1} = 0{,}90909$	+90,91 €
t_2	+100 €	$1{,}1^{-2} = 0{,}82645$	+85,56 €
t_3	+100 €	$1{,}1^{-3} = 0{,}75131$	+75,13 €
		Kapitalwert	−1,31 €
		Ertragswert	+248,69 €

Der Kapitalwert beträgt also −1,31 €

Interpretieren wir den Kapitalwert $C_0 = -1{,}31$ €, so stellen wir fest:

Die Einzahlungsüberschüsse reichen nicht aus, um einen Gewinn zu erwirtschaften. Der Investor müsste am Anfang der Nutzungsdauer noch zusätzlich 1,31 € zahlen, damit aus diesem Zuschuss und den Einzahlungsüberschüssen in den Perioden t_1 bis

t_3 die Zinsen des aufgenommenen Kredits gezahlt werden können und der der Kredit vollständig getilgt werden kann.

Falls mit den Einzahlungsüberschüssen der Kredit in Höhe des Anschaffungspreises getilgt und die anfallenden Zinsen in Höhe des Kalkulationszinssatzes gezahlt werden, bleibt immer noch ein Restkredit in Höhe von 1,31 € stehen.

Das nächste Beispiel handelt von einem konkreten Investitionsprojekt der Drinkfrisch AG.

Beispiel

Die Drinkfrisch AG möchte eine neue Flaschenabfüllanlage vom Typ Readymix erwerben, deren Anschaffung 2 Mio. € kosten würde.

Da sich die Drinkfrisch AG einerseits in zwei Jahren aus dem Erfrischungsgetränkemarkt zurückziehen, aber anderseits die günstige Marktlage noch einmal ausnutzen möchte, wird die Nutzungsdauer der neuen Anlage auf zwei Jahre festgelegt. Sie soll dann zum prognostizierten Restverkaufserlös von 1,3 Mio. € an einen Konkurrenten verkauft werden.

Die Abschreibung soll linear über die zwei Jahre der Nutzungsdauer vorgenommen werden. Die Finanzierung erfolgt ausschließlich über Fremdkapital. Der Vorstand nimmt dafür einen Bankkredit mit einem Zinssatz von 10 % auf. Der Kredit wird in zwei gleich großen Jahresraten getilgt.

Die jährliche Kapazität wird vom Anlagenhersteller mit 3 Mio. Flaschen angegeben. Der Vorstand erwartet in jedem Jahr der Nutzung einen Absatz im Umfang der Maximalkapazität zu einem durchschnittlichen Preis von 0,57 € je Flasche.

An Materialauszahlungen sollen dafür im 1. Jahr 550.000 € und im 2. Jahr zusätzlich 10 % anfallen. Die zurechenbaren Fertigungskosten werden im 1. Jahr auf 200.000 € und im 2. Jahr 220.000 € geschätzt.

An Verwaltungs- und Vertriebskosten werden im 1. Jahr 150.000 € und im 2. Jahr weitere 30 % veranschlagt. Die Verwaltung- und Vertriebskosten sind jeweils zu 60 % der Flaschenabfüllanlage zuzuordnen.

In diesem Beispiel sind also nicht die schon berechneten Einzahlungsüberschüsse für jede Periode gegeben, sondern wir müssen diese aus den einzelnen Ein- und Auszahlungen berechnen. Manche Beträge können wir direkt übernehmen, manche Posten müssen noch berechnet werden. Wenn Sie in einem Betrieb ein neues Investitionsprojekt analysieren müssen, macht Ihnen Ihr Vorgesetzter auch nicht den Gefallen, Ihnen die fertigen Einzahlungsüberschüsse zu präsentieren. Er wird nur sagen: Machen Sie mal.

Lassen Sie uns die Daten also ordnen. Dafür fassen wir sie in der folgenden Tabelle zusammen.

2.1 · Kapitalwert und Ertragswert

◘ EZÜ des Projekts Readymix der Drinkfisch AG. (Quelle: Frankfurt School of Finance & Management 2010)

Readymix	t_0	t_1	t_2
Umsatzerlöse		+1.710.000 €	+1.710.000 €
Restverkaufserlös			+1.300.000 €
Summe der Einzahlungen		+1.710.000 €	+3.010.000 €
Anschaffungspreis	−2.000.000 €		
Materialauszahlungen		−550.000 €	−605.000 €
Auszahlungen Fertigung		−200.000 €	−220.000 €
Auszahlungen Verwaltung und Vertrieb		−90.000 €	−117.000 €
Summe der Auszahlungen		−840.000 €	−942.000 €
Einzahlungsüberschuss EZÜ	−2.000.000 €	+870.000 €	+2.068.000 €

Die Umsatzerlöse, die die AG im Jahr t_1 und t_2 erwarten, können wir berechnen, indem wir die Anzahl der zu produzierenden Flaschen (3 Mio.) mit dem Verkaufspreis je Flasche multiplizieren (0,57 €):

$$3.000.000 \cdot 0{,}57 \, € = 1.710.000 \, €.$$

Der Restverkaufserlös fällt am Ende der zweiten Periode an.
Die Summe der Einzahlungen erhalten wir dann, wenn wir für jede Periode die Beträge addieren.
Die Materialauszahlungen sind für t_1 gegeben. Für t_2 müssen wir sie noch berechnen. Sie sind 10 % höher:

$$550.000 \, € \cdot 1{,}1 = 605.000 \, €.$$

Verwaltungs- und Vertriebskosten für t_2 sind 30 % höher als in der Periode davor (150.000 €):

$$150.000 \, € \cdot 1{,}3 = 195.000 \, €.$$

Zusätzlich ist angegeben, dass die Verwaltungs- und Vertriebskosten (VVK) nur zu 60 % der Flaschenherstellung zugerechnet werden können:

$$\text{VVK } t_1 = 150.000 \, € \cdot 0{,}6 = 90.000 \, €,$$
$$\text{VVK } t_2 = 195.000 \, € \cdot 0{,}6 = 117.000 \, €.$$

Anschließend müssen noch alle Auszahlungen summiert werden.
Und schließlich subtrahieren wir von den Einzahlungen die Auszahlungen und erhalten die Einzahlungsüberschüsse für t_0, t_1 und t_2.
Jetzt können wir schließlich die Kapitalwertmethode anwenden und somit den Kapitalwert dieses Investitionsprojekts berechnen.
Dazu verwenden wir wieder eine Tabelle, die im Folgenden zu sehen ist.

Kapitalwert des Projekts Readymix. (Quelle: Frankfurt School of Finance & Management 2010)

Periode	EZÜ ($e_t - a_t$)	Abzinsungsfaktor	Barwert
t_0	−2.000.000 €	$1,1^{-0} = 1$	−2.000.000,00 €
t_1	+870.000 €	$1,1^{-1} = 0,90909$	+790.909,09 €
t_2	+2.068.000 €	$1,1^{-2} = 0,82645$	+1.709.090,01 €
		Kapitalwert	+500.000,00 €

> **Auf den Punkt gebracht:** Der Kapitalwert ist der Barwert aller zukünftigen Ein- und Auszahlungen eines Investitionsprojekts. Ist er positiv, so reichen die Einzahlungsüberschüsse aus, um den Kredit, um die Anfangsauszahlung zu finanzieren, zu tilgen und die Zinsen zu zahlen.

2.2 Entscheidungsregeln

Nun wollen wir noch klären, was genau ein positiver oder negativer Kapitalwert oder auch ein Kapitalwert, der genau null entspricht, bedeutet.

Man kann den Kapitalwert so interpretieren:

Er stellt eine auf Geldeinheiten lautende absolute Größe dar und gibt Auskunft über den Grad der absoluten Vorteilhaftigkeit des analysierten Projekts im Vergleich zu einer risikolosen Kapitalmarktinvestition (bzw. -finanzierung).

- **$C_0 > 0$**

Ist der Kapitalwert > 0, so ist das Projekt absolut vorteilhaft. Man kann mit diesem Projekt also ein höheres Einkommen generieren als mit einer Kapitalanlage auf dem freien Markt, die den gleichen Zinssatz wie der Kalkulationszinssatz bietet.

Ein positiver Kapitalwert bedeutet, dass das eingesetzte Kapital getilgt (amortisiert) und das laufend gebundene Kapital verzinst wurde. Zusätzlich und darüber hinaus wurde noch ein Gewinn erwirtschaftet (= Kapitalwert).

2.2 · Entscheidungsregeln

Wie schon oben erwähnt, kann bereits zu Investitionsbeginn der Kapitalwert entnommen werden, ohne damit die Tilgung und Verzinsung des Kapitals zu gefährden. Der Kapitalwert und der Anschaffungswert werden also am Anfang als Kredit aufgenommen. Aus den einzelnen EZÜ können dann die Kreditzinsen bezahlt und der Kredit getilgt werden.

- $C_0 = 0$

Ist der Kapitalwert genau null, so ist dieses Projekt weder vorteilhaft noch unvorteilhaft. Es läuft also auf dasselbe hinaus, wenn man sein Kapital in dieses Projekt investiert oder es zum Kalkulationszinssatz am Kapitalmarkt anlegt.

- $C_0 < 0$

Beträgt der Kapitalwert weniger als null, so ist dieses Projekt absolut unvorteilhaft. Der Barwert der Einzahlungsüberschüsse ist geringer als der Barwert einer vergleichbaren Anlagemöglichkeit am Kapitalmarkt.

Jetzt wollen wir noch den Unterschied zwischen *Einzelinvestitionen* und der *Wahl zwischen Investitionsalternativen* klären, also der Situation, in der es nur festzustellen gilt, ob eine Investition vorteilhaft ist oder nicht, und der Situation, in der alternative Lösungen konkurrieren und die Frage beantwortet werden muss, welche die empfehlenswerteste ist.

Bei Einzelinvestition ist die Antwort einfach und eindeutig: Ist der Kapitalwert > 0, so spricht man von der absoluten Vorteilhaftigkeit. Das Projekt sollte also durchgeführt werden.

Hat man die Wahl zwischen mehreren Projekten, so muss zunächst der Kapitalwert jedes einzelnen Projekts bestimmt werden. Alle Projekte sollten einen positiven Kapitalwert haben; jedes für sich ist dann absolut vorteilhaft. (Wäre bei einem Objekt der Kapitalwert < 0, käme es verständlicherweise nicht in die Auswahl.) Welches sollte man aber auswählen, wenn man sich für eines von beispielsweise zwei Projekten entscheiden muss? Dann sollte jenes mit dem größeren Kapitalwert durchgeführt werden. Dieses nennt man dann auch relativ vorteilhaftig.

An dieser Stelle sollten Sie sich unseres Eingangsbeispiels am Anfang des Kapitels erinnern und an die dort angekündigte Aufgabe …

Hierzu wollen wir folgendes Beispiel verwenden.

Beispiel

Wir betrachten zwei unterschiedliche Projekte X und Y mit folgenden Zahlungsreihen (alle Angaben in €, siehe Tabelle).

Zahlungsreihen Projekte X und Y

Projekt	t_0	t_1	t_2	t_3	t_4
X	−150	50	60	40	30
Y	−150	55	50	35	35

Der Kalkulationszinssatz in diesem Beispiel beträgt 4 %.
Wir erhalten die beiden folgenden Tabellen.

Kapitalwert Projekt X

Periode	Zahlungsreihe	Abzinsungsfaktor	Barwert
t_0	−150 €	$1{,}04^{-0} = 1{,}00000$	−150,00 €
t_1	+50 €	$1{,}04^{-1} = 0{,}96154$	+48,08 €
t_2	+60 €	$1{,}04^{-2} = 0{,}92456$	+55,47 €
t_3	+40 €	$1{,}04^{-3} = 0{,}88900$	+35,56 €
t_4	+30 €	$1{,}04^{-4} = 0{,}85480$	+25,64 €
		Kapitalwert	+14,75 €

Kapitalwert Projekt Y

Periode	Zahlungsreihe	Abzinsungsfaktor	Barwert
t_0	−150 €	$1{,}04^{-0} = 1{,}00000$	−150,00 €
t_1	+55 €	$1{,}04^{-1} = 0{,}96154$	+52,88 €
t_2	+50 €	$1{,}04^{-2} = 0{,}92456$	+46,23 €
t_3	+35 €	$1{,}04^{-3} = 0{,}88900$	+31,11 €
t_4	+35 €	$1{,}04^{-4} = 0{,}85480$	+29,92 €
		Kapitalwert	+10,14 €

2.3 · Abhängigkeit des Kapitalwerts

Beide Projekte sind absolut vorteilhaft, weil sie einen positiven Kapitalwert haben. Jedoch ist Projekt X relativ vorteilhafter, weil sein Kapitalwert größer ist:

14,75 € > 10,14 €.

Das Unternehmen sollte also Projekt X realisieren.

> Auf den Punkt gebracht: Ist der **Kapitalwert** positiv, ist das Investitionsprojekt vorteilhaft und sollte durchgeführt werden. Bei einem Kapitalwert von null ist der Investor indifferent. Das Investitionsprojekt erwirtschaftet den gleichen Gewinn wie eine Kapitalanlage der Anschaffungskosten zum **Kalkulationszinssatz**. Ein Investitionsprojekt mit einem negativen Kapitalwert sollte nicht durchgeführt werden.

2.3 Abhängigkeit des Kapitalwerts vom Kalkulationszinssatz i

Da die Anfangsauszahlung nicht mit i abgezinst wird – sie entspricht ja bereits dem Barwert zum Zeitpunkt t_0 – ist diese Zahlung vom Kalkulationszinssatz nicht abhängig.

Es bleiben also noch die EZÜ von t_1 bis t_n. Nehmen wir den Ertragswert also noch einmal genauer unter die Lupe.

$$EW = \sum_{t=1}^{n} \frac{e_t - a_t}{(1+i)^t}$$

Folgende drei Erkenntnisse müssen festgehalten werden:
- Je höher i ist, desto niedriger der Wert der zukünftigen Ein- und Auszahlungen – bezogen auf t_0.
- Bei konstanten EZÜ und vorgegebener Nutzungsdauer n sinkt der Barwert einer Zahlungsreihe mit steigendem Kalkulationszinssatz i.
- Der Kapitalwert C_0 und damit die Investitionsentscheidungen sind eine Funktion des Kalkulationszinssatzes i.

> **Merke!**
>
> Die **Kapitalwertfunktion** ist negativ vom **Kalkulationszinssatz** abhängig.

■ Abb. 2.1 zeigt die Abhängigkeit des Kapitalwertes vom Kalkulationszinssatz i. Sie können erkennen, dass je höher der Zinssatz i, desto niedriger ist der Kapitalwert. Für i → ∞ geht der Kapitalwert C_0 gegen den Wert der Anfangsauszahlung $-a_0$. Ab dem

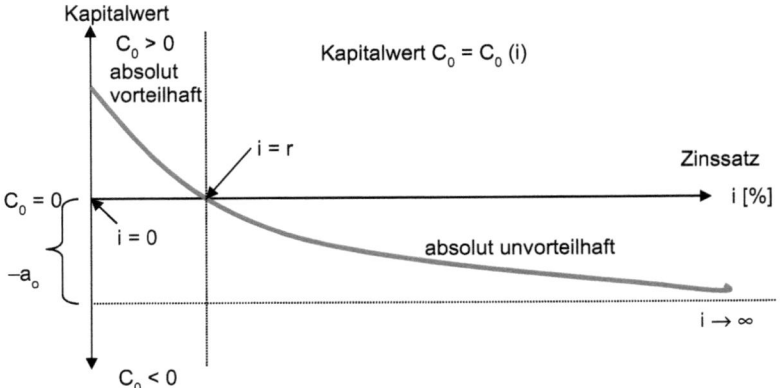

◉ Abb. 2.1 Einfluss des Kalkulationszinssatzes auf den Kapitalwert einer Investition

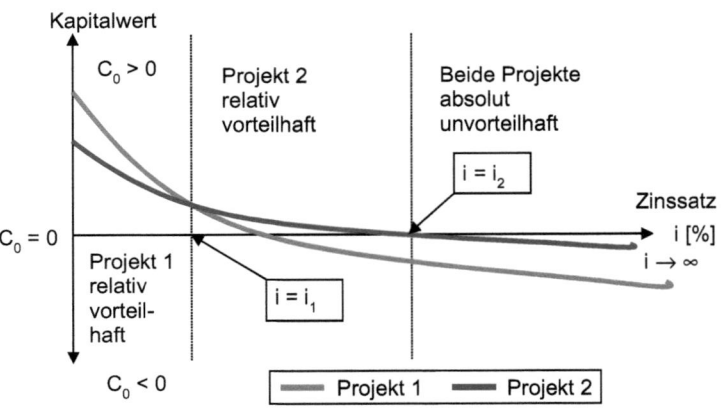

◉ Abb. 2.2 Einfluss des Kalkulationszinssatzes auf die relative Vorteilhaftigkeit von zwei Investitionen

kritischen Kalkulationszinssatz r ist der Kapitalwert negativ und das Projekt somit absolut unvorteilhaft.

Nun wollen wir noch ein besonderes Phänomen des Kapitalwerts in Abhängigkeit von i betrachten, wenn man zwei Investitionsprojekte miteinander vergleicht. Wir betrachten in ◉ Abb. 2.2 also die relative Vorteilhaftigkeit. Wie Sie erkennen können, ist auch die Entscheidung zwischen zwei Projekten von der absoluten Höhe des Kalkulationszinssatzes und abhängig. Auch hier wird also C_0 von i beeinflusst.

Falls der zeitliche Anfall der Zahlungsströme bei zwei Projekten unterschiedlich ist, hängt die relative Vorteilhaftigkeit vom Kalkulationszinssatz i ab.

Es gibt einen kritischen Zinssatz i_1, bei dem ein Investor gegenüber beiden Projekten indifferent ist, was bedeutet, dass sich die Vorteilhaftigkeit ab diesem i_1 umkehrt. Ist der Kalkulationszinssatz geringer als i_1, ist Projekt 1 relativ vorteilhaft, für Zinssätze größer als i_1, aber kleiner als i_2, ist erst mal Projekt 2 relativ vorteilhaft.

Bei einem höheren Zinssatz als Zinssatz i_2 sind beide Projekte absolut unvorteilhaft und deswegen nicht durchzuführen.

> **Merke!**
>
> Weisen zwei **Investitionsprojekte** zeitlich unterschiedliche Verläufe der **Einzahlungsüberschüsse** auf, so kann es von der Höhe des **Kalkulationszinssatzes** abhängen, welches Projekt relativ vorteilhaft ist.

2.4 Bewertung der Kapitalwertmethode

Zum Abschluss dieses Kapitels wollen wir die Kapitalwertmethode noch bewerten. Was sind ihre Vorteile? Was sind Nachteile?

2.4.1 Vorteile

- Wissenschaftlich überzeugendes Investitionsberechnungsmodell.
- Leicht zu interpretieren und einfach anzuwenden.
- Findet in der Praxis häufig Anwendung und ist weit verbreitet.

2.4.2 Nachteile

- Festlegung des Kalkulationszinssatzes i kann willkürlich sein.
- Ergebnisse hängen stark vom gewählten Kalkulationszinssatz i ab.
- Über die Frage, wie i zu bestimmen ist, gibt es keine einheitliche Meinung.
- Es wird ein vollkommener Kapitalmarkt unterstellt.
  - Guthaben- und Kreditzinsen sind gleich hoch.
  - Kredithöhe und Anlagesumme sind nicht beschränkt.
- Zukünftige Ein- und Auszahlungen müssen prognostiziert werden, was schwierig sein kann.

Bevor wir uns der nächsten Berechnungsmethode zuwenden, sollten Sie im eigenen Interesse an den folgenden Selbsttestaufgaben prüfen, ob Sie alles verstanden haben.

> **Merke!**
>
> Die **Kapitalwertmethode** ist die wichtigste Investitionsrechenmethode, da sie wissenschaftliche überzeugt und in der Praxis relativ einfach anwendbar ist.

2.5 Lern-Kontrolle

Kurz und bündig
In diesem Kapitel haben Sie die wichtigste Methode der Investitionsrechnung kennengelernt – die Kapitalwertmethode. Sie wissen nun, wie man den Kapitalwert interpretiert und wie man ihn berechnet. Weiterhin haben Sie gelernt, wie man auf Basis des Kapitalwerts Investitionsentscheidungen trifft. Bei einer Investition spricht man von absolut vorteilhaften Investitionen; werden zwei Investitionen verglichen, so handelt es sich um eine relativ vorteilhafte Investition. Außerdem haben wir uns die Kapitalmarktfunktion näher angeschaut. Sie zeigt, dass der Kapitalwert negativ vom Kalkulationszinssatz abhängig ist. Sie haben auch gelernt, wie man die Kapitalwertfunktion zeichnet und auf Grund des Schaubilds Vorteilhaftigkeitsentscheidungen trifft. Schließlich haben Sie sich mit den Vor- und Nachteilen der Kapitalwertmethode auseinandergesetzt, wobei die Vorteile klar überwiegen.

Sie kennen ja die anderen Methoden der Investitionsrechnung noch nicht. Aber so viel sei hier schon vorweggenommen: Die Kapitalwertmethode ist die wichtigste, die überzeugendste und die zuverlässigste Methode, um ein Investitionsprojekt auszuwählen.

? Let's check

Aufgaben zu 2.1
1. Der Ertragswert und der Kapitalwert stehen in folgender Beziehung. Kreuzen Sie richtige Aussagen an:
   - ☐ Die Summe beider Werte ergibt immer null.
   - ☐ Subtrahiert man vom Kapitalwert den Ertragswert, so berechnet man den Betrag der Anfangsauszahlung eines Projekts.
   - ☐ Die Differenz von Einzahlungsüberschüssen und Kapitalwert ergibt den Ertragswert.
   - ☐ Die Summe der Einzahlungsüberschüsse und des Kapitalwerts ergibt den Kapitalwert.
2. Bei konstantem Kalkulationszinssatz i sinkt mit zunehmender Laufzeit der Barwert einzelner Einzahlungsüberschüssen.
   - ☐ Richtig
   - ☐ Falsch

2.5 · Lern-Kontrolle

3. Sie möchten in ein Projekt 400 € investieren. Sie rechnen damit, dass es die nächsten vier Jahre Einzahlungsüberschüsse von 150 € pro Jahr generiert. Der Zinssatz, den Sie annehmen, beträgt 4 %. Wie hoch ist der Ertragswert Ihres Projekts?
   - ☐ 544,48 €
   - ☐ 144,48 €
   - ☐ 659,23 €
   - ☐ 259,23 €

Aufgaben zu 2.2

1. Der Kapitalwert stellt eine auf Geldeinheiten lautende absolute Größe dar und gibt Auskunft über den Grad der absoluten Vorteilhaftigkeit des analysierten Projekts im Vergleich zu einer risikobehafteten Kapitalmarktinvestition (bzw. -finanzierung).
   - ☐ Richtig
   - ☐ Falsch
2. Wann sollte auf Grundlage der Kapitalwertmethode ein Investitionsprojekt durchgeführt werden?
   Kreuzen Sie die richtigen Aussagen an:
   - ☐ Kapitalwert $C_0 > 0$
   - ☐ Kapitalwert $C_0 > 0$ und Ertragswert $EW > 0$
   - ☐ Kapitalwert $C_0 = 0$
   - ☐ Kapitalwert $C_0 < 0$
3. Wann sollte auf Grundlage der Kapitalwertmethode eines von mehreren Investitionsprojekten durchgeführt werden?
   Kreuzen Sie die richtige Aussagen an:
   - ☐ Das Projekt mit dem höchsten Kapitalwert C_0.
   - ☐ Von den Projekten mit einem positiven Kapitalwert dasjenige mit dem höchsten Kapitalwert C_0.
   - ☐ Falls alle Projekte einen negativen Kapitalwert aufweisen, sollte das Projekt mit dem Kapitalwert ausgewählt werden, der am nächsten bei null liegt.
   - ☐ Das Projekt mit der höchsten Summe aus Kapitalwert C_0 und Ertragswert EW.

Aufgaben zu 2.3

1. Welche Größen der Kapitalwertfunktion werden vom Kalkulationszinssatz i direkt beeinflusst?
   - ☐ Anfangsauszahlung
   - ☐ Summe der Einzahlungsüberschüsse
   - ☐ Barwert der Einzahlungsüberschüsse
   - ☐ Restverkaufserlös
   - ☐ Barwert des Restverkaufserlöses

Kapitel 2 · Kapitalwertmethode

2. Welche Abhängigkeit besteht zwischen dem Kapitalwert C_0 und dem Kalkulationszinssatz i?
   Kreuzen Sie die richtige Aussagen an:
   ☐ Kapitalwert und Kalkulationszinssatz hängen positiv zusammen, da bei höherem Kalkulationszinssatz mehr Zinsen auf dem Kapitalmarkt zu erzielen sind, was sich positiv auf den Kapitalwert auswirkt.
   ☐ Kapitalwert und Kalkulationszinssatz hängen positiv zusammen, da die zukünftigen Ein- und Auszahlungen höher sind, wenn der Kalkulationszinssatz höher ist. Höhere Ein- und Auszahlungen wirken sich wiederum positiv auf den Kapitalwert aus.
   ☐ Kapitalwert und Kalkulationszinssatz hängen negativ zusammen, da der Wert der zukünftigen Ein- und Auszahlungen niedriger ist, wenn der Kalkulationszinssatz höher ist. Ein niedrigerer Wert der Ein- und Auszahlungen wirkt sich wiederum negativ auf den Kapitalwert aus.
   ☐ Kapitalwert und Kalkulationszinssatz hängen negativ zusammen, da durch den höheren Zinssatz Investoren abgeschreckt werden, die das Investitionsprojekt finanzieren.
3. Wenn man zwei Investitionsprojekte miteinander vergleicht, so ist Projekt 2 relativ vorteilhaft, wenn ...
   ☐ ... die Kapitalwerte von beiden Projekten positiv sind und der Kapitalwert von Projekt 1 größer als der von Projekt 2 ist.
   ☐ ... die Kapitalwerte von beiden Projekten positiv sind und der Kapitalwert von Projekt 2 größer als der von Projekt 1 ist.
   ☐ ... der Kapitalwert von Projekt 1 negativ und der Kapitalwert von Projekt 2 positiv ist.
   ☐ ... die Kapitalwerte von beiden Projekten negativ sind und der Kapitalwert von Projekt 2 größer als der von Projekt 1 ist.

Aufgaben zu 2.4
1. Nennen Sie die Vorteile der Kapitalwertmethode.
   ☐ Die Kapitalwertmethode hängt nicht vom Kalkulationszinssatz ab.
   ☐ Die Kapitalwertmethode ist weit verbreitet.
   ☐ Die Kapitalwertmethode geht von der realistischen Annahme aus, dass die Habenzinsen höher als die Sollzinsen sind.
   ☐ Die Kapitalwertmethode ist ein wissenschaftlich überzeugendes Investitionsrechenmodell.
2. Nennen Sie die Nachteile der Kapitalwertmethode.
   ☐ Die Methode ist wenig verbreitet.
   ☐ Die Investitionsentscheidung hängt stark vom gewählten Kalkulationszinssatz ab.

2.5 · Lern-Kontrolle

- ☐ Es ist oft schwierig, die für die Berechnung des Kapitalwerts benötigten zukünftigen Einzahlungsüberschüsse zu prognostizieren.
- ☐ Es ist oft schwierig, die für die Berechnung des Kapitalwerts benötigte Anfangsauszahlung zu prognostizieren.

❓ Vernetzende Aufgaben

1. Sie haben in unserem Praxisbeispiel zu Beginn dieses Kapitels das Gasthaus Krone kennengelernt. Hier noch einmal die Situation des Betriebes:
„Im schönen Appeldorn übernehmen Thomas R., Koch von Beruf, und Kristina D., gelernte Restaurantfachfrau, den einst gut beleumundeten, aber durch mehrmonatigen Leerstand inzwischen etwas in Vergessenheit geratenen Gasthof Krone. Sie werden beide Geschäftsführer der eigens gegründeten Betriebs-GmbH und machen sich mit fundiertem Wissen im Gastronomie-Alltag und hoher Kundenorientierung ans Werk. Die Räume sind gemietet, die Ablöse für Restaurantbestuhlung und Küchenausstattung bezahlt, und schon nach wenigen Monaten ist das durch die Anlaufausgaben reduzierte Stammkapital in Höhe von 50.000 € wieder als Guthaben auf dem Geschäftskonto und dient dem laufenden Geschäftsbetrieb. Es sind keine Verbindlichkeiten vorhanden, Einkäufe und Betriebskosten werden auf Guthabenbasis stets pünktlich bezahlt. Alles gut, alles unproblematisch, der gute Ruf ist wieder hergestellt, das Ansehen steigt und die Zahl der Stammgäste auch.
In der Nacht vom 26. auf den 27. Februar 2015 fällt der Geschirrspüler angesichts von Bergen ungewaschenen Geschirrs, Überbleibsel der abendlichen Veranstaltung, endgültig aus und damit ein unverzichtbares Element reibungslos funktionierenden Gastrobetriebs. Für die Ersatzbeschaffung bleiben dank der just beginnenden Betriebsferien 14 Tage – ausreichend, um den Austausch technisch vornehmen zu können. Wegen der beruhigenden Finanzlage und des Ertrag bringenden Geschäftsbetriebes macht die Finanzierung an sich keine Schwierigkeiten, wohl aber die Entscheidung zwischen zwei im Preis, aber auch vom Leistungsprofil unterschiedlichen Lösungen. Die reine Ersatzmaschine würde 12.000 € kosten, der Vollautomat 20.000 €, aber die Einsparung von drei Arbeitsstunden der Küchenhilfe, die mit Brutto 12,00 €/Stunde zu Buche schlägt, mit sich bringen. Thomas R. ist ein guter Koch und seine Ausbildung schloss die Preiskalkulation für sein Speiseangebot ein, aber von vergleichenden Investitionsrechnungen hat er noch nie gehört. Behalten Sie bitte seine anstehende Investitionsentscheidung in Erinnerung – nachdem Sie dieses Kapitel studiert haben, sollte es für Sie ein Leichtes sein, Thomas R. eine betriebswirtschaftlich fundierte Entscheidungshilfe zu bieten."
Glücklicherweise haben Sie nun Kapitel 2 bearbeitet und kennen sich mit den unterschiedlichen Investitionsverfahren aus. Nehmen Sie eine Laufzeit beider Maschinen von fünf Jahren an. Die Küchenhilfe des Gasthauses arbeitet fünf

Stunden am Tag und das fünf Tage die Woche. Der Betrieb erwartet eine Rendite von 10 % für die Investition.

Machen Sie den Betreibern des Gasthauses Krone auf Basis der Kapitalwertmethode einen Vorschlag: Welche Geschirrspülmaschine sollten die beiden kaufen?

2. Begründen Sie die folgende Aussage zur Interpretation des Kapitalwertes: Ein positiver Kapitalwert bedeutet, dass man mit der Investition in ein Projekt mehr Einzahlungsüberschüsse generiert als bei Anlage des Kapitals zum gleichen Zinssatz am Kapitalmarkt.

3. Eine geplante dreijährige Investition kostet zu Beginn der Nutzungsdauer 500.000 €. Es kann drei Jahre lang mit Umsatzerlösen von 450.000 € gerechnet werden. Es entstehen Auszahlungen von zunächst 300.000, dann 250.000 und schließlich 200.000 €.
Es fällt kein Restverkaufserlös an. Das Unternehmen will in Höhe des Anschaffungspreises ein Bankdarlehen mit 8 % aufnehmen, um die Investition zu finanzieren. Bei den oben erwähnten Auszahlungen sind Zins und Tilgung des Darlehens nicht berücksichtigt.
Berechnen Sie zuerst, wie hoch der Kapitalwert der Investition ist. Interpretieren Sie anschließend den erhaltenen Wert.

4. Ein Investor überlegt den Bau eines Windkanals, um den Luftwiderstand von Kraftfahrzeugen zu überprüfen. Er beabsichtigt, den Windkanal während drei Jahren selbst zu betreiben und ihn anschließend zum Buchwert zu verkaufen. Die Investitionsausgaben belaufen sich auf 75 Mio. €. Es sind Einnahmen in Höhe von jährlich 23 Mio. € zu erwarten. Die Betriebskosten werden auf 3 Mio. € pro Jahr geschätzt. Die Abschreibung des Windkanals erfolgt in gleichen Jahresraten, wobei der Wertverlust über die gesamte Nutzungsdauer 50 % des Investitionsvolumens beträgt. Der Kalkulationszinssatz beträgt 7 %.
Berechnen sie zuerst den Kapitalwert des Investitionsprojekts und entscheiden Sie, ob sich der Investor für das Projekt entscheiden soll. Begründen sie ihre Antwort.

5. Ein Car-Sharing-Unternehmen überlegt den Kauf eines neuen Autos. Es stehen die Modelle AK Rasant und AK Samurai zur Verfügung. Die betriebswirtschaftlichen Angaben für beide Angebote finden Sie in folgender Tabelle.

2.5 · Lern-Kontrolle

◘ Alternativenvergleich Kapitalwertmethode. (Quelle: Röhrich 2007, S. 72)

	AK Rasant	SM Samurai
Anschaffungsauszahlung	9.000 €	14.000 €
Nutzungsdauer	2 Jahre	2 Jahre
Kalkulatorischer Zinssatz	5 %	5 %
Umsatzerlöse	17.150 €	17.850 €
Abschreibungen	4.500 €	4.667 €
Steuern und Versicherung	2.000 €	2.000 €
Wartung	1.000 €	800 €
Reparatur	1.500 €	1.000 €
Betriebskosten	5.250 €	5.950 €

Bitte berechnen Sie mit Hilfe der Daten aus der Tabelle den Kapitalwert beider Projekte und entscheiden Sie sich für das bessere Projekt nach dieser Methode.

🛈 Lesen und Vertiefen
- Däumler, K.-D., & Grabe, J. (2014). *Grundlagen der Investitions- und Wirtschaftlichkeitsrechnung*. Herne/Berlin: Verlag Neue Wirtschaftsbriefe, Kap. 2.1.
  In Kap. 2.1 wird die Kapitalwertmethode ausführlich beschrieben. Die Darstellung von Auf- und Abzinsen rundet das Kapitel ab.
- Perridon, L., Steiner, M., & Rathgeber, A. W. (2012). *Finanzwirtschaft der Unternehmung*. München: Vahlen, Kap. B.I.3.b.aa.
  Kap. B.I.3.b.aa umreißt die wesentlichen Merkmale der Kapitalwertmethode.
- Volkart, R., & Wagner, A. F. (2014). *Corporate Finance – Grundlagen von Finanzierung und Investition*. Zürich: Versus, Kap. II.4.1.2.
  In Kap. II.4.1.2 wird die Kapitalwertmethode anschaulich dargestellt.
- Walz, H., & Gramlich, D. (2011). *Investitions- und Finanzplanung*. Heidelberg: Verlag Recht und Wirtschaft, Kap. II.3.b.aa.
  Kap. II.3.b.aa stellt sehr ausführlich die Eigenschaften der Kapitalwertmethode dar. Dabei werden auch die Kapitalwertfunktion und die Vorteilhaftigkeitskriterien beschrieben.

Interne Zinsfußmethode

Thomas Schuster, Leona Rüdt von Collenberg

3.1 Der interne Zinsfuß – 68
3.1.1 Definition – 68
3.1.2 Interpretation interner Zinsfuß – 69

3.2 Berechnung des Zinsfußes – 71
3.2.1 Rechnerische Bestimmung des internen Zinsfußes – 71
3.2.2 Graphische Bestimmung des internen Zinsfußes – 73
3.2.3 Graphisch-rechnerische Ermittlung des internen Zinsfußes – 74

3.3 Der interne Zinsfuß als Grundlage von Investitionsentscheidungen – 78
3.3.1 Investitionsentscheidungen – 78
3.3.2 Bewertung der internen Zinsfußmethode – 79

3.4 Vergleich von Kapitalwert- und interner Zinsfußmethode – 80
3.4.1 Finanzierungsprojekt vs. Investitionsprojekt – 80
3.4.2 Mehrdeutigkeit des internen Zinsfußes – 82
3.4.3 Sich gegenseitig ausschließende Projekte – 84

3.5 Lern-Kontrolle – 86

© Springer-Verlag GmbH Deutschland 2017
T. Schuster, L. Rüdt von Collenberg,
Investitionsrechnung: Kapitalwert, Zinsfuß, Annuität, Amortisation,
Studienwissen kompakt, DOI 10.1007/978-3-662-47799-1_3

Lern-Agenda
Die zweite Investitionsberechnungsmethode, die zu den dynamischen Verfahren gehört und die wir nun näher betrachten wollen, ist die interne Zinsfußmethode. In diesem Kapitel werden sie folgendes lernen:
- Wie ist der interne Zinsfuß definiert?
- Wie wird der interne Zinsfuß berechnet? Hierbei werden die rechnerische, die graphische und die graphisch-rechnerische Methode unterschieden.
- Wie wählt man auf Grundlage der internen Zinsfußmethode vorteilhafte Investitionsprojekte aus?
- Was sind genau die Unterschiede zwischen der Kapitalwertmethode und der internen Zinsfußmethode?

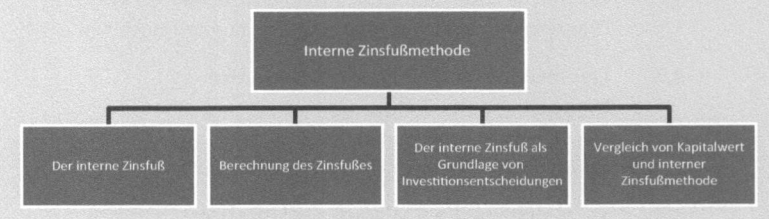

Ein Beispiel aus der Unternehmenspraxis: Dem Automobilunternehmen Peugeot liegt ein Investitionsplan für den neuen Mittelklasse-Pkw *Peugeot 406* vor. Er hat einen Kapitalwert C_0 von 350 Mio. €. Diese Information genügt dem Vorstand jedoch nicht. Die Investitionssumme könnte alternativ in Staatsanleihen angelegt werden und erbrächte dann eine jährliche Verzinsung (Rendite) von 4 %. Der Vorstand möchte deshalb zum Vergleich wissen, wie hoch die Rendite des *Peugeot 406* ist. Um diese Information zu erhalten, muss der sogenannte interne Zinsfuß berechnet werden.

3.1 Der interne Zinsfuß

3.1.1 Definition

„Als internen Zinsfuß ‚r' […] bezeichnet man denjenigen Zinsfuß, der die Rentabilität des im Projekt gebundenen Kapitals angibt" (Walz und Gramlich 2011, S. 66).

Der interne Zinsfuß wird auch als Rendite, interner Zinssatz, Effektivzinssatz, Effektivverzinsung, Kapitalertragsrendite oder im Englischen Internal Rate of Return bezeichnet.

3.1 · Der interne Zinsfuß

Bei diesem Zinssatz, der in der Regel mit „r" bezeichnet wird, reichen die Einzahlungsüberschüsse eines Investitionsprojekts genau aus, das investierte Kapital zu tilgen und die Zinsen auf das in jeder Periode gebundene Kapital zu zahlen.

Das bedeutet also, dass der Kapitalwert C_0 der Investition bei dem gewählten internen Zinsfuß r genau 0 € beträgt.

Im Umkehrschluss bedeutet das auch: Wenn der Kalkulationszinssatz i, der Ihnen ja bereits von der Kapitalwertmethode bekannt ist, genau der Rendite r entspricht, so muss der Kapitalwert C_0 genau 0 € betragen. Ist als i gleich r, so ist die Investition in ein Projekt genau gleich attraktiv wie das Anlegen des Kapitals am Markt.

> **Merke!**
>
> Der **interne Zinsfuß** r bezeichnet den Zinsfuß, der die Rentabilität des im Projekt gebundenen Kapitals angibt.

Wie Sie bereits merken, sind Kapitalwertmethode und interne Zinsfußmethode eng miteinander verknüpft. Sie bauen aufeinander auf.

In der Regel weichen der Kalkulationszinssatz i und der interne Zinsfuß r voneinander ab, sind also nicht gleich groß.

Folgende Faktoren können den internen Zinsfuß beeinflussen:
- Höhe der Anfangsauszahlung,
- Höhe der nachfolgenden Einzahlungen und Auszahlungen,
- zeitlicher Anfall der Einzahlungen und Auszahlungen,
- Länge der Nutzungsdauer.

3.1.2 Interpretation interner Zinsfuß

Den internen Zinsfuß kann man als den Zinssatz betrachten, mit dem das in einem Investitionsprojekt gebundene Kapital während der gesamten Laufzeit verzinst wird. Dabei wird angenommen, dass der Zinssatz über die Gesamtlaufzeit des Projektes in jeder Periode gleich hoch ist. Dieser Zinssatz gibt also an, um wie viel Prozent die Kapitalanlage in einem Jahr gewachsen ist. Dieses Kapital könnte dem „Projektkonto" entnommen werden. Man bezeichnet den internen Zinssatz in diesem Zusammenhang auch als Gesamtkapitalrendite.

Mit folgender relativ einfacher Formel lässt sich der interne Zinssatz ermitteln, wenn man ein Projekt mit einer Periode Laufzeit betrachtet:

$$\text{Interner Zinsfuß r} = \frac{\text{Entnahmefähiger Betrag}}{\text{Gebundenes Kapital}} \cdot 100.$$

Oder auch anders ausgedrückt:

$$\text{Interner Zinsfuß } r = \frac{(e_1 - a_1) - a_0}{a_0} \cdot 100.$$

Formuliert man die Gleichung um, ist deutlich zu erkennen, dass die Zinsen auf das gebundene Kapital (was der Anfangsauszahlung a_0 entspricht) erwirtschaftet werden bzw. entnommen werden können:

$$a_0 \cdot (r/100) = (e_1 - a_1) - a_0.$$

Diese Formel zeigt, dass der interne Zinsfuß dem Zinssatz entspricht, mit dem die Anfangsauszahlungen a_0 verzinst werden. Dieser Betrag entspricht der Differenz zwischen den EZÜ ($e_1 - a_1$) und den Anfangsauszahlungen, was wiederum das Kapital widerspiegelt, was der Investition entnommen werden kann (siehe ▶ Abschn. 2.1).

Nun wollen wir die neu erlernte Formel einmal beispielhaft anwenden, um die Berechnung des internen Zinsfußes für eine Periode zu verstehen.

Beispiel

Sie investieren in ein Projekt 50.000 €. Am Ende der ersten Periode fallen Auszahlungen von 80.000 € an, und Sie erwarten durch die Investition zur gleichen Zeit 140.000 € Einzahlungen. Wie hoch ist der interne Zinsfuß?

Folgendes ist also gegeben:

$a_0 = 50.000\,€,$

$e_1 = 140.000\,€,$

$a_1 = 80.000\,€,$

$$\text{Interner Zinsfuß} = \frac{(140.000\,€ - 80.000\,€) - 50.000\,€}{50.000\,€} \cdot 100 = 20.$$

Die Rendite dieser Investition beträgt also 20 %.

Nun fragen Sie sich vielleicht, wie es aber um mehrperiodische Projekte steht und wie man hier den internen Zinsfuß berechnet. Falls über jede der Perioden konstante Einzahlungsüberschüsse auftreten, kann die oben genannte Formel auch hier für die Bestimmung des internen Zinsfußes herangezogen werden. Jedoch entspricht der errechnete Zinsfuß dann nur näherungsweise der Gesamtkapitalrendite. Deswegen wird ein anderer Berechnungsansatz gewählt.

3.2 Berechnung des Zinsfußes

Allgemein halten wir fest, dass man den internen Zinsfuß durch die folgenden drei Verfahren ermitteln kann:
- rechnerisch durch die Lösung eines Polynom n-ten Grades,
- graphisch über Verlauf der Kapitalwertfunktion,
- graphisch-rechnerisch als Näherungslösung durch lineare Interpolation.

Das rechnerische Verfahren hilft eine exakte Lösung zu ermitteln. Die Mischung zwischen graphischer und rechnerischer Methode als auch die nur graphische Lösung sind im Vergleich zum ersten Verfahren Näherungslösungen.

3.2.1 Rechnerische Bestimmung des internen Zinsfußes

Nun wollen wir uns also auch jenen Fällen widmen, bei denen Investitionen über mehrere Perioden andauern und die Einzahlungsüberschüsse nicht notwendigerweise in jeder Periode gleich hoch ist.

Wie berechnet man den internen Zinsfuß?

Da wir ja bereits gelernt haben, dass der interne Zinssatz dann berechnet werden kann, wenn der Kapitalwert eines Investitionsprojektes gleich null ist, so können wir für die Berechnung dieses Zinsfußes zunächst die Formel der Kapitalwertmethode heranziehen. Allgemein formuliert setzt man bei der Formel der Kapitalwertmethode also den Kapitalwert C_0 gleich null und stellt nach i um. Sobald der Kapitalwert gleich null gesetzt wird, wird aus dem i ein r, um zu verdeutlichen, dass es sich nicht um den Kalkulationszinssatz i, sondern um den internen Zinsfuß r handelt.

In Formeln ausgedrückt, sieht die Situation folgendermaßen aus:

$$C_0 = \sum_{t=0}^{n} \frac{e_t - a_t}{(1+i)^t},$$

$$0 = \sum_{t=0}^{n} \frac{e_t - a_t}{(1+r)^t}.$$

Der interne Zinsfuß r gibt also genau die Situation an, der einem Kapitalwert von null entspricht. Wenn Sie sich an die Interpretation der Kapitalwertmethode erinnern, bedeutet ein Kapitalwert von genau null, dass die Berechnung zu einem neutralen Ergebnis führt, die Situation sich genau zwischen Vorteilhaftigkeit und Unvorteilhaftigkeit eines Investitions- oder Finanzierungsprojektes befindet. Oder anders formuliert: In diesem Fall würde eine Investition in ein bestimmtes Projekt die gleiche Rendite bringen wie eine Anlage des gleichen Geldes zum internen Zinssatz am Kapitalmarkt.

Nun muss natürlich noch nach r aufgelöst werden, was bei mehrperiodischen Projekten gar nicht einfach ist. Um sich der Schwierigkeit bewusst zu werden, wollen wir zunächst einmal das Summenzeichen der obigen Formel auflösen und die Gleichung ausführlich darstellen:

$$0 = -a_0 + \frac{(e_1 - a_1)}{(1+r)} + \frac{(e_2 - a_2)}{(1+r)^2} + \frac{(e_3 - a_3)}{(1+r)^3} + \ldots + \frac{(e_n - a_n)}{(1+r)^n}.$$

Hier nach r aufzulösen, stellt sich als nicht einfaches mathematisches Problem heraus. Wenn Sie versuchen Ihre Mathekenntnisse anzuwenden, fällt Ihnen vielleicht auf, dass dieses Problem einer Nullstellenanalyse eines Polynoms n-ten Grads entspricht. Um eine exakte Lösung für den internen Zinsfuß zu ermitteln, müsste man also entsprechend komplexe mathematische Verfahren anwenden. Hierbei kann es vorkommen, dass sich keine positive Lösung für das Problem ergibt. Aber auch die wirtschaftlich unbefriedigende Situation von mehreren positiven Lösungen wäre ein mögliches Ergebnis der Nullstellenanalyse.

Bei einer Nutzungsdauer von zwei Perioden, also einer Gleichung zweiten Grades, wäre eine analytische Lösung noch berechenbar. Ab einem Polynom höheren Grades jedoch werden die Verfahren ausgesprochen komplex.

Lassen Sie uns ein einfaches Beispiel zur rechnerischen Methode des internen Zinsfußes anführen. Wir wollen eine Aufgabe rechnen, bei der die Laufzeit zwei Jahren entspricht und somit eine rechnerische Lösung mit relativ geringem Aufwand möglich ist.

Beispiel
Wir gehen von folgenden Informationen aus:

$a_0 = 100.000\ €,$

$e_1 - a_1 = 60.000\ €,$

$e_2 - a_2 = 70.000\ €,$

$n = 2$ Jahre.

Gesucht ist also r, sprich der Zinssatz, bei dem der Kapitalwert gleich null ist.

$$C_0 = -100.000\ € + \frac{60.000\ €}{(1+r)^1} + \frac{70.000\ €}{(1+r)^2} = 0$$

3.2 · Berechnung des Zinsfußes

Wir ersetzen nun einfach (1 + r) durch x und stellen die Gleichung folgendermaßen um:

$$C_0 = -100.000\ \text{€} + \frac{60.000\ \text{€}}{x^1} + \frac{70.000\ \text{€}}{x^2} = 0,$$
$$100.000\ \text{€}\ x^2 = 60.000\ \text{€}\ x + 70.000\ \text{€},$$
$$100.000\ \text{€}\ x^2 - 60.000\ \text{€}\ x - 70.000\ \text{€} = 0.$$

Diese quadratische Gleichung lösen wir, wie Sie wahrscheinlich wissen, mit folgender Formel:

$$x_{1/2} = \frac{-b \pm \sqrt{b^2 - 4 \cdot a \cdot c}}{2 \cdot a},$$
$$x_{1/2} = \frac{60.000\ \text{€} \pm \sqrt{(-60.000\ \text{€})^2 - 4 \cdot 100.000\ \text{€} \cdot (-70.000\ \text{€})}}{2 \cdot 100.000\ \text{€}},$$
$$x_{1/2} = \frac{60.000\ \text{€} \pm 177.763,89\ \text{€}}{200.000\ \text{€}},$$
$$x_1 = 1,19,$$
$$(x_2 = -0,59).$$

Die negative Lösung kann ausgeschlossen werden. Die positive Lösung, x_1 muss nun noch in r umgerechnet werden:

$$(1 + r) = x,$$
$$(1 + r) = 1,19,$$
$$r = 0,19 = 19\,\%.$$

3.2.2 Graphische Bestimmung des internen Zinsfußes

Zur Bestimmung einer Näherungslösung des internen Zinsfußes r kann die graphische Methode verwendet werden. Hierzu zeichnet man einfach die Kapitalwertkurve, also die Funktion des Kapitalwerts in Abhängigkeit vom Kalkulationszinssatz i. Die graphische Darstellung dieser Kurve haben wir bereits im vorigen Kapitel kennengelernt. Die Rendite r lässt sich schließlich aus der Zeichnung entnehmen. Sie ist dort abzulesen, wo die Kapitalwertkurve ihre Nullstelle besitzt. An dieser Stelle ist der Kapitalwert C_0 also null. Betrachten Sie hierzu ◘ Abb. 3.1.

Wie Sie sehen können, liegt in diesem Beispiel der interne Zinssatz bei etwa 1,7 %.

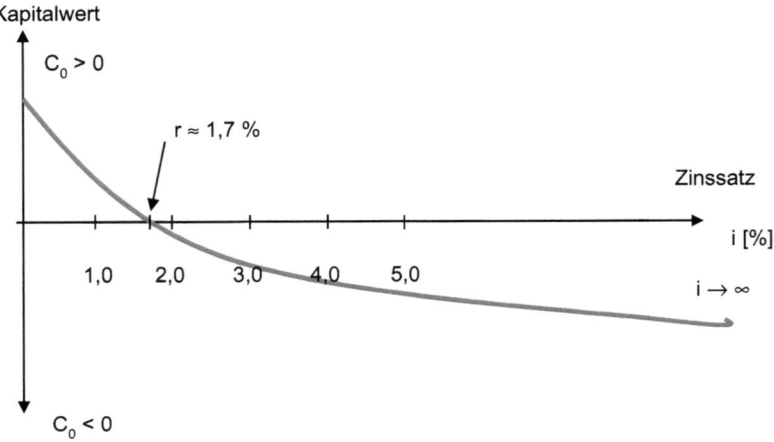

Abb. 3.1 Interner Zinsfuß: Graphische Bestimmung von r

3.2.3 Graphisch-rechnerische Ermittlung des internen Zinsfußes

Bei der graphisch-rechnerischen Methode kann man sich den zweiten Strahlensatz zu Nutze machen. Man wählt zwei Zinssätze i und die dazugehörigen Werte der Kapitalwertfunktion, am besten einen positiven und einen negativen. Da der Graph zwischen den beiden Werten von i die Abszisse scheidet, muss sich auch hier der interne Zinsfuß r befinden. Je näher die gewählten Kalkulationszinssätze i am internen Zinsfuß liegen, desto genauer ist die Lösung, die dieses Näherungsverfahren für r liefert.

Betrachten wir zunächst ■ Abb. 3.2.

Rechnen wir nun mit Hilfe der Abbildung und des zweiten Strahlensatzes einen Näherungswert für r aus:

Wie Sie der ■ Abb. 3.2 entnehmen können, wählen wir zunächst zwei Kalkulationszinssätze i_1 und i_2 und suchen diese dabei so aus, dass ihnen ein positiver und ein negativer Kapitalwert entsprechen.

$$i_1 = 5{,}0\,\% \quad \rightarrow \quad C_{01} = 1.500$$
$$i_2 = 6{,}0\,\% \quad \rightarrow \quad C_{02} = -2.500$$

Folgende Formeln wenden wir nun an, um den internen Zinsfuß näherungsweise zu berechnen:

3.2 · Berechnung des Zinsfußes

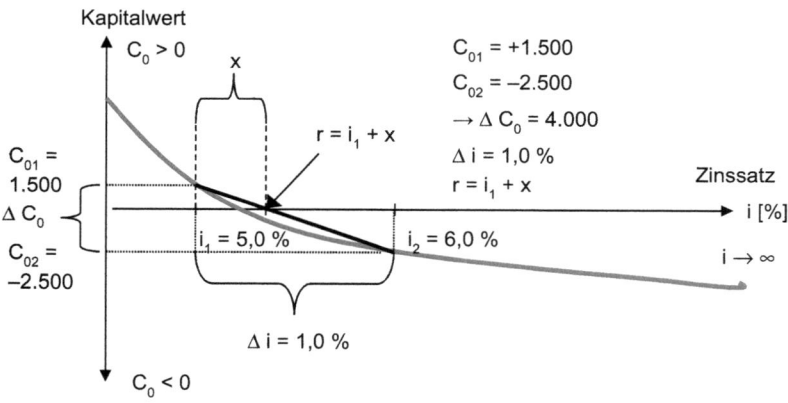

Abb. 3.2 Interner Zinsfuß: Gemischt graphisch-rechnerische Bestimmung von r

$$r = i_1 + x$$
$$\frac{C_{01}}{x} = \frac{\Delta C_0}{\Delta i} \quad \rightarrow \quad x = \frac{C_{01}}{\Delta C_0} \cdot \Delta i$$

Wobei

$$\Delta C_0 = |C_{01}| + |C_{02}|.$$

Eingesetzt bedeute das also:

$$\Delta C_0 = 1.500 + 2.500 = 4.000,$$
$$\Delta i = 6\% - 5\% = 1\%,$$
$$x = \frac{1.500}{4.000} \cdot 0{,}01 = 0{,}375\%,$$
$$r = 5{,}0\% + 0{,}375\% = 5{,}375\%.$$

Diese allgemeine Formel kann zur Bestimmung einer Näherungslösung für den internen Zinsfuß r verwendet werden:

$$r = \frac{C_{01} \cdot i_2 - C_{02} \cdot i_1}{C_{01} - C_{02}}.$$

i wird dabei in Prozent angegeben.

Beispiel

Wir kehren noch einmal zu unserer Drinkfrisch AG zurück, die wir bereits bei der Kapitalwertmethode im vorigen Kapitel kennengelernt haben. Anhand dieses Beispiels werden wir im folgenden Abschnitt versuchen, den internen Zinsfuß auf *graphische, graphisch-rechnerische* und *rechnerische* Weise zu bestimmen.
Zunächst wollen wir den internen Zinsfuß r *graphisch* bestimmen. Hierzu betrachten wir folgende Abbildung, die uns die Kapitalwertkurve des Projekts Readymix zeigt.

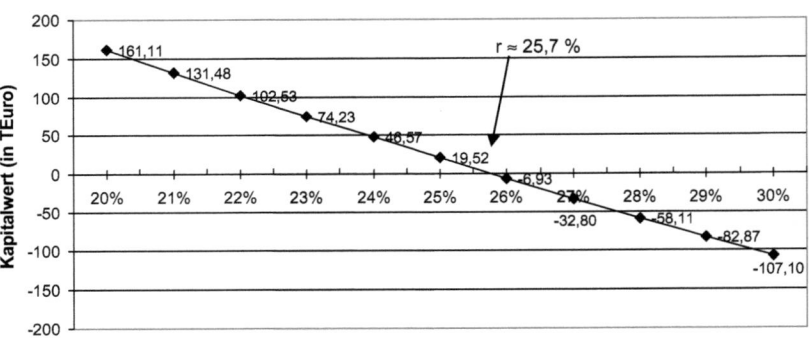

◘ Graphische Bestimmung interner Zinsfuß r des Projekts Readymix

Durch Ablesen an der Graphik erhalten wir einen Wert für r von etwa 25,7 %. Er wird als Schnittpunkt zwischen Kapitalwertfunktion und Zinsachse bestimmt.
Nun also zur *graphisch-rechnerischen* Methode:
Wir verwenden dazu die allgemeine, eben gelernte Formel.

$$r = \frac{C_{01} \cdot i_2 - C_{02} \cdot i_1}{C_{01} - C_{02}}$$

Wir bestimmen also zunächst zwei Zinssätze i_1 und i_2, die nahe an unseren abgelesenen Wert von 25,7 % herankommen und gleichzeitig einem positiven und einem negativen Kapitalwert entsprechen. Wenn die zwei Zinssätze jeweils einen positiven und einen negativen Kapitalwert ergeben, so ist ein Zinssatz größer, der andere kleiner als r:

$i_1 = 25\,\% \quad \rightarrow \quad C_{01} = 19{,}52$

$i_2 = 26\,\% \quad \rightarrow \quad C_{02} = -6{,}93$

Wir setzen in die Formel ein:

$$r = \frac{19{,}52 \cdot 26 - (-6{,}93) \cdot 25}{19{,}52 - (-6{,}93)} = 25{,}75\,\%.$$

3.2 • Berechnung des Zinsfußes

Versuchen wir uns nun noch an der *rechnerischen* Methode zur Ermittlung des exakten Wertes für r. Wir betrachten hier das Projekt über eine Dauer von zwei Perioden, sprich wir rechnen mit einem Polynom zweiten Grades. Wir setzen den Kapitalwert gleich null und so ergibt sich folgende Gleichung der Kapitalwertformel:

$$C_0 = -2.000.000 \,€ + \frac{870.000 \,€}{(1+r)^1} + \frac{2.068.000 \,€}{(1+r)^2} = 0.$$

Im nächsten Schritt ersetzen wir $(1 + r)$ mit x und lösen nach x auf.

$$0 = -2.000.000 + \frac{870.000}{x} + \frac{2.068.000}{x^2}$$

$$0 = 2.000.000\,x^2 - 870.000\,x - 2.068.000$$

Zum Lösen quadratischer Gleichungen ist Ihnen sicherlich folgende Formel bekannt:

$$x_{1/2} = \frac{-b \pm \sqrt{b^2 - 4 \cdot a \cdot c}}{2 \cdot a}.$$

In unserem Beispiel ist

$a = 2.000.000$,

$b = -870.000$,

$c = -2.068.000$,

$$x_{1/2} = 870.000 \pm \frac{\sqrt{(-870.000)^2 + 4 \cdot 2.000.000 \cdot 2.068.000}}{2 \cdot 2.000.000},$$

$x_1 = 1{,}2574 \quad \rightarrow \quad r = x - 1 = 25{,}74\,\%$,

$(x_2 = -0{,}8224)$.

Der exakte interne Zinsfuß des Projekts Readymix der Drinkfrisch AG beträgt also 25,74 %. Vergleicht man die graphische Näherungslösung 25,7 % und die graphisch-rechnerische Näherungslösung 25,75 % mit der exakten Lösung 25,74 %, so sieht man, dass diese erstaunlich genau sind. Die graphische Lösung ist umso genauer, je größer der Maßstab auf der Zinsachse ist. Entscheidend für die Genauigkeit der graphisch-rechnerischen Lösung ist, dass die zwei Zinssätze so nah wie möglich zusammenliegen. Als Faustregel sollten Sie sich merken, dass die Differenz möglichst nicht größer als ein Prozentpunkt sein sollte und natürlich – wie weiter oben schon erwähnt – ein Zinssatz einen positiven Kapitalwert und der zweite Zinssatz einen negativen Kapitalwert liefern sollte.

> Auf den Punkt gebracht: Den **internen Zinsfuß** kann man mit der graphischen, der graphisch-rechnerischen und der rechnerischen Methode bestimmen. Für Laufzeiten länger als zwei Jahre ist jedoch die rechnerische Methode sehr komplex.

3.3 Der interne Zinsfuß als Grundlage von Investitionsentscheidungen

3.3.1 Investitionsentscheidungen

Nun haben wir gelernt, was der interne Zinsfuß ist und wie man ihn berechnen bzw. graphisch bestimmen kann. Jedoch müssen wir uns nun Gedanken darüber machen, was diese Rendite eigentlich für ein bestimmtes Projekt aussagt. Sind die 25,74 % der Drinkfrisch AG nun ein guter Zinsfuß? Ist dieser Wert zu hoch oder doch zu niedrig? Lohnt sich das Readymix-Projekt laut internem Zinsfuß?

Hierzu unterscheiden wir zwischen *einzelnen* und *mehreren* Projekten.

3.3.1.1 Einzelne Projekte

Zur Bewertung des internen Zinsfußes r vergleicht man diesen mit dem gewählten Kalkulationszinssatz bzw. dem geforderten Mindestzinssatz i.

Folgender Merksatz gilt:

„Wenn der interne Zinssatz r [...] einer Investition mindestens so groß ist wie die Mindestverzinsungsanforderung i, die der Investor an das Investitionsobjekt stellt, so ist die betreffende Investition vorteilhaft" (Däumler und Grabe 2014, S. 87).

Denn natürlich ist eine Investition nur dann sinnvoll, wenn sie eine höhere Rendite erwirtschaftet als eine vergleichbare Anlage am Kapitalmarkt.

Folgende drei Situationen können also bei der Bewertung von Investitionen entstehen:

r > i → Die Investition ist absolut vorteilhaft, da die Rendite höher ist als der von der Firma geschätzte Kalkulationszinssatz i. Dieser entspricht, wie Sie wissen, einer Mindestverzinsung eines bestimmten Projekts.

r = i → Indifferenz: Die Investition in das Projekt ist weder vorteilhaft noch unvorteilhaft, da die Rendite genau der Mindestverzinsung entspricht.

r < i → Da die Mindestverzinsung i unterschritten wird, ist ein Projekt mit diesen Zahlen absolut unvorteilhaft.

Als kleiner Exkurs in die Welt der Finanzierung sei hier noch angemerkt, dass die Entscheidungsregel bei der internen Zinsfußmethode genau umgekehrt zu betrachten ist. Entspricht der Kalkulationszinssatz bei der Investition einer Mindestrendite, so entspricht derselbe Zinssatz bei einer Finanzierung dem Maximalverzinsungssatz. So würde r > i bedeuten, dass das Projekt abgelehnt werden sollte. Entsprechend ist dies auch bei den anderen beiden Fällen r = i und r < i zu beachten.

3.3.1.2 Mehrere Projekte

Ähnlich wie bei der Kapitalwertmethode gestaltet sich die Entscheidung mit Hilfe des internen Zinsfußes, wenn wir mehrere Projekte betrachten. Hier geht es also wieder um relative Vorteilhaftigkeit.

Ist der interne Zinsfuß größer als der Kalkulationszinssatz einer Investition, so ist dieses Projekt absolut vorteilhaft. Sind mehrere Projekte absolut vorteilhaft, so sollte jenes mit der größten Rendite ausgesucht werden. Dieses Projekt ist dann auch relativ vorteilhaft.

Jedoch ergeben sich Probleme im Vergleich von mehreren Projekten, wenn die interne Zinsfußmethode zur Bewertung herangezogen wird. Projekte lassen sich anhand von r nur schwer miteinander vergleichen. Nur weil ein Projekt den höheren Zinsfuß r hat, bedeutet das nicht automatisch, dass dieses Projekt auch zu Gewinnmaximierung führt.

Ursachen der Probleme sind auf der einen Seite die Höhe der Kapitalbindung von Projekten. Die Kapitalbindung entspricht der Anfangsauszahlung einer Investition. Projekte mit höherer Kapitalbindung sind bei gleichem internem Zinsfuß immer attraktiver. Vergleicht man beispielsweise zwei Projekte, beide mit einer interner Verzinsung von 50 %, und eines besitzt eine Kapitalbindung von 120 Mio. €, während das andere 150 Mio. € bindet, so ist das letztere attraktiver, da 50 % von 150 Mio. € eben mehr ist als 50 % von 120 Mio. €. Anderseits können die Unterschiede in der Kapitalbindungsdauer eine Ursache der Probleme sein. Bei gleichem internen Zinsfuß und gleicher durchschnittlicher Kapitalbindung sind Projekte mit längerer Nutzungsdauer vorzuziehen.

> **Merke!**
>
> Ein **Investitionsprojekt** ist dann vorteilhaft, wenn der **interne Zinssatz** größer als die geforderte Mindestverzinsung ist. Bei mehreren **Investitionsprojekten** sollte dasjenige ausgewählt werden, dessen **interner Zinsfuß** am höchsten ist und gleichzeitig die Mindestzinsanforderung übersteigt.

3.3.2 Bewertung der internen Zinsfußmethode

Nun kommen wir noch zu einer abschließenden Bewertung der internen Zinsfußmethode, indem wir Vor- und Nachteile nennen.

3.3.2.1 Vorteile

- Überaus beliebtes und bewährtes Investitionsrechnungsverfahren.
- Die Rendite ist leicht interpretierbar.
- r ist unabhängig vom Kalkulationssatz i, der nicht mit 100 %iger Sicherheit festgelegt werden kann.

- Abschätzung des Zinsänderungsrisiko ist möglich, da r sozusagen einen kritischen Wert angibt, den der Kalkulationszinssatz bzw. die erforderliche Mindestverzinsung nicht überschreiten sollte. Es lässt sich also feststellen, wie stark sich der Kapitalmarktzins verändern muss, bis das Projekt unvorteilhaft wird.
- Obwohl man die mehrdeutigen Lösungen der Polynome n-ten Grades eigentlich zu den Nachteilen zählen würde, so muss doch festgehalten werden, dass mehr als eine Lösung in der Realität kaum auftaucht.

3.3.2.2 Nachteile

- Relativ vorteilhafte Investitionsprojekte maximieren nicht unbedingt den Gewinn, falls die Kapitalbindung der zur Auswahl stehenden Projekte unterschiedlich ist.
- Relativ vorteilhafte Investitionsprojekte maximieren nicht unbedingt den Gewinn, falls die die Nutzungsdauer unterschiedlich ist.

3.4 Vergleich von Kapitalwert- und interner Zinsfußmethode

Bisher haben wir gelernt, wie man die Kapitalwert- und die interne Zinsfußmethode anwendet. Dabei haben wir öfters festgestellt, dass diese beiden Verfahren aufeinander aufbauen und sich immer wieder überschneiden. In diesem Kapitel wollen wir die beiden Methoden noch einmal kurz gegenüberstellen und miteinander vergleichen.

Im Allgemeinen kann man sagen, dass sich beide Methoden mit ihren Berechnungen grundsätzlich für die gleichen Projekte empfehlen. Es gibt jedoch Ausnahmen, bei denen die interne Zinsfußmethode kein eindeutiges Ergebnis liefert bzw. keine realistische Lösung anbietet. Diese Problematik haben wir ja bereits Ende des vorigen Kapitels angesprochen.

Wir wollen drei Situationen betrachten und dabei die Aussagekraft der internen Zinsfußmethode unter die Lupe nehmen und mit der Kapitalwertmethode vergleichen.

3.4.1 Finanzierungsprojekt vs. Investitionsprojekt

Den Unterschied, der bei der internen Zinsfußmethode bei Finanzierungs- bzw. Investitionsprojekten zu beachten ist, haben wir im ▶ Abschn. 2.1 schon kurz angesprochen. Hier wollen wir anhand eines Beispiels die wichtige Differenzierung noch einmal klarstellen. Wir betrachten hierzu zwei Projekte, die identische Kapitalflüsse aufweisen. Projekt A ist jedoch eine Investition, und Projekt B entspricht der Definition nach einer Finanzierung. Wir erinnern uns noch einmal an den Definitionsunterschied zwischen Investition und Finanzierung: Ersteres beginnt mit einer Aus-

3.4 · Vergleich von Kapitalwert und Zinsfuß

Tab. 3.1 Projekt A und B: Investition vs. Finanzierung. (Quelle: Hillier et al. 2013, S. 163)

	Projekt A		Projekt B	
Periode	0	1	0	1
Kapitalflüsse	−100 £	130 £	100 £	−130 £
Interner Zinsfuß	30 %		30 %	
Kapitalwert bei i = 10 %	18,20 £		−18,20 £	
Akzeptanz falls i	< 30 %		> 30 %	
	Investition		Finanzierung	

zahlung, Letzteres mit einer Einzahlung. Werfen Sie also einen Blick auf ◘ Tab. 3.1, um sich mit den Projekten A und B vertraut zu machen. Betrachten Sie zunächst nur die ersten drei Zeilen der Tabelle, um festzustellen, dass Projekt A die Investition ist und B die Finanzierung.

Bei beiden Projekten liegt ein interner Zinsfuß von 30 % vor. Mit der internen Zinsfußmethode lässt sich also hier kein Unterschied zwischen beiden Projekten feststellen. Welches der beiden ist absolut vorteilhaft? Sind es vielleicht beide, und wenn ja, welches ist relativ vorteilhaft? Wir sollten also auch noch die Kapitalwertmethode heranziehen, um den Kapitalwert beider Projekte zu bestimmen. Bei einem Kalkulationszinssatz von 10 % entnehmen Sie der ◘ Tab. 3.1, dass Projekt A einen positiven Kapitalwert besitzt, während Projekt B ins Negative rutscht. Hier ist also klar, dass Projekt A absolut vorteilhaft ist.

Werfen wir nochmal einen genaueren Blick auf den internen Zinsfuß von 30 % für beide Projekte. Ab welchem Kalkulationszinssatz würden wir uns für welches Projekt entscheiden? Hier muss ganz klar zwischen Investition und Finanzierung unterschieden werden.

Projekt A entspricht der Investition. Der Kalkulationszinssatz i entspricht hier also einer Mindestverzinsung. Würde der Kalkulationszinssatz i einem kleineren Wert als 30 % entsprechen, was der Rendite dieses Projekts entspricht, sollte diese Investition getätigt werden.

Projekt B entspricht der Finanzierung. Hier haben wir gelernt, dass der Kalkulationszinssatz der gerade noch tragbaren Maximalverzinsung entspricht. Wäre r also höher als i, so würde dieses Projekt einen höheren Zinssatz erfordern – um so einen positiven Kapitalwert erreichen zu können – als es die Maximalverzinsung i „erlauben" würde. Wenn i also in unserem Beispiel > 30 % ist, wäre das Projekt absolut vorteilhaft. Ab einem Zinssatz von 30 % ist nämlich der Kapitalwert positiv.

Dieser eben beschriebene Unterschied ist in ◘ Abb. 3.3 graphisch dargestellt.

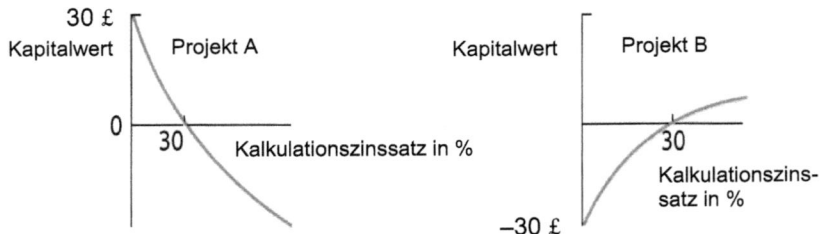

Abb. 3.3 Vergleich Kapitalwertkurven Projekt A und B. (Quelle: Hillier et al. 2013, S. 163)

Es ist also sehr wichtig zu unterscheiden, ob es sich bei einem Projekt um eine Investition oder um eine Finanzierung handelt, damit man die interne Zinsfußmethode richtig anwenden und die Vorteilhaftigkeit eines Projekts richtig bestimmen kann.

3.4.2 Mehrdeutigkeit des internen Zinsfußes

Mehrere Lösungen können bei der internen Zinsfußmethode dann auftreten, wenn in einem Projekt wechselnde Ein- und Auszahlungsüberschüsse während der Laufzeit auftreten. Betrachten Sie beispielsweise ein Projekt C mit folgenden Kapitalflüssen:

t_0: −100 € t_1: 230 € t_2: −132 €

In diesem Beispiel liegt ein Wechsel des Vorzeichens vor: In Periode t_0 tritt eine (Anfangs-)Auszahlung auf, in der folgenden Periode ein Einzahlungsüberschuss, welcher wiederum von einem Auszahlungsüberschuss gefolgt wird.

Folgender Merksatz gilt:

Wechselt das Vorzeichen von Kapitalflüssen eines Projekts während der gesamten Projektlaufzeit mehr als einmal, so ergibt sich im Allgemeinen rechnerisch mehr als ein interner Zinsfuß.

> **Merke!**
>
> Falls während der **Projektlaufzeit** das Vorzeichen der **Einzahlungsüberschüsse** wechselt, können rechnerisch mehrere **interne Zinsfüße** berechnet werden.

Unser Beispiel ist in ◘ Abb. 3.4 dargestellt.

Sie sehen, dass die Kapitalwertkurve mehr als einmal die x-Achse schneidet. Die Funktion hat also zwei Nullstellen, die sich bei der Berechnung eines Polynoms zweiten Grades ergibt.

3.4 · Vergleich von Kapitalwert und Zinsfuß

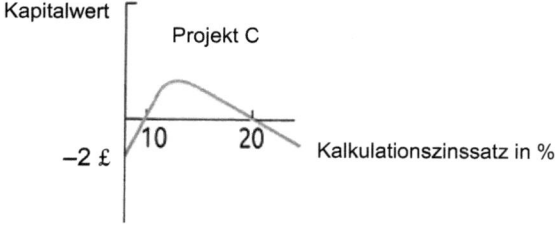

Abb. 3.4 Kapitalwertkurve Projekt C. (Quelle: Hillier et al. 2013, S. 163)

Nun stellt sich natürlich die Frage, welcher interne Zinsfuß in diesem Beispiel relevant ist. Ist r = 10 % oder r = 20 % von Bedeutung?

In diesem Fall sollten wir wieder die Kapitalwertmethode zu Rate ziehen. Aus ◘ Abb. 3.4 können wir ablesen, dass der Kapitalwert zwischen 10 und 20 % positiv ist. Für einen Kalkulationszinssatz zwischen diesen beiden Werten sollte das Projekt also durchgeführt werden. Wird jedoch ein Kalkulationszinssatz von mehr als 20 % oder weniger als 10 % festgelegt, so ist dieses Projekt absolut unvorteilhaft. Der Kapitalwert ist für diese Zinssätze nämlich negativ.

Auch an diesem Beispiel zeigt sich also, dass die Kapitalwertmethode letztendlich ein Verfahren ist, auf das man sich in jeder Situation verlassen kann, während die interne Zinsfußmethode in manchen Fällen nicht eindeutige Lösungen liefert bzw. ein genaueres Hinsehen erforderlich ist.

Bei einer Zahlungsreihe, die nur einen Vorzeichenwechsel aufweist, errechnet sich nur ein interner Zinsfuß. Dies ist zum Beispiel der Fall, wenn der erste Kapitalfluss eine Auszahlung ist, die nur von Einzahlungsüberschüssen gefolgt werden. Aber auch der umgekehrte Fall – Einzahlung zu Beginn und Auszahlungsüberschüsse in der Folge – erhält man nach Anwendung der internen Zinsfußmethode nur einen Zinssatz r.

Beispiel

Angenommen, Sie investieren 100 € in ein Projekt und erwarten eine Einzahlung von 130 € in der Folgeperiode. Der Kalkulationszinssatz, den Sie ansetzen, beträgt 30 %.
Da die 100 € Anfangsauszahlung nicht abgezinst werden – dieses Geld besitzt ja bereits den Wert am Ende der Periode 0 – werden also nur die 130 € für eine Periode abgezinst. Berechnen Sie den Kapitalwert, so ist das Ergebnis null. 30 % entspricht also dem internen Zinsfuß:

$$C_0 = -100 \,€ \cdot (130 \,€/1{,}3^1) = 0 \,€.$$

Erhöhen Sie nun den Kalkulationszinssatz, kann der Kapitalwert nur negativ werden, da die 130 € mit einem höheren Zinssatz abgezinst werden. Je höher i, desto geringer wird der Kapitalwert.

Verringern Sie den Kalkulationszinssatz, wird wiederum der Kapitalwert steigen. Je kleiner i, desto höher also der Kapitalwert Ihres Projekts.

Unbeeinflusst davon, wie klein oder groß Sie den Kalkulationszinssatz auswählen, der Kapitalwert wird in diesem Beispiel – bei nur einem Vorzeichenwechsel der Kapitalflüsse im Projekt – nicht mehr den Wert null annehmen. Es gibt also hier nur eine Lösung für r, den internen Zinsfuß, nämlich bei 30 %.

Auch den umgekehrten Fall von einer anfänglichen Einzahlung, die nur noch von Auszahlungen gefolgt wird, kann man mit einem entsprechenden Fall anschaulich machen. Auch hier ergibt sich aus denselben Gründen nur eine Lösung für den internen Zinsfuß.

3.4.3 Sich gegenseitig ausschließende Projekte

Um uns dem nächsten Problem anzunähern, lassen Sie uns eine Unterscheidung von zwei Projekttypen vornehmen: *„Unabhängige Projekte"* und *„Sich gegenseitig ausschließende Projekte"*

Unabhängige Projekte sind Projekte, die völlig unabhängig voneinander realisiert werden können. Sie beeinflussen sich also gegenseitig nicht. Beispielsweise könnte McDonald's eine neue Filiale in Köln eröffnen und unabhängig davon in eine neue Pommes-Fritteuse in einer Filiale in Bonn investieren.

Anders verhält sich das mit sich gegenseitig ausschließenden Projekten. Hier müssen Sie sich für eines oder keines der zur Wahl stehenden Projekte entscheiden. Angenommen, Sie kaufen ein Grundstück und haben die Möglichkeit, dort entweder eine Boutique zu eröffnen oder eine Eisdiele aufzumachen. Diese beiden Projekte schließen sich gegenseitig aus. Sie können das Grundstück nur für eines der beiden Projekte verwenden oder eben keines der Projekte realisieren, wenn sich keines von beiden lohnt.

Unsere dritte und letzte Problematik der internen Zinsfußmethode handelt von sich gegenseitig ausschließenden Projekten. Normalerweise beurteilt man die Vorteilhaftigkeit eines Projekts nach dem größten Kapitalwert bzw. nach dem höchsten internen Zinsfuß. Sehen Sie sich aber nun in ◘ Tab. 3.2 die beiden sich ausschließenden Projekte A und B an.

Wie entscheiden Sie nun? Projekt A hat den höheren Kapitalwert von 208,62 €. Projekt B jedoch weist den attraktiveren internen Zinsfuß vor. Was tun?

Um sich ein klareres Bild zu machen, sollten wir uns die Kapitalwertkurve beider Projekte ansehen (◘ Abb. 3.5).

Sie können aus der Abbildung erkennen, dass der Schnittpunkt beider Kapitalwertkurven eine entscheidende Rolle bei diesen beiden Projekten spielt und Aufschluss darüber gibt, welches der Projekte A und B ausgewählt werden sollte.

3.4 · Vergleich von Kapitalwert und Zinsfuß

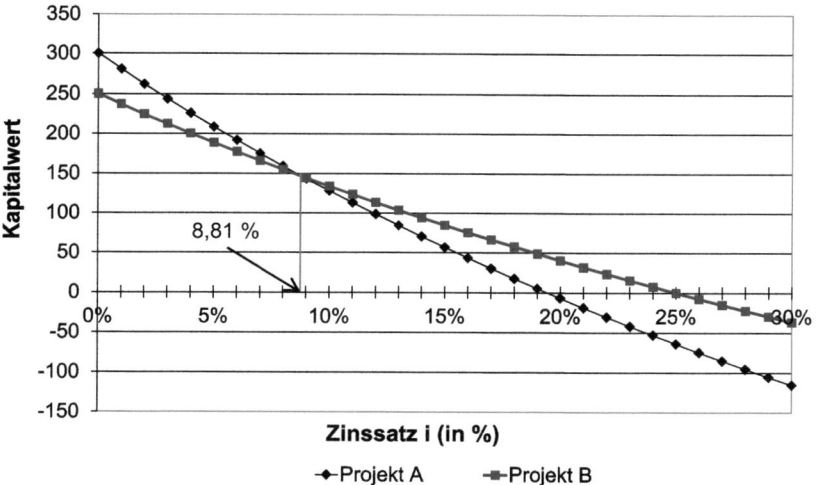

Tab. 3.2 Sich gegenseitig ausschließende Projekte A und B

Periode	Projekt A	Projekt B
0	−1.000 €	−800 €
1	+650 €	+800 €
2	+650 €	+250 €
Kalkulationszins	5 %	5 %
Interner Zinsfuß	19,43 %	25,0 %
Kapitalwert	208,62 €	188,88 €

Abb. 3.5 Kapitalwertkurve der sich gegenseitig ausschließenden Projekte A und B

Bei einem Kalkulationszinssatz von kleiner als 8,81 % ist Projekt A relativ vorteilhaft, da dieses Projekt dann den höheren Kapitalwert besitzt. Liegt i zwischen 8,81 und 25,0 %, so ist Projekt B relativ vorteilhaft. Sie erkennen, dass dann dieses Projekt den höheren Kapitalwert vorweist. Bei einem Kalkulationszinssatz, der größer als 25,0 % ist, sind beide Projekte unvorteilhaft.

Schließen sich also zwei Projekte gegenseitig aus, so ist auch hier die interne Zinsfußmethode irreführend. Eine genauere Betrachtung ist notwendig.

> **Merke!**
>
> Bei sich **gegenseitig ausschließenden Projekten** kann die **Vorteilhaftigkeitsentscheidung** auf Grundlage der **Kapitalwertmethode** und der **internen Zinsfuß-Methode** zu unterschiedlichen Ergebnissen kommen. Bei Widersprüchen sollte die Investition mit dem höheren Kapitalwert durchgeführt werden.

Das Wichtigste, was Sie aus diesem Kapitel mitnehmen sollten, ist der Rat, der internen Zinsfußmethode nicht blind zu trauen. Es gibt Ausnahmen, die ein näheres Hinsehen notwendig machen:

- Seien Sie sich im Klaren darüber, welche Art von Projekt vorliegt. Ist es ein Investitions- oder ein Finanzierungsprojekt? Die Entscheidungsregel der internen Zinsfußmethode ist für den einen Projekttyp das Gegenteil des anderen.
- Wechseln die Vorzeichen der Kapitalflüsse eines Projekts mehr als ein einziges Mal, so kann es mehr als eine Lösung für die Rendite r geben. Die Betrachtung der Kapitalwertfunktion kann dann schnell Aufschluss über die richtige Evaluierung des Projekts geben.
- Schließen sich zwei Projekte gegenseitig aus, so sollte die Entscheidung über die Vorteilhaftigkeit der Projekte getroffen werden, indem man den Schnittpunkt der beiden Kapitalwertfunktionen in Betracht zieht. Eine graphische Darstellung beider Kapitalwertkurven ermöglicht auch hier eine schnelle Entscheidung für das günstigere Projekt.

Generell sollten Sie sich merken, dass die Kapitalwertmethode immer an erster Stelle steht, wenn es um die Beurteilung von Projekten geht. Erst an zweiter Stelle folgt der interne Zinsfuß. Kapitalwertmethode sticht internen Zinsfuß!

3.5 Lern-Kontrolle

Kurz und bündig

Nun sind Sie am Ende des Kapitels über die interne Zinsfußmethode angekommen. Sie ist wohl nach der Kapitalwertmethode die zweitwichtigste Methode. Am Anfang des Kapitels stand die Definition des internen Zinsfußes – es ist derjenige Zinsfuß, bei dem der Kapitalwert genau gleich null ist. Also baut die interne Zinsfußmethode auf der Kapitalwertmethode auf. Die Methode besticht durch die einfache Interpretation des internen Zinsfußes – es ist der Zinssatz, der bei der Geldanlage des im Investitionsprojekt gebundenen Kapitals am Kapitalmarkt zu eben diesem Zinssatz das identische Einkommen erbrächte wie das Investitionsprojekt selbst.

3.5 · Lern-Kontrolle

Die Bestimmung des internen Zinssatzes ist nicht so einfach. Zuerst ist da die rechnerische Methode, die schnell sehr komplex wird, wenn die Laufzeit mehr als zwei Perioden beträgt. Deswegen wird meist auf die graphisch-rechnerische Methode zurückgegriffen, wenn der interne Zinsfuß bestimmt werden soll. Außerdem gibt es noch die graphische Methode, bei der an Hand der Kapitalmarktfunktion der interne Zinsfuß näherungsweise bestimmt wird.

Außerdem haben Sie sich mit Vorteilhaftigkeitsentscheidungen auseinandergesetzt. Ein Investitionsprojekt sollte durchgeführt werden, wenn der interne Zinsfuß größer ist als der vom Unternehmen geforderte Mindestzins oder der Zinssatz, den das Unternehmen bei der Kapitalmarktanlage erzielen könnte.

Schließlich sind wir noch auf die Probleme der internen Zinsfußmethode eingegangen. Wir haben festgestellt, dass die Kapitalwertmethode zu einer anderen Vorteilhaftigkeitsentscheidung wie die interne Zinsfußmethode kommen kann, wenn zwei Investitionsprojekte miteinander verglichen werden, deren Nutzungsdauern oder Kapitalbindungen unterschiedlich sind. Zudem ist es schwierig, den internen Zinsfuß eindeutig zu bestimmen, wenn das Vorzeichen der Einzahlungsüberschüsse während der Laufzeit mehrmals wechselt.

? Let's check

Aufgaben zu 3.1
1. Um zu erkennen, dass der verwendete Kalkulationszinssatz dem internen Zinsfuß entspricht, muss was für den Ertragswert gelten?
   Kreuzen Sie die richtige Antwort an.
   ☐ Der Ertragswert muss gleich der Anfangsauszahlung sein.
   ☐ Der Ertragswert muss größer als die Anfangsauszahlung sein.
   ☐ Der Ertragswert muss kleiner als die Anfangsauszahlung sein.
   ☐ Der Ertragswert darf für die Berechnung nicht verwendet werden.
2. Wie wird der interne Zinsfuß interpretiert?
   Kreuzen Sie die richtigen Antworten an.
   ☐ Der Zinssatz einer Finanzinvestition, der den gleichen Kapitalwert erzeugt wie das reale Investitionsprojekt.
   ☐ Der Zinsfuß, der intern vorgegeben wird, um die Vorteilhaftigkeit von Investitionsprojekten zu beurteilen.
   ☐ Der Zinssatz, den das letzte intern durchgeführte Investitionsprojekt erreicht hat.
   ☐ Der Zinssatz, mit dem das in einem Investitionsprojekt gebundene Kapital während der gesamten Laufzeit verzinst wird.
3. Sie wollen ein einperiodiges Investitionsprojekt realisieren und kennen die Anfangsauszahlung 100.000 €. Sie schätzen die Auszahlung in der ersten und einzigen Periode auf 150.000 €. Sie streben einen internen Zinsfuß von 8 % an. Wie hoch muss die Einzahlung in der ersten Periode sein, damit Sie dieses Ziel erreichen?

Kreuzen Sie die richtige Antwort an.
- ☐ 220.000 €
- ☐ 252.000 €
- ☐ 258.000 €
- ☐ 261.000 €

Aufgaben zu 3.2

1. Bei demselben Projekt: Entspricht der interne Zinsfuß 4 %, so ist die Anfangsauszahlung höher als bei einem internen Zinsfuß von 5 %. Was halten Sie hiervon?
Kreuzen Sie die Ihrer Meinung nach richtigen Aussagen an.
   - ☐ Ja, denn abzinsen mit einem niedrigeren Zinsfuß führt zu einem höheren Barwert.
   - ☐ Nein, denn 5 % entsprechen einem höheren Zinssatz als 4 %. Folglich ist die Anfangsauszahlung bei 5 % internem Zinsfuß höher.
   - ☐ Das kann man bei der gegebenen Information nicht sagen, die Einzahlungsüberschüsse während der Laufzeit spielen nämlich die entscheidende Rolle.
   - ☐ Es macht keinen Unterschied. Die Anfangsauszahlung ist in beiden Fällen gleich hoch, da sie bereits den Barwert besitzt.
2. Ein Projekt erfordert eine Anfangsauszahlung von 40.000 €. Die Laufzeit entspricht zwei Jahre. Im ersten Jahr erwarten Sie eine Einzahlung 20.000 €, im zweiten Jahr eine Einzahlung von 25.000 €. Wie hoch ist der interne Zinsfuß?
   - ☐ 6,36 %
   - ☐ 7,92 %
   - ☐ 5,48 %
   - ☐ 8,96 %
3. Wie wird der interne Zinsfuß graphisch-rechnerisch bestimmt?
   - ☐ Man rechnet zuerst die Kapitalwerte für zwei Zinssätze aus, wobei beide Kapitalwerte positiv sein sollten.
   - ☐ Man rechnet zuerst die Kapitalwerte für zwei Zinssätze aus, wobei beide Kapitalwerte negativ sein sollten.
   - ☐ Man rechnet zuerst die Kapitalwerte für zwei Zinssätze aus, wobei der erste Kapitalwert positiv und der zweite Kapitalwert negativ sein sollte.
   - ☐ Keine der Antworten ist richtig.

Aufgaben zu 3.3

1. Warum sollte eine Investition durchgeführt werden, wenn der interne Zinsfuß größer ist als der Kalkulationszinssatz?
Kreuzen Sie die richtigen Aussagen an.
   - ☐ Das stimmt nicht, wenn der Kalkulationszinssatz größer ist als der interne Zinsfuß, ist ein Projekt immer absolut unvorteilhaft.

3.5 · Lern-Kontrolle

- ☐ Da der interne Zinsfuß einem Kapitalwert von null entspricht. Ist der Kalkulationszinssatz größer, würde dies einem negativen Kapitalwert entsprechen.
- ☐ Da der Kalkulationszinssatz die Mindestverzinsung eines Projekts angibt. Eine Rate größer als i wäre also vorteilhaft.
- ☐ Das stimmt nicht, da der interne Zinsfuß einem Kapitalwert von null entspricht. Ist der Kalkulationszinssatz größer als r, würde dies einem höheren Kapitalwert entsprechen.

2. Welche Aussagen über die Vorteilhaftigkeit von Investitionsentscheidungen auf Grundlage der internen Zinsfußmethode sind richtig?
   Kreuzen Sie die richtigen Aussagen an.
   - ☐ Eine Investition ist absolut vorteilhaft, wenn der interne Zinsfuß größer als null ist.
   - ☐ Eine Investition ist absolut vorteilhaft, wenn der interne Zinsfuß größer ist als die geforderte Mindestverzinsung.
   - ☐ Eine Investition ist relativ vorteilhaft, wenn der interne Zinsfuß höher als der interne Zinsfuß einer alternativen Investition ist.
   - ☐ Eine Investition ist relativ vorteilhaft, wenn der interne Zinsfuß höher als die geforderte Mindestverzinsung und gleichzeitig auch höher als der interne Zinsfuß einer alternativen Investition ist.

3. Welche Nachteile der internen Zinsfußmethode fallen Ihnen ein?
   Kreuzen Sie die richtigen Aussagen an.
   - ☐ Der interne Zinsfuß ist wenig anschaulich.
   - ☐ Falls zwei Investitionsprojekte miteinander verglichen werden, die eine unterschiedliche hohe Kapitalbindung aufweisen, kann es zu einer Fehlentscheidung kommen, wenn auf Basis der internen Zinsfußmethode entschieden wird.
   - ☐ Der interne Zinsfuß hängt vom Kalkulationszinssatz ab. Es besteht die Gefahr, dass der Kalkulationszinssatz und damit der interne Zinsfuß willkürlich festgelegt wird.
   - ☐ Falls zwei Investitionsprojekte miteinander verglichen werden, die eine unterschiedliche hohe Kapitalbindung aufweisen, kann es zu einer Fehlentscheidung kommen, wenn auf Basis der internen Zinsfußmethode entschieden wird.

Aufgaben zu 3.4

1. Ist es wichtig, bei Bewertung zweier Projekte durch Anwendung der internen Zinsfußmethode zwischen Finanzierung und Investition zu unterscheiden?
   - ☐ Nein, es nicht wichtig, zwischen Investition und Finanzierung zu unterscheiden. Der interne Zinsfußansatz ist in beiden Fällen verlässlich und gibt an, welche der beiden Projekte durchgeführt werden sollten.

Kapitel 3 · Interne Zinsfußmethode

- ☐ Da das Finanzierungsprojekt höhere Kosten mit sich bringt, sollte hier nicht nur mit dem internen Zinsfuß als Bewertungsmethode gerechnet werden.
- ☐ Ja, da die Kalkulationszinssätze i bei Investition und Finanzierung unterschiedliche Aussagekraft haben.
- ☐ Nein, es ist nicht wichtig beide Projektarten zu unterscheiden, da beide mit einer Anfangsauszahlung beginnen.

2. Sie bekommen ein Projekt mit folgenden Zahlungen vorgelegt:
   $t_1 = -500$ €, $t_2 = -300$ €, $t_3 = +200$ €, $t_4 = -50$ €
   Sie sollen dieses Projekt beurteilen. Was sollten Sie beachten?
   Kreuzen Sie die richtigen Aussagen an.
   - ☐ Die interne Zinsfußmethode liefert die richtige Entscheidungsgrundlage. Es gibt also nichts zu beachten.
   - ☐ Die interne Zinsfußmethode wird bei diesem Projekt nicht zu einem eindeutigen Ergebnis führen. Also sollten Sie sich nicht allein auf diese Methode verlassen.
   - ☐ Da drei der vier Zahlungen negativ sind, kann die interne Zinsfußmethode hier nicht angewendet werden.
   - ☐ Bei Projekten ab einem Vorzeichenwechsel führt die interne Zinsfußmethode zu mehreren Ergebnissen. Also Vorsicht bei Bewertung dieses Projekts.
3. Zur Bewertung von sich gegenseitig ausschließenden Projekten sollte die interne Zinsfußmethode nie angewendet werden.
   - ☐ Richtig
   - ☐ Falsch
4. Sie bekommen ein Projekt mit folgenden Zahlungen vorgelegt:
   $t_1 = -5.000$ €, $t_2 = +2.000$ €, $t_3 = +2.000$ €, $t_4 = +2.000$ €, $t_5 = +2.000$ €
   Wie hoch ist der interne Zinssatz dieses Investitionsprojekt?
   Kreuzen Sie richtige Aussage an.
   - ☐ 15,87 %
   - ☐ 18,77 %
   - ☐ 21,87 %
   - ☐ 23,55 %

❓ Vernetzende Aufgaben

1. Eine geplante dreijährige Investition kostet zu Beginn der Nutzungsdauer 500.000 €. Es kann drei Jahre lang mit Umsatzerlösen von 450.000 € gerechnet werden. Es entstehen Auszahlungen von zunächst 300.000, dann 250.000 und schließlich 200.000 €.
   Es fällt kein Restverkaufserlös an. Das Unternehmen will in Höhe des Anschaffungspreises ein Bankdarlehen mit 8 % aufnehmen, um die Investition zu finanzieren. Bei den oben erwähnten Auszahlungen sind Zins und Tilgung des Darlehens nicht berücksichtigt.

3.5 · Lern-Kontrolle

Wie hoch ist der interne Zinsfuß der Investition? Interpretieren Sie den erhaltenen Wert.

2. Für eine Investition ist folgende Zahlungsreihe gegeben (alle Angaben in €):

Periode	t_0	t_1	t_2	t_3
Investition	−40.000	16.000	12.000	24.000

Berechnen Sie den internen Zinsfuß mit der graphisch-rechnerischen Methode und entscheiden Sie, ob die Investition durchgeführt werden soll, wenn die geforderte Rendite bei 8 % liegt.

3. Ein Unternehmen mit einem Kalkulationszinssatz von 10 % hat zwischen folgenden zwei Investitionsalternativen zu wählen:

◘ Investitionsalternativen Maschine A und B

Investitionsobjekt	Maschine A	Maschine B
Investitionsauszahlung	1.000.000 €	500.000 €
Jährlicher Einzahlungsüberschuss	200.000 €	100.000 €
Nutzungsdauer	10 Jahre	10 Jahre
Restwert	0 €	270.000 €

Ermitteln Sie die internen Zinsfüße der beiden Investitionen und machen Sie einen Vorschlag, welches der beiden Projekte durchgeführt werden soll. Erörtern Sie, ob die interne Zinsfußmethode eventuell zu einer falschen Entscheidung führen könnte.

4. Studentin Amelie beschließt, 40.000 € in ein Studentenrestaurant zu investieren, um der Mensa Konkurrenz zu machen. Als Highlight bietet Sie abwechselnd japanische, französische und englische Wochen an. Im ersten Jahr erwirtschaftet Sie nur 10.000 € Überschuss. Dann ersetzt Sie die englischen Wochen durch italienische und macht im zweiten Jahr prompt 25.000 € Gewinn. Im dritten Jahr besteht Sie ihr Examen und verkauft das Restaurant für 30.000 €.
Der Kalkulationszinssatz beträgt 8,5 %. Beraten Sie die Studentin, ob Sie das Restaurant auf Grundlage der internen Zinsfußmethode betreiben soll.

5. Ist denn die Installation einer Photovoltaikanlage auf Ihrem Dach attraktiv? Haben Sie denn schon mal darüber nachgedacht, die Treibhausgase zu verringern und damit gleichzeitig noch Geld zu verdienen? Im Internet finden Sie unter

der folgenden Seite eine Beispielrechnung zu einer entsprechenden Anlage:
▶ https://www.solaranlagen-portal.de/photovoltaik/rendite.html.

Beispielrechnung Photovoltaikanlage. (Eigene Tabelle, basierend auf Solaranlagen-Portal 2015)

Laufzeit	20 Jahre
Garantiere Einspeisevergütung	12,56 Cent/kWh
Stromeinkaufspreis vom Versorger	29 Cent/kWh
Stromproduktion pro Jahr	4.500 kWh
Investitionskosten	7.150 €
Instandhaltung, Versicherung pro Jahr	160 €
70 % Einspeisung des Solarstroms zu 12,56 Cent/kWh	395,64 €
30 % Eigenverbrauch des Solarstroms (Kostenersparnis 29 Cent/kWh)	391,50 €

Berechnen Sie den internen Zinsfuß dieser Photovoltaikanlage. Gehen Sie von einer Laufzeit von zwanzig Jahren aus und unterstellen Sie, dass die Netto-Einnahmen in den zwanzig Jahren konstant bleiben. Am Ende der Laufzeit ist die Anlage wertlos. Ihre Bank bietet Ihnen einen Kredit mit einem Zinssatz von 5 % p. a. an, um die Solaranlage zu finanzieren. Würden Sie die Anlage bauen?

Lesen und Vertiefen

- Däumler, K.-D., & Grabe, J. (2014). *Grundlagen der Investitions- und Wirtschaftlichkeitsrechnung*. Herne/Berlin: Verlag Neue Wirtschaftsbriefe, Kap. 2.2.
  In Kap. 2.2 wird die interne Zinsfußmethode ausführlich beschrieben. Außerdem wird die Effektivzinsermittlung im Finanzierungsfall erläutert.
- Perridon, L., Steiner, M., & Rathgeber, A. W. (2012). *Finanzwirtschaft der Unternehmung*. München: Vahlen, Kap. B.I.3.b.bb.
  Kap. B.I.3.b.bb umreißt die wesentlichen Merkmale der internen Zinsfußmethode.
- Volkart, R., & Wagner, A. F. (2014). *Corporate Finance – Grundlagen von Finanzierung und Investition*. Zürich: Versus, Kap. II.4.1.3–II.4.1.4.
  In Kap. II.4.1.3 wird die interne Zinsfußmethode anschaulich dargestellt. Kap. II.4.1.4 widmet sich dem Vergleich der Kapitalwert- und der internen Zinsfußmethode.
- Walz, H., & Gramlich, D. (2011). *Investitions- und Finanzplanung*. Heidelberg: Verlag Recht und Wirtschaft, Kap. II.3.b.cc.
  Kap. II.3.b.cc stellt sehr ausführlich die Eigenschaften der internen Zinsfußmethode dar. Dabei werden auch die Probleme der Methode wie Mehrdeutigkeit oder fehlende Existenz des internen Zinsfußes erläutert.

Annuitätenmethode

Thomas Schuster, Leona Rüdt von Collenberg

4.1 Die Annuität – 95
4.1.1 Fragestellung und Grundgedanke – 95
4.1.2 Definition der Annuität – 95
4.1.3 Berechnung der Annuität – 96

4.2 Überschussannuität, Periodenüberschussannuität und Kapitaldienst – 100
4.2.1 Die Überschussannuität – 100
4.2.2 Die Periodenüberschussannuität – 101
4.2.3 Der Kapitaldienst – 101

4.3 Die Annuität als Grundlage von Investitionsentscheidungen – 107
4.3.1 Entscheidungsregel – 107
4.3.2 Bewertung der Annuitätenmethode – 110

4.4 Lern-Kontrolle – 110

© Springer-Verlag GmbH Deutschland 2017
T. Schuster, L. Rüdt von Collenberg,
Investitionsrechnung: Kapitalwert, Zinsfuß, Annuität, Amortisation,
Studienwissen kompakt, DOI 10.1007/978-3-662-47799-1_4

Lern-Agenda

Kommen wir nun zu unserer dritten Methode, die der Kategorie der dynamischen Verfahren zuzuordnen ist. Bei dieser Methode wollen wir uns zunächst einen Überblick verschaffen, indem wir die allgemeine Fragestellung und den Grundgedanken der Annuitätenmethode klären und uns diesem dynamischen Verfahren rechnerisch nähern. Anschließend wenden wir durch das Rechnen die Methode an und werden dadurch konkret.

In diesem Kapitel werden Sie lernen:
- Die Definition, was eine Annuität ist.
- Wie man eine Annuität mit Hilfe des Annuitätenfaktors bzw. des Wiedergewinnungsfaktors berechnet.
- Der Unterschied zwischen Überschussannuität, Periodenüberschussannuität und Kapitaldienst.
- Entscheidungsregeln, wie man an Hand der Annuitätenmethode attraktive Investitionsprojekte ermittelt.
- Die Vor- und Nachteile der Annuitätenmethode.

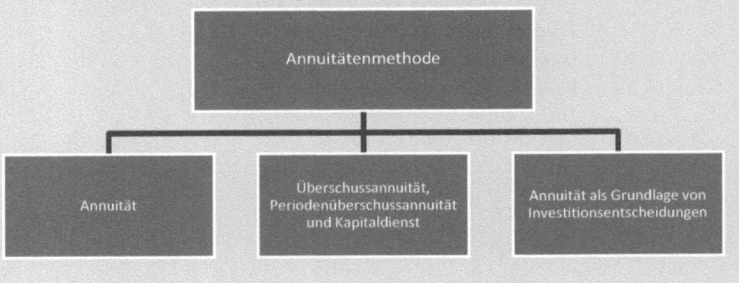

Hier eine typische Situation für eine Investitionsentscheidung: Eine Hotelkette will ein neues Hotel bauen. Es ermittelt zuerst einige attraktive Standorte, dann sammelt es Daten zu Übernachtungsgästen, Baukosten, Lohnniveau vor Ort und vieles mehr. Alles wird dann in einer sogenannten Machbarkeitsstudie zusammengefasst. Kern dieser Studie ist die Empfehlung, ob es vorteilhaft ist, das Hotelprojekt durchzuführen oder nicht. Dies kann durchaus mit der Annuitätenmethode entschieden werden. Sie gibt eine klare Vorgabe, ob ein Projekt vorteilhaft ist oder nicht und hat dann noch den zusätzlichen Vorteil, dass die errechnete Annuität Auskunft darüber gibt, wie viel Liquidität das Projekt während der Nutzungsdauer des Hotels durchschnittlich abwirft, um es beispielsweise in andere Hotelprojekte zu investieren. Je höher der Betrag ist, der jährlich im Durchschnitt zur Verfügung steht, desto attraktiver ist natürlich das Projekt. Wie dieser Betrag genau berechnet wird, erfahren Sie in diesem Kapitel.

4.1 Die Annuität

4.1.1 Fragestellung und Grundgedanke

Bei der Annuitätenmethode stellt sich ein Investor grundsätzlich die Frage, welchen konstant jährlichen Betrag seine Investition abwirft. Diesen regelmäßigen Betrag nennt man auch Rente oder Annuität. Je höher diese Rentenzahlungen natürlich sind, desto besser ist das entsprechende Projekt. Bei dieser Methode stehen also Liquiditätsgesichtspunkte im Vordergrund. Der Investor ist mit Hilfe des Verfahrens in der Lage abschätzen zu können, wie hoch der jährliche konstante Liquiditätszufluss einer Investition ist. Oder anders formuliert kann der Investor sein Projekt auf der Basis beurteilen, wie hoch die Entnahmemöglichkeit pro Periode ist, wenn er das Projekt realisiert. Die Möglichkeit, dies abschätzen zu können, ist bei manchen Investitionen wichtig. Beispielsweise kann ein Investor daran interessiert sein, mit welcher konstanten Entnahmemöglichkeit er über die ganze Laufzeit hinweg rechnen kann.

Die Annuitätenmethode kann als ein Spezialfall der Kapitalwertmethode angesehen werden.

Im Zusammenhang mit Annuitäten könnten sich also folgende Fragen stellen:
- Wie hoch ist der konstante jährliche Überschuss einer Investition?
- Wie hoch ist die jährliche Rente einer Kapitallebensversicherung?
- Wie hoch sind die jährlichen Zinszahlungen und Tilgungen eines Kredites?

4.1.2 Definition der Annuität

Was ist im finanzmathematischen Sinn unter einer Annuität zu verstehen? Diese Frage wollen wir hier klären.

Eine Annuität oder auch Rente ist eine Zahlung von konstant bleibender Höhe. Die Zahlungen treten immer in gleichem Abstand auf und werden über eine bestimmte Anzahl von Perioden (Laufzeit) ausgezahlt. Die Zahlungen können am Anfange (vorschüssig) oder am Ende (nachschüssig) einer Periode auftreten. Da wir uns in diesem Lehrbuch mit Investitionen auseinandersetzen, betrachten wir nur Annuitäten, die jeweils am Ende einer Periode auftreten. Zur Auszahlung der ersten Rente kommt es immer am Ende der ersten Periode t_1.

> **Merke!**
>
> Eine **Annuität** oder auch Rente ist eine Zahlung von konstant bleibender Höhe.

Bei der Annuitätenmethode versucht man alle Ein- und Auszahlungen eines Projekts gleichmäßig auf die gesamte Laufzeit umzulegen. Handelt es sich um ein Investitionsprojekt, so spricht man von der *äquivalenten Annuität*. Sie kann definiert werden als nachschüssige jährliche Rente eines Investitionsprojekts, die denselben Kapitalwert hat wie das Investitionsprojekt selbst. Diese Annuität besitzt also, da es sich immer um die gleichen Zahlungen eines einzelnen Projekts handelt, die gleiche Einkommenswirkung wie die unterschiedlichen und unregelmäßigen Ein- und Auszahlungen des Investitionsprojekts, die während der Laufzeit auftreten. Der Grund dafür ist, dass die ungleichmäßigen Zahlungen durch die Annuität regelmäßig auf die Projektlaufzeit aufgeteilt werden.

> **Merke!**
>
> Eine **äquivalente Annuität** ist die nachschüssige jährliche Rente eines Investitionsprojekts.

Annuitäten können für Investitionsprojekte zum Beispiel aus dem Kredit in Höhe der Anfangsauszahlung, dem Kapitalwert oder dem Ertragswert berechnet werden. Was diese drei Fälle genau bedeuten und wie man sie berechnet, werden wir noch später in diesem Kapitel klären.

Annuitäten können endlich oder unendlich sein. Hier legen wir jedoch den Fokus auf endliche Annuitäten, die also auf der Basis einer festen Anzahl von Perioden berechnet wird, da die Nutzungsdauer eines Investitionsprojekts in der Regel endlich ist.

4.1.3 Berechnung der Annuität

Bevor wir die äquivalente Annuität berechnen, wollen wir uns zunächst rechnerisch dem Thema Rentenbarwertfaktor und Annuitätenfaktor nähern, bevor wir im nächsten Teil diese finanzmathematischen Faktoren konkret auf ein Investitionsprojekt anwenden.

4.1.3.1 Rentenbarwertfaktor

Liegen bei einer Investition regelmäßige Zahlungen gleicher Höhe vor, so kann der Barwert dieser Zahlungen mit Hilfe des Rentenbarwertfaktors (RBWF) berechnet werden. Die Verwendung des Rentenbarwertfaktors ist insofern vorteilhaft, dass man bei dieser Rechenmethode nicht jede Zahlung einzeln abzinsen muss.

> **Merke!**
>
> Der **Rentenbarwertfaktor** wird verwendet, wenn der **Barwert** von mehreren konstanten Zahlungen, die nachschüssig ausgezahlt werden, berechnet wird.

4.1 · Die Annuität

Beispiel
Sie erhalten eine jährliche Rente von 10.000 € für die nächsten fünf Jahre. Der Zinssatz beträgt 5 %. Was ist der Barwert dieser fünf Einzahlungen?
Durch Anwendung des Rentenbarwertfaktors (RBWF) kann der Barwert dieser Rente in einem Rechenschritt bestimmt werden. Der Barwert beträgt 43.294,80 €.

Die Berechnung:
Der Barwert BW einer Rente c im Zeitpunkt t_0 lässt sich unter Verwendung der Summenformel für endliche geometrische Reihen wie folgt berechnen:

$$BW = c \cdot \frac{(1+i)^n - 1}{i} \cdot \frac{1}{(1+i)^n} = c \cdot \underbrace{\frac{(1+i)^n - 1}{i(1+i)^n}}_{\text{RBWF}}.$$

Wobei:
BW   = Barwert
c   = äquivalente Annuität
i   = Kalkulationszinssatz
n   = Laufzeit der Rente
RBWF = Rentenbarwertfaktor

Werden die Zahlen des obigen Beispiels eingesetzt, so ergibt sich:

$$BW = 10.000 \cdot \frac{(1+0,05)^5 - 1}{i(1+0,05)^5}.$$

Man kann den Rentenbarwertfaktor entweder mit Hilfe der oben angegebenen Formel berechnen oder aber auch aus finanzmathematischen Tabellen ablesen. In unserem Lehrbuch werden wir den Rentenbarwertfaktor (RBWF) selbst berechnen und aus der finanzmathematischen Tabelle ablesen. Werfen Sie kurz einen Blick in den Anhang dieses Lehrbuches und suchen Sie die finanzmathematischen Tabellen. Hier können Sie folgende Faktoren ablesen:

- Aufzinsungsfaktor,
- Abzinsungsfaktor,
- Rentenbarwertfaktor,
- Annuitätenfaktor,
- Rentenendwertfaktor,
- Restwertverteilfaktor.

Um den richtigen Faktor zu finden, kombinieren Sie jeweils die entsprechende Zeit (Zeile) mit dem entsprechenden Zinssatz (Spalte). Laut Tabelle beträgt der Rentenbarwertfaktor für 5 % und fünf Jahre 4,32948. Es ergibt sich also folgendes Ergebnis:

$$BW = 10.000 \cdot 4,32948 = 43.298,80.$$

Bei kurzer Laufzeit können Sie den Barwert der Rente auch ausrechnen, wie Sie es bisher gewohnt waren: mit Abzinsen und Aufsummieren der einzelnen konstanten Zahlungen:

$$BW = \frac{10.000}{1,05} + \frac{10.000}{1,05^2} + \frac{10.000}{1,05^3} + \frac{10.000}{1,05^4} + \frac{10.000}{1,05^5} = 43.294,80.$$

Sie sehen also, dass die konventionelle Abzinsungsmethode und die Anwendung des Rentenbarwertfaktors das gleiche Ergebnis erzielen.

Wenn Sie sich die Formel des Rentenbarwertfaktors genauer ansehen, so erkennen Sie, dass der Barwert einer Funktion entspricht, die von
- der äquivalenten Annuität c,
- dem Kalkulationszinssatz i,
- der Laufzeit n

abhängig ist.

Beispiel
Nehmen Sie ein Investitionsprojekt an, was die folgende Zahlungsreihe aufweist:

t_0: −4.000 € t_1: +2.000 € t_2: +2.000 € t_3: +2.000 € t_4: +2.000 €

Sie nehmen einen Kalkulationszinssatz von 4 % an. Was ist der Barwert der einzelnen Einzahlungen zum Zeitpunkt t_0?

$$BW = c \cdot \frac{(1+i)^n - 1}{i(1+i)^n} = 2000\ € \cdot \frac{(1+0,04)^4 - 1}{0,04(1+0,04)^4} = 7259,79\ €$$

Sie haben vielleicht erkannt, dass wir mit diesem Barwert den Ertragswert dieser Investition berechnet haben. Wissen Sie noch, was gemacht werden muss, um nun den Kapitalwert dieser Investition zu bestimmen? Natürlich: Wir müssen die Anfangsauszahlung von 4.000 € vom Ertragswert subtrahieren:

$$C_0 = 7259,79\ € - 4000\ € = 3259,79\ €.$$

Ein positiver Kapitalwert zeigt an, dass dieses Projekt absolut vorteilhaft ist. Sie sollten investieren.

4.1.3.2 Annuitätenfaktor

Mit dem Annuitätenfaktor AF wird im Prinzip die Sichtweise auf die Formel für Berechnung des Rentenbarwertes geändert: Stellen Sie die Formel nach c um. Hier kennen Sie also den Barwert und fragen sich nun, wie hoch die einzelnen regelmäßigen Renten während der Laufzeit sind, die sich durch diesen Barwert ergeben. Mit Hilfe des Annuitätenfaktors AF – auch Wiedergewinnungsfaktor WGF genannt – kann jedem Barwert in t_0 eine gleichwertige entsprechende Rente über eine bestimmte Laufzeit zugeordnet werden.

$$c = BW \cdot \underbrace{\frac{i(1+i)^n}{(1+i)^n - 1}}_{AF/WGF}$$

BW = Barwert
c = äquivalente Annuität
i = Kalkulationszinssatz
n = Laufzeit der Rente
AF = Annuitätenfaktor
WGF = Wiedergewinnungsfaktor

Die äquivalente Annuität c ergibt sich somit aus Multiplikation des Barwerts in t_0 mit dem Annuitätenfaktor AF.

> **Merke!**
>
> Der **Annuitätenfaktor** wird verwendet, wenn aus dem **Barwert** mehrere konstante Zahlungen, die nachschüssig ausgezahlt werden, ermittelt werden.

Widmen Sie sich einmal kurz der mathematischen Umstellung der Barwertformel nach c, so stellen Sie fest, dass der AF der Kehrwert des RBWF ist.

Auch der Annuitätenfaktor kann mit Hilfe der Formel berechnet werden, aber es stehen ebenso die finanzmathematischen Tabellen im Anhang zur Verfügung, in denen er abgelesen werden kann.

Ebenfalls ist die äquivalente Annuität c eine Funktion
- des Barwertes BW,
- des Kalkulationszinssatzes i,
- der Laufzeit n.

4.2 Überschussannuität, Periodenüberschussannuität und Kapitaldienst

Jetzt wird es Zeit, dass wir uns der Annuitätenmethode konkreter annähern und lernen, wie sie uns bei der Bewertung von Investitionsprojekten behilflich sein kann.

Sie sind sich wahrscheinlich darüber bewusst, dass Einzahlungsüberschüsse eines Investitionsprojekts nicht jedes Jahr in gleicher Höhe anfallen. Mit Hilfe der Annuitätenmethode können wir diese aber gleichmäßig über die Nutzungsdauer eines Investitionsprojekts verteilen. Dabei gehen wir folgendermaßen vor:

1. Sie berechnen den Barwert eines Investitionsprojekts, indem Sie alle Zahlungen auf den Zeitpunkt t_0 (Ende der Periode 0) abzinsen.
2. Dieser Barwert bildet die Basis zur Berechnung der gesuchten äquivalenten Annuität bzw. Rente.
3. Sie setzen also den Barwert und den Annuitätenfaktor in ihre Formel ein und berechnen somit die Rente des Projekts. Die ungleichmäßigen Ein- und Auszahlungen werden also gleichmäßig auf die Laufzeit des Projekts umgelegt.
4. Die gesuchte äquivalente Annuität ihres Projekts ist somit gefunden.

Je nachdem, welche äquivalente Annuität Sie mit Hilfe der Annuitätenmethode errechnen wollen, legen Sie unterschiedliche Barwerte zugrunde. Sie haben die Möglichkeit, den *Kapitalwert*, den *Ertragswert* oder den *Kreditbetrag* als Barwert in Ihre Formel einzusetzen. Daraus ergeben sich unterschiedliche Renten mit unterschiedlicher Aussagekraft. Diese drei Fälle wollen wir nun der Reihe nach betrachten.

4.2.1 Die Überschussannuität

Bei der Überschussannuität $c_ü$ berechnet man die äquivalente Annuität auf Basis des *Kapitalwerts* C_0. Dieser wird also als Barwert in die Formel eingesetzt.

$$c_ü = C_0 \cdot \frac{i(1+i)^n}{(1+i)^n - 1}$$

Grund dafür ist, dass der Kapitalwert errechnet wird, indem man die Anfangsauszahlung eines Projekts noch vom errechneten Ertragswert abzieht. Bei der Kapitalwertmethode haben wir ja bereits gelernt, dass der Kapitalwert bereits am Anfang des Projekts entnommen werden könnte, ohne die Tilgung und Zinszahlungen des aufgenommenen Kredits zu gefährden. Mit Hilfe des Annuitätenfaktors legen wir diesen Kapitalwert quasi nur auf die einzelnen Perioden um und wissen daher, wie viel wir jede Periode dem Projektkonto entnehmen könnten, anstatt den Kapitalwert bereits zu Beginn des Projekts zu entnehmen.

> **Merke!**
>
> Bei der **Überschussannuität** wird die Annuität auf Basis des Kapitalwerts berechnet.

4.2.2 Die Periodenüberschussannuität

Hier wird die Rente auf der Basis des *Ertragswerts EW* berechnet. Es ergibt sich folgende Formel:

$$c_p = EW \cdot \frac{i(1+i)^n}{(1+i)^n - 1}.$$

Die Periodenüberschussannuität c_p einer Investition zeigt an, welchen konstanten Betrag der Investor am Ende jeder Periode während der Nutzungsdauer eines Investitionsprojekts entnehmen kann, ohne die Verzinsung des gebundenen Kapitals mit dem Kalkulationszinssatz i zu gefährden.

Das ursprünglich investierte Kapital wird hier nicht zurückgewonnen.

Auch diese Tatsache ist verständlich. Wir legen bei Berechnung der Periodenüberschussannuität nicht den Kapitalwert, sondern nur den Ertragswert auf die einzelnen Perioden des Projekts gleichmäßig um. Dieser wird ja bekanntermaßen berechnet, indem von der Summe der abgezinsten Einzahlungsüberschüsse die Anfangsauszahlung nicht abgezogen wird. Durch Abzinsen der einzelnen Einzahlungsüberschüsse, um den Ertragswert zu berechnen, haben wir also die Verzinsung des Kapitals berücksichtigt. Da wir jedoch die Anfangsauszahlung anschließend nicht von unserem Ertragswert/Barwert subtrahiert haben, haben wir das ursprünglich investierte Kapital nicht berücksichtigt.

> **Merke!**
>
> Bei der **Periodenüberschussannuität** wird die Annuität auf Basis des Ertragswerts berechnet.

4.2.3 Der Kapitaldienst

Den Kapitaldienst nennt man auch Annuität eines Darlehens. Unsere äquivalente Annuität berechnet sich aus dem *Kreditbetrag K*, der hier als Barwert zugrunde gelegt wird:

$$c_K = K \cdot \frac{i(1+i)^n}{(1+i)^n - 1}.$$

Die Annuität eines Darlehens c_k zeigt an, welchen konstanten Betrag ein Schuldner am Ende jeder Periode der Kreditlaufzeit zurückzahlen muss, um die Kreditzinsen zu zahlen und den Kredit zu tilgen.

> **Merke!**
>
> Der **Kapitaldienst** ist die Annuität eines Darlehens. Er setzt sich zusammen aus Zins- und aus Tilgungszahlungen und ist immer gleich hoch.

Für Zinszahlung und Tilgung gilt folgender Zusammenhang:
- Die Zinszahlung nimmt im Zeitverlauf ab.
- Die Tilgung steigt im Zeitverlauf an.

So viel zur Theorie. Nun wird gerechnet.

Beispiel

Eine Investition in eine neue Eismaschine mit einer Nutzungsdauer von fünf Jahren weist gleichbleibende Einzahlungsüberschüsse von 1.000 € pro Jahr auf. Gesucht werden der Ertragswert und der Kapitalwert des Projekts bei einem Kalkulationszinssatz von 8 %. Die Anfangsauszahlung, die Sie investieren, beträgt 3.000 €.
Die folgende Tabelle stellt also unsere Zahlungsreihe dar.

◘ Zahlungsreihe Eismaschine	
Periode	**Einzahlungsüberschuss (in €)**
t_0	−3.000
t_1	+1.000
t_2	+1.000
t_3	+1.000
t_4	+1.000
t_5	+1.000

Wie berechnen wir nun den Kapitalwert und Ertragswert? Sie benötigen dazu den Rentenbarwertfaktor. Wir möchten nämlich von einer begrenzten Anzahl (fünf) regelmäßiger Zahlungen in gleicher Höhe den Barwert errechnen.

$$EW = 1.000\ \text{€} \cdot \frac{(1+0{,}08)^5 - 1}{0{,}08(1+0{,}08)^5} = 3.992{,}71\ \text{€}$$

4.2 · Annuitäten und Kapitaldienst

Daraus ergibt sich ein Kapitalwert C_0 von: 992,71 €

$$\text{Rentenbarwertfaktor RBWF} = \frac{(1+0{,}08)^5 - 1}{0{,}08(1+0{,}08)^5} = 3{,}99271$$

Den Rentenbarwertfaktor finden Sie alternativ auch in der Tabelle im Anhang. Kombinieren Sie fünf Jahre und 8 % und Sie finden in dem entsprechenden Feld 3,99271.

Beispiel

Sie erhalten folgendes Finanzierungsangebot: Sie können einen Kredit K von 100.000 € aufnehmen. Sie möchten sich nämlich eine luxuriöse Poollandschaft in den Garten bauen mit allem Drum und Dran. Die Bank bietet Ihnen einen Zinssatz von 6 % p. a. und eine Laufzeit von fünf Jahren. Glücklicherweise haben Sie gerade gelernt, wie man den Kapitaldienst c_K berechnet und wissen daher, was das für Sie an Tilgung und Zinsen jährlich bedeutet.

$$c_K = 100.000 \text{ €} \cdot \frac{0{,}06(1+0{,}06)^5}{(1+0{,}06)^5 - 1} = 23.739{,}64 \text{ €}$$

Sie können Ihre Tilgung und Zinszahlung für jede Periode auch in der folgenden Tabelle darstellen.

◘ Amortisierungstabelle Poollandschaft

Periode (Jahr)	Kapitaldienst (in €)	Zinsen (in €)	Tilgung (in €)	Restkredit (in €)
1	23.739,64	6.000	17.739,64	82.260,36
2	23.739,64	4.935,62	18.804,02	63.456,34
3	23.739,64	3.807,38	19.932,26	43.524,08
4	23.739,64	2.611,44	21.128,20	22.395,89
5	23.739,64	1.343,75	22.395,98	0,00

Sie berechnen die Zinsen, indem Sie jeweils den Restkredit mit 6 % multiplizieren. Subtrahieren Sie die Zinsen jeweils vom Kapitaldienst jeder Periode, erhalten Sie die entsprechende Tilgung.
Die Tilgung bezieht sich also rein auf die Summe, die Sie per Kredit aufgenommen haben. Addieren Sie die Spalte der Tilgung, so erhalten Sie also wieder exakt 100.000 €. Die Zinsen sind die Vergütung für das entliehene Geld. In jeder Periode zahlen Sie also den reinen Kredit ab (Tilgung) und Zinsen. Summiert ergibt das den Kapitaldienst.

Der Restkredit ist immer die Differenz aus dem Restkredit der Vorperiode und der Tilgung der aktuellen Periode.

Sie sehen, dass die Zinsen mit jeder Periode abnehmen. Diese beziehen sich ja immer auf den jeweiligen Restkredit, und dieser nimmt ab, da Sie ihn abzahlen. Daher verringern sich auch die Zinsen von Periode zu Periode.

Die Tilgung muss folglich von einem Jahr auf das nächste anwachsen. Denn der Kapitaldienst ist jedes Jahr gleich hoch. Verringern sich also die Zinsen, so steigt die Tilgung, da vom Kapitaldienst jedes Jahr weniger verwendet wird, um die Zinsen zu bezahlen.

Beispiel

Hier wollen wir nun für den Vergleich von zwei Maschinen die Überschussannuität und die Periodenüberschussannuität berechnen.

Die uns bezüglich der beiden Maschinen bekannten Daten sind in den folgenden beiden Tabellen wiedergegeben.

◘ Rückflüsse Maschine 1 und 2

Periode	Maschine 1 Rückfluss (in €)	Maschine 2 Rückfluss (in €)
1	20.000	15.000
2	20.000	20.000
3	25.000	20.000
4	25.000	25.000
5	25.000	25.000
6	20.000	25.000

◘ Zusatzinformation Maschine 1 und 2

	Maschine 1	Maschine 2
Anschaffungspreis	100.000 €	90.000 €
Nutzungsdauer	6 Jahre	6 Jahre
Kalkulationszinssatz	10 %	10 %
Restverkaufserlös	12.000 €	15.000 €

4.2 • Annuitäten und Kapitaldienst

Mit Hilfe dieser Informationen wollen wir nun zunächst die Überschussannuität berechnen. Wie Sie wissen, bildet der Kapitalwert hier die Grundlage. Er muss mit dem Abzinsungsfaktor AF multipliziert werden, um die entsprechende äquivalente Annuität berechnen zu können. Um den Kapitalwert zu bestimmen, müssen also die Barwerte der einzelnen Zahlungen berechnet werden. Der Restverkaufserlös wird zu den Zahlungen der letzten Periode addiert. Von deren Summe wird die Anfangsauszahlung subtrahiert und wir erhalten den Kapitalwert C_0:

Maschine 1 C_0 = 4.155,15 €

Sie können die einzelnen Barwerte der nächsten Tabelle entnehmen.

◘ Berechnung der Überschussannuität

Jahr	Abzinsungs-faktor	Maschine 1 Rückfluss (in €)	Maschine 1 Barwert (in €)	Maschine 2 Rückfluss (in €)	Maschine 2 Barwert (in €)
0	1,00000	−100.000	−100.000	−90.000	−90.000
1	0,90909	20.000	18.181,82	15.000	13.636,92
2	0,82645	20.000	18.528,92	20.000	16.528,92
3	0,75132	25.000	18.782,88	20.000	15.026,30
4	0,68301	25.000	17.075,33	25.000	17.075,33
5	0,62092	25.000	15.523,03	25.000	15.523,03
6	0,56447	32.000	18.063,17	40.000	22.578,96
		Kapitalwert	4.155,13		10.368,90
		AF	0,22961		0,22961
Überschussannuität			954,05		2.380,77

Den Kapitalwert setzen wir nun in die entsprechende Formel ein:

$$\text{Maschine 1 } c_{ü} = 4.155{,}15 \,€ \cdot \frac{0{,}1(1+0{,}1)^6}{(1+0{,}1)^6 - 1} = 4.155{,}15 \,€ \cdot 0{,}2296 = 954{,}05 \,€.$$

Für Maschine 2 erfolgt die Rechnung natürlich entsprechend.
Das bedeutet, dass dem Projekt der Maschine 1 je Periode 954,05 € entnommen werden kann, ohne dass die Tilgung und die Rückzahlung der Zinsen für das investierte Kapital von 100.000 € gefährdet wird.

Nun berechnen wir noch die Periodenüberschussannuität. Hier bildet unsere Grundlage der Ertragswert. Das ist die Summe aller abgezinsten Zahlungen von t_1 bis t_6 auf t_0.
Es ergibt sich also folgender Ertragswert EW:

Maschine 1 EW = 104.155,13 €.

Für die weiteren Daten betrachten Sie die Tabelle „Berechnung der Periodenüberschussannuität".

Berechnung der Periodenüberschussannuität

		Maschine 1		Maschine 2	
Jahr	Abzinsungsfaktor	Rückfluss (in €)	Barwert (in €)	Rückfluss (in €)	Barwert (in €)
0	1,00000	−100.000	−100.000	−90.000	−90.000
1	0,90909	20.000	18.181,82	15.000	13.636,92
2	0,82645	20.000	18.528,92	20.000	16.528,92
3	0,75132	25.000	18.782,88	20.000	15.026,30
4	0,68301	25.000	17.075,33	25.000	17.075,33
5	0,62092	25.000	15.523,03	25.000	15.523,03
6	0,56447	32.000	18.063,17	40.000	22.578,96
		Ertragswert	104.155,13		100.368,90
		AF	0,22961		0,22961
Periodenüberschussannuität			23.914,79		23.045,44

Unser berechneter Ertragswert wird in die entsprechend Formel für die Periodenüberschussannuität eingesetzt:

$$c_p = 104.155{,}13\ \text{€} \cdot \frac{0{,}1(1+0{,}1)^6}{(1+0{,}1)^6 - 1} = 23.914{,}79\ \text{€}.$$

Entsprechend errechnet sich natürlich das Ergebnis für Maschine 2.
23.914,79 € können folglich dem Projekttopf der Maschine 1 je Periode entnommen werden, ohne die Zinszahlungen zu gefährden. Das gebundene Kapital wird jedoch hier nicht berücksichtigt.

4.3 · Die Annuität als Entscheidungsgrundlage

Im Allgemeinen dient die Periodenüberschussannuität dazu, die Liquiditätslage einer vollständig kreditfinanzierten Investition einzuschätzen. Man berechnet hierzu den Kapitaldienst des Darlehens, das für das Investitionsprojekt aufgenommen wurde, und die Periodenüberschussannuität. Ist die Periodenüberschussannuität höher als der Kapitaldienst, können aus den laufenden Einzahlungsüberschüssen die Kreditzinsen gezahlt und der Kredit getilgt werden. Betrachten wir als ein Beispiel nochmals Maschine 1: Bei einem kreditfinanzierten Anschaffungspreis von 100.000 € ergibt sich ein Kapitaldienst von 22.960,76 €:

$$c_k = 100.000\ € \cdot \frac{0{,}1(1+0{,}1)^6}{(1+0{,}1)^6 - 1} = 22.960{,}76\ €.$$

Die Periodenüberschussannuität beträgt 23.914,79 €. Die haben wir ja bereits berechnet. Interpretation: Da die Periodenüberschussannuität größer als der Kapitaldienst ist, können Zinsen und Tilgung des Kredits aus den Einzahlungsüberschüssen, die durch den Einsatz der Maschine 1 entstehen, bezahlt werden.

Pro Periode bleibt im Durchschnitt ein Überschuss von 23.914,79 € − 22.960,76 € = 954,03 € übrig. Dieser Überschuss entspricht exakt der Überschussannuität. Das ist kein Zufall, sondern immer so.

> **Auf den Punkt gebracht:** Es gibt drei Arten von Annuitäten: **Überschussannuität**, **Periodenüberschussannuität** und **Kapitaldienst**. Der **Rentenbarwertfaktor** und der **Annuitätenfaktor** werden dabei gebraucht, um aus einer Reihe von Rentenzahlungen einen Barwert zu berechnen bzw. um aus einer Einmalzahlung die Höhe von Rentenzahlungen zu ermitteln.

4.3 Die Annuität als Grundlage von Investitionsentscheidungen

4.3.1 Entscheidungsregel

Jetzt beziehen wir unsere gesamten Berechnungen und Gedanken dieses Kapitels noch abschließend auf die Entscheidungsregeln. Wie werden Projekte mit Hilfe der Annuitätenmethode bewertet?

4.3.1.1 Einzelne Projekte

Zu Beginn dieses Kapitels haben wir festgestellt, dass die Annuitätenmethode eng mit der Kapitalwertmethode verwandt ist. Die Entscheidungsregeln der Kapitalwertmethode kennen wir. Es lässt sich daraus auch ganz einfach ableiten, wie die Entscheidungen bei der Annuitätenmethode zu treffen sind.

- $c_ü > 0 \to C_0 > 0$: Das Projekt ist absolut vorteilhaft, da die Überschussannuität positiv ist.
- $c_ü = 0 \to C_0 = 0$: Die Überschussannuität ist gleich null. Die Mindestanforderung des Kapitalmarktes wird gerade erfüllt. Der Investor ist indifferent. Der Gewinn aus der Investition entspricht genau dem Gewinn am Kapitalmarkt.
- $c_ü < 0 \to C_0 < 0$: Das Projekt ist absolut unvorteilhaft, da die Überschussannuität negativ ist.

4.3.1.2 Mehrere Projekte

Bei mehreren Projekten, also beim Thema „relative Vorteilhaftigkeit", kann man nicht zwingend von der Entscheidung der Kapitalwertmethode auf die Annuitätenmethode schließen. Wenn beispielsweise Projekte unterschiedliche Laufzeiten haben, so kann die Annuitätenmethode Fehlbewertungen liefern. Daher sollte das Folgende beachtet werden:
- Absolute Vorteilhaftigkeit: Die Überschussannuität c eines Investitionsprojekts muss größer null sein ($c_ü > 0$).
- Relative Vorteilhaftigkeit: Investition mit größter Überschussannuität $c_ü$ sollte ausgewählt werden. Voraussetzung ist jedoch, dass die Nutzungsdauer der verschiedenen Projekte für einen Vergleich identisch sein muss.

Haben zwei Projekte unterschiedlicher Nutzungsdauer den gleichen Kapitalwert, so besitzt das Projekt mit der längeren Laufzeit die niedrigere Überschussannuität. Hier muss der Kapitalwert schließlich auf mehr Perioden umgelegt werden. Um beide Projekte also vergleichbar zu machen, müssen diese auf die gleiche Nutzungsdauer umgerechnet werden.

> **Merke!**
>
> Ein **Investitionsprojekt** sollte durchgeführt werden, wenn die **Überschussannuität** positiv ist. Bei mehreren Projekten sollte das verwirklicht werden, das die höchste Überschussannuität hat. Allerdings muss gewährleistet sein, dass die Projekte, die miteinander verglichen werden, dieselbe Nutzungsdauer haben.

Beispiel
Hierzu wollen wir noch ein letztes Beispiel für dieses Kapitel anführen, um die Entscheidungsregel bezüglich der relativen Vorteilhaftigkeit zu konkretisieren (siehe Tabelle).

4.3 · Die Annuität als Entscheidungsgrundlage

Maschine 1 und 2 – relative Vorteilhaftigkeit

Periode	Maschine 1 Rückfluss (in €)	Maschine 2 Rückfluss (in €)
0	0	0
1	10	9
2	10	9
3	10	9
4	10	9
5	0	9

Wie Sie aus der Tabelle entnehmen können, hat Maschine 1 eine Nutzungsdauer von vier Jahren, und Maschine 2 läuft fünf Jahre. Der Kalkulationszinssatz beträgt 10 %. Welche der beiden Maschinen ist relativ vorteilhaft?

Zunächst berechnen wir die Kapitalwerte beider Maschinen. Hierzu können wir den Rentenbarwertfaktor verwenden, da es sich um regelmäßige Zahlungen in gleicher Höhe handelt.

$C_0^1 = 10\, € \cdot \text{RBWF (4 Jahre, 10 \%)} = 10\, € \cdot 3{,}16987 = 31{,}70\, €$

$C_0^2 = 9\, € \cdot \text{RBWF (5 Jahre, 10 \%)} = 9\, € \cdot 3{,}79079 = 34{,}12\, €$

Aus den Kapitalwerten berechnen wir die Überschussannuitäten beider Maschinen und berücksichtigen hierbei die unterschiedliche Nutzungsdauer:

$c_{ü}^1 = C_0^1 \cdot \text{AF (4 Jahre, 10 \%)} = 31{,}70\, € \cdot 0{,}31547 = 10\, €,$

$c_{ü}^2 = C_0^2 \cdot \text{AF (5 Jahre, 10 \%)} = 34{,}12\, € \cdot 0{,}26380 = 9\, €.$

Da es sich hier jedoch um unterschiedliche Laufzeiten handelt, kann diese Überschussannuität nicht zum Vergleich herangezogen werden.

Die Nutzungsdauer muss angeglichen werden, indem wir auch Maschine 1 zumindest theoretisch fünf Jahre lang betreiben.

$c_{ü}^1 = C_0^1 \cdot \text{AF (5 Jahre, 10 \%)} = 31{,}70\, € \cdot 0{,}26380 = 8{,}36\, €$

$c_{ü}^2 = C_0^2 \cdot \text{AF (5 Jahre, 10 \%)} = 34{,}12\, € \cdot 0{,}26380 = 9\, €$

Vergleichen Sie die Überschussannuität, wenn man mit unterschiedlicher und gleicher Nutzungsdauer rechnet, bemerken Sie, dass im ersten Fall Maschine 1 relativ vorteilhaft erscheint und im zweiten Fall Maschine 2. Sie wissen, dass im Zweifel immer auf die Kapitalwertmethode Verlass ist. Diese empfiehlt Maschine 2. Sie hat den höheren Kapitalwert und ist somit relativ vorteilhaft. Gleicht man die Nutzungsdauer an, so erhält man die höhere Überschussannuität ebenfalls für Maschine 2. Daraus kann geschlussfolgert werden, dass die Annuitätenmethode nur dann zur gleichen Vorteilhaftigkeitsentscheidung wie die Kapitalwertmethode führt (und damit die richtige Entscheidung trifft), wenn die Überschussannuitäten für die gleiche Nutzungsdauer ausgerechnet werden.

4.3.2 Bewertung der Annuitätenmethode

Zum Abschluss listen wir noch die Vor- und Nachteile der Annuitätenmethode auf.

4.3.2.1 Vorteile
- Die Annuitätenmethode basiert auf der Kapitalwertmethode und ist deshalb zur Anwendung zu empfehlen.
- Der durchschnittliche jährliche Gewinn aus einem Investitionsprojekt wird gut durch die äquivalente Annuität veranschaulicht.
- Die Annuitätenmethode ist eine brauchbare Grundlage für eine Liquiditätsplanung.
- Der Kapitaldienst eines Darlehens kann ermittelt werden.

4.3.2.2 Nachteile
- Bei Investitionsprojekten mit unterschiedlicher Nutzungsdauer kann es zu Fehlentscheidungen kommen. Jedoch können diese Fehlentscheidungen vermieden werden, indem Sie die Überschussannuität auf eine einheitliche Nutzungsdauer umrechnen. Sie sollten sich außerdem am Ende immer auf den Kapitalwert verlassen und an diesem Ihre Entscheidung gegenrechnen.
- Die Methode ist aufwändiger als die Kapitalwertmethode.

4.4 Lern-Kontrolle

Kurz und bündig

In diesem Kapitel haben Sie gelernt, was eine Annuität ist. Es handelt sich um eine konstante Zahlung über mehrere Perioden hinweg. Im Rahmen von Investitionsprojekten spricht man von einer äquivalenten Annuität. Man berechnet zuerst den Barwert einer Zahlungsreihe und multipliziert ihn mit dem Annuitätenfaktor bzw. dem Wiedergewinnungsfaktor, um die äquivalente Annuität zu erhalten.

Wichtig ist die Unterscheidung in Überschussannuität, Periodenüberschussannuität und Kapitaldienst. Beim ersten wird der Annuitätenfaktor mit dem Kapitalwert multipliziert, beim zweiten mit dem Ertragswert, beim dritten mit dem Kreditbetrag.

4.4 · Lern-Kontrolle

Weiterhin ist wichtig, welches Investitionsprojekt mit Hilfe der Annuitätenmethode ausgewählt wird. Bei einem Projekt sollte die Überschussannuität positiv sein, um das Projekt zu verwirklichen. Bei mehreren Projekten wählt man das Projekt mit der höchsten Überschussannuität aus. Voraussetzung ist dabei, dass die Überschussannuität positiv ist.

Schließlich gilt es bei der Annuitätenmethode zu beachten, dass zwei Investitionsprojekte mit unterschiedlicher Laufzeit nur bedingt miteinander verglichen werden können. Dies geht nur, wenn man eine einheitliche Laufzeit für beide Projekte unterstellt, entweder die Laufzeit des einen oder die des anderen Projekts.

❓ Let's check

Selbsttestaufgaben zu 4.1

1. Durch was ist eine Annuität gekennzeichnet?
   Kreuzen Sie Entsprechendes an.
   ☐ Zahlungen gleicher Höhe
   ☐ Zahlungen unterschiedlicher Höhe
   ☐ Gleichbleibender Zinssatz
   ☐ Vierfach wechselnder Zinssatz
   ☐ Feste Laufzeit
   ☐ Regelmäßige Zahlungen

2. Wann kann der Rentenbarwertfaktor *nicht* angewendet werden?
   Kreuzen Sie richtige Aussagen an!
   ☐ Wenn die Annuität eine unendliche Laufzeit hat.
   ☐ Wenn die Zahlungen der Rente in gleicher Höhe auftreten.
   ☐ Wenn die Zinssätze während der Laufzeit variieren.
   ☐ Wenn man den Barwert einer bezüglich Höhe und Zahlungszeitpunkt gleichmäßigen Rente mit begrenzter Laufzeit bestimmen möchte.

3. Von welchen Faktoren ist der Barwert einer konstanten Zahlung, die über mehrere Perioden erfolgt, abhängig?
   Kreuzen Sie die richtigen Aussagen an.
   ☐ Kalkulationszinssatz i
   ☐ Höhe der konstanten Zahlung
   ☐ Laufzeit
   ☐ Äquivalente Annuität

Selbsttestaufgaben zu 4.2

1. Richtig oder falsch?
   Die Periodenüberschussannuität legt den Kapitalwert gleichmäßig auf die Laufzeit des Investitionsprojekts um.
   ☐ Richtig
   ☐ Falsch

2. Der Kapitalwert eines Investitionsprojekt beträgt 35.000 €. Ein Zinssatz von 5 % wird angenommen und das Projekt läuft über sechs Jahre. Wie hoch ist die Überschussannuität?
   - ☐ 7.569,23 €
   - ☐ 8.563,25 €
   - ☐ 6.895,61 €
   - ☐ 5.568,51 €
3. Sie haben einen Kredit in Höhe von 48.000 € aufgenommen. Die Bank bestimmt einen Zinssatz von 5 % und eine Laufzeit von acht Jahren. Wie hoch ist die Annuität des Darlehens?
   - ☐ 7.426,65 €
   - ☐ 5.465,36 €
   - ☐ 8.264,25 €
   - ☐ 3.354,15 €

Selbsttestaufgaben zu 4.3

1. Wie entscheidet man über die Vorteilhaftigkeit eines Investitionsprojekts auf Grundlage der Annuitätenmethode?
   Kreuzen Sie Entsprechendes an.
   - ☐ Ein Projekt ist absolut vorteilhaft, wenn die Überschussannuität größer null ist.
   - ☐ Ein Projekt ist absolut vorteilhaft, wenn die Periodenüberschussannuität größer null ist.
   - ☐ Ein Projekt ist absolut vorteilhaft, wenn der Kapitaldienst des Kredits, der aufgenommen wurde, um das Investitionsprojekt zu finanzieren, größer null ist.
   - ☐ Keine der Antworten ist richtig.
2. Was ist bei der Annuitätenmethode zu beachten, wenn zwei Investitionsprojekte, die miteinander verglichen werden sollen, unterschiedliche Laufzeiten aufweisen?
   Kreuzen Sie die richtigen Aussagen an.
   - ☐ Die Überschussannuität muss immer bei beiden Projekten für ein und dieselbe Laufzeit ausgerechnet werden.
   - ☐ Für die Investitionsentscheidung spielt es keine Rolle, ob sich die Laufzeiten unterscheiden.
   - ☐ Bei unterschiedlicher Nutzungsdauer ist im Zweifelsfall die Kapitalwertmethode zu verwenden, um eine Investitionsentscheidung zu treffen.
   - ☐ Um eine richtige Investitionsentscheidung zu treffen, muss bei beiden Projekten die durchschnittliche Laufzeit aus den beiden Projekten bei der Berechnung der Annuität berücksichtigt werden.

4.4 · Lern-Kontrolle

3. Die Daten von den folgenden beiden Investitionsprojekten sind gegeben:

Maschine 1 und 2 – relative Vorteilhaftigkeit

Periode	Maschine 1 Rückfluss (in €)	Maschine 2 Rückfluss (in €)
0	−250	−250
1	100	100
2	100	250
3	100	0
4	100	0

Welche Maschine soll auf Grundlage der Annuitätenmethode ausgewählt werden? Unterstellen Sie einen Kalkulationszins von 15 %.
☐ Maschine 1
☐ Maschine 2
☐ Beide Maschinen sind gleichwertig
☐ Keine der beiden Maschinen

❓ Vernetzende Aufgaben

1. Sie erinnern sich sicherlich an das Unternehmen Drinkfrisch AG. Wir haben diese AG in ▶ Abschn. 2.1 kennengelernt und den Kapitalwert bestimmt. Hier noch einmal die wichtigsten Daten und eine Zusammenfassung der Ergebnisse (siehe auch die beiden folgenden Tabellen).
Die Drinkfrisch AG möchte eine neue Flaschenabfüllanlage vom Typ Readymix erwerben, deren Anschaffung 2 Mio. € kosten würde.
Da sich die Drinkfrisch AG einerseits in zwei Jahren aus dem Erfrischungsgetränkemarkt zurückziehen, aber anderseits die günstige Marktlage noch einmal ausnutzen möchte, wird die Nutzungsdauer der neuen Anlage auf zwei Jahre festgelegt. Sie soll dann zum prognostizierten Restverkaufserlös von 1,3 Mio. € an einen Konkurrenten verkauft werden.
Die Abschreibung soll linear über die zwei Jahre der Nutzungsdauer vorgenommen werden.
Die Finanzierung erfolgt ausschließlich über Fremdkapital. Der Vorstand nimmt dafür einen Bankkredit mit einem Zinssatz von 10 % auf. Der Kredit wird in zwei gleich großen Jahresraten getilgt.

Die jährliche Kapazität wird vom Anlagenhersteller mit 3 Mio. Flaschen angegeben. Der Vorstand erwartet in jedem Jahr der Nutzung einen Absatz im Umfang der Maximalkapazität zu einem durchschnittlichen Preis von 0,57 € je Flasche. An Materialauszahlungen sollen dafür im 1. Jahr 550.000 € und im 2. Jahr zusätzlich 10 % anfallen. Die zurechenbaren Fertigungskosten werden im 1. Jahr auf 200.000 € und im 2. Jahr 220.000 € geschätzt.
An Verwaltungs- und Vertriebskosten werden im 1. Jahr 150.000 € und im 2. Jahr weitere 30 % veranschlagt. Die Verwaltungs- und Vertriebskosten sind jeweils zu 60 % der Flaschenabfüllanlage zuzuordnen.

◘ Einzahlungsüberschüsse des Projekts Readymix der Drinkfrisch AG. (Quelle: Eigene Darstellung, basierend auf Frankfurt School of Finance & Management 2010)

Readymix	t_0	t_1	t_2
Umsatzerlöse		+1.710.000 €	+1.710.000 €
Restverkaufserlöse			+1.300.000 €
Summe der Einzahlungen		+1.710.000 €	+3.010.000 €
Anschaffungspreis	−2.000.000 €		
Materialauszahlungen		−550.000 €	−605.000 €
Auszahlungen Fertigung		−200.000 €	−220.000 €
Auszahlungen Verwaltung und Vertrieb		−90.000 €	−117.000 €
Summe der Auszahlungen		−840.000 €	−942.000 €
Einzahlungsüberschuss EZÜ	−2.000.000 €	+870.000 €	+2.068.000 €

◘ Kapitalwert des Projekts Readymix. (Quelle: Eigene Darstellung, basierend auf Frankfurt School of Finance & Management 2010)

Periode	EZÜ ($e_t - a_t$)	Abzinsungsfaktor	Barwert
t_0	−2.000.000 €	$1,1^{-0} = 1$	−2.000.000,00 €
t_1	+870.000 €	$1,1^{-1} = 0,90909$	+790.909,09 €
t_2	+2.068.000 €	$1,1^{-2} = 0,82645$	+1.709.090,01 €
		Kapitalwert	+500.000,00 €

4.4 · Lern-Kontrolle

Berechnen Sie nun zunächst den Annuitätenfaktor des Projekts Readymix der Drinkfrisch AG. Bestimmen Sie anschließenden die Überschussannuität und interpretieren Sie kurz das Ergebnis. Was sagt die Überschussannuität aus?

2. Eine geplante dreijährige Investition kostet zu Beginn der Nutzungsdauer 500.000 €. Es kann drei Jahre lang mit Umsatzerlösen von 450.000 € gerechnet werden. Es entstehen Auszahlungen von zunächst 300.000, dann 250.000 und schließlich 200.000 €.
Es fällt kein Restverkaufserlös an. Das Unternehmen will in Höhe des Anschaffungspreises ein Bankdarlehen mit 8 % aufnehmen, um die Investition zu finanzieren. Bei den oben erwähnten Auszahlungen sind Zins und Tilgung des Darlehens nicht berücksichtigt.
Wie hoch ist die Überschussannuität der Investition? Interpretieren Sie den erhaltenen Wert.

3. Für die Investition aus Aufgabe 2 will das Unternehmen einen Kredit in Höhe der Anschaffungsauszahlung aufnehmen, um die Investition zu finanzieren. Jedes Jahr wird der Einzahlungsüberschuss dazu verwendet, Zins- und Tilgungszahlung an die Bank zu leisten.
Berechnen Sie die Zinszahlungen und die Tilgungszahlungen des Darlehens während der gesamten Nutzungsdauer der Investition. Erstellen Sie eine Tabelle, in der Sie für jede Periode den Kapitaldienst, Zinsen, Tilgung und Restkredit eintragen.

4. Ein Unternehmen hat die Auswahl zwischen zwei Investitionsprojekten, die folgende Einzahlungsüberschüsse aufweisen:

◘ Einzahlungsüberschüsse Maschine 1 und 2

Periode	Einzahlungsüberschuss (in €)	Einzahlungsüberschuss (in €)
	Maschine 1	Maschine 2
1	30.000	25.000
2	40.000	25.000
3	30.000	25.000
4	20.000	–
5	20.000	–

Der Anschaffungspreis von Maschine 1 beträgt 100.000 € und ist sofort beim Kauf fällig. Maschine 2 kostet 60.000. Der Lieferant räumt ein Zahlungsziel von 1 Jahr ein. Da das Unternehmen Liquiditätsschwierigkeiten hat, würde es beim Kauf von Maschine 2 das Zahlungsziel auch ausnutzen. Der Kalkulationszinssatz beträgt 10 %.

Kapitel 4 · Annuitätenmethode

Berechnen Sie die Überschussannuitäten von Maschine 1 und von Maschine 2. Welche Maschine ist auf der Basis der Annuitätenmethode vorzuziehen? Begründen sie ihre Antwort.

5. In ▶ Kap. 3 haben Sie sich in den vernetzenden Aufgaben mit einer Photovoltaikanlage beschäftigt. Erinnern Sie sich noch? Die Anlage hatte eine lohnende interne Rendite vorzuweisen.
Hier sind nochmals der Link für das Internet, wo Sie die Daten einsehen können:
▶ https://www.solaranlagen-portal.de/photovoltaik/rendite.html.
Außerdem haben wir sie hier nochmals wiedergegeben:

Beispielrechnung Photovoltaikanlage. (Quelle: Eigene Tabelle, basierend auf Solaranlagen-Portal 2015)

Laufzeit	20 Jahre
Garantiere Einspeisevergütung	12,56 Cent/kWh
Stromeinkaufspreis vom Versorger	29 Cent/kWh
Stromproduktion pro Jahr	4.500 kWh
Investitionskosten	7.150 €
Instandhaltung, Versicherung pro Jahr	160 €
70 % Einspeisung des Solarstroms zu 12,56 Cent/kWh	395,64 €
30 % Eigenverbrauch des Solarstroms (Kostenersparnis 29 Cent/kWh)	391,50 €

Um Ihre Entscheidungsgrundlage abzurunden, interessieren Sie sich noch dafür, wie viel Geld die Anlage insgesamt und nach Abzug von Zins und Tilgung abwirft. Sie wollen ja wissen, wie viel Geld Sie zusätzlich zur Verfügung haben, um sich vielleicht dann einen zweiten Urlaub leisten zu könne.
Berechnen Sie zu diesem Zweck die Periodenüberschussannuität und die Überschussannuität. Interpretieren Sie beide Größen. Gehen Sie von einer Laufzeit von zwanzig Jahren aus und unterstellen Sie, dass die Netto-Einnahmen während der Laufzeit konstant bleiben. Am Laufzeitende beträgt der Restverkaufserlös 0 €. Nehmen Sie weiterhin an, dass Sie einen Kredit in Höhe der Investitionskosten aufgenommen haben, um die Photovoltaikanlage zu bauen. Die Bank verlangt einen Zinssatz von 6 % p. a.

Lesen und Vertiefen
- Däumler, K.-D., & Grabe, J. (2014). *Grundlagen der Investitions- und Wirtschaftlichkeitsrechnung.* Herne/Berlin: Verlag Neue Wirtschaftsbriefe, Kap. 2.3.

4.4 · Lern-Kontrolle

In Kap. 2.3 wird die Annuitätenmethode ausführlich beschrieben. Zusätzlich wird der Kapitaldienst eines Kredits und dessen Berechnung erläutert.
- Kruschwitz, L. (2014). *Investitionsrechnung*. München: Oldenburg Verlag, Kap. 2.3.4.3.
  In Kap. 2.3.4.3 wird überblicksmäßig die Annuitätenmethode als ein Entnahmemodell dargestellt.
- Perridon, L., Steiner, M., & Rathgeber, A. W. (2012). *Finanzwirtschaft der Unternehmung*. München: Vahlen, Kap. B.I.3.b.cc.
  Kap. B.I.3.b.cc umreißt die wesentlichen Merkmale der Annuitätenwertmethode dar.
- Walz, H., & Gramlich, D. (2011). *Investitions- und Finanzplanung*. Heidelberg: Verlag Recht und Wirtschaft, Kap. II.3.b.bb.
  Kap. II.3.b.bb stellt sehr ausführlich die Eigenschaften der Annuitätenmethode dar. Dabei werden auch der Rentenbarwertfaktor und der Annuitätenfaktor vorgestellt.

Dynamische Amortisationsrechnung

Thomas Schuster, Leona Rüdt von Collenberg

5.1 Die absolute Amortisationsdauer – 121
5.1.1 Grundgedanke der Amortisationsdauer – 121
5.1.2 Definition der Amortisationsdauer – 121
5.1.3 Anwendung der Amortisationsdauer – 123
5.1.4 Berechnung der Amortisationsdauer – 123
5.1.5 Sonderfall konstante Zahlungen – 126
5.1.6 Vorteilhaftigkeitsentscheidung – 127

5.2 Die relative und die maximale Amortisationsdauer – 128
5.2.1 Auswahlkriterium relative Amortisationsdauer – 128
5.2.2 Auswahlkriterium maximale Amortisationsdauer – 130

5.3 Vergleich der dynamischen Amortisationsdauer mit der Kapitalwertmethode – 131
5.3.1 Unterschiedliche Vorteilhaftigkeitsentscheidungen – 131
5.3.2 Bewertung der dynamischen Amortisationsrechnung – 133

5.4 Lern-Kontrolle – 133

© Springer-Verlag GmbH Deutschland 2017
T. Schuster, L. Rüdt von Collenberg,
Investitionsrechnung: Kapitalwert, Zinsfuß, Annuität, Amortisation,
Studienwissen kompakt, DOI 10.1007/978-3-662-47799-1_5

Kapitel 5 · Dynamische Amortisationsrechnung

Lern-Agenda
In diesem Kapitel lernen wir die dynamische Amortisationsrechnung kennen. Sie hat den Zusatz „dynamisch", da es auch die statische Amortisierungsrechnung gibt, mit der wir uns in diesem Lehrbuch jedoch nicht weiter auseinandersetzen.
Folgende Punkte lernen Sie in diesem Abschnitt:
- Wie ist der Amortisationszeitpunkt definiert?
- Wie rechnet man die absolute und die relative Amortisationsdauer aus?
- Wie lauten die Regeln, um die Vorteilhaftigkeit einer Investition nach Maßgabe der Amortisationsrechnung zu beurteilen?
- Wie ist die dynamische Amortisationsrechnung im Vergleich zur Kapitalwertmethode zu beurteilen?

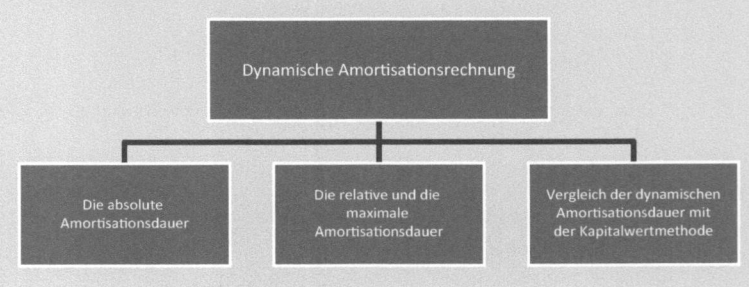

Die Amortisationsrechnung ist überaus beliebt in der Praxis. Wenn Sie beispielsweise mit Handwerkern zu tun haben, argumentieren sie gerne damit, in wie viel Jahren sich eine neue Anlage oder der Ersatz einer alten Anlage „amortisiert". Stellen Sie sich vor, Sie wollen in Ihrem Eigenheim neue Fenster mit einem besseren Isolierglas einbauen. Was macht man nicht alles der Umwelt zu liebe? Aber rentiert sich auch die Investition? Sie holen mehrere Angebote ein, wie sich das gehört. Ein Handwerker argumentiert, dass sich der Einbau neuer Fenster auf alle Fälle lohnt, da sich die neuen Fenster in sieben Jahren amortisiert haben. Einerseits kosten die neuen Fenster viel Geld. Andererseits sparen Sie durch den neuen Einbau einiges an Energiekosten. Nun wird folgende Rechnung aufgemacht: Wie viele Jahre dauert es, bis die Kosteneinsparungen in der Summe höher sind als die Kosten für die neuen Fenster. Diese Zeit nennt man dann Amortisationsdauer. Da es sich um die dynamische Amortisationsrechnung handelt, sollten Sie natürlich auch berücksichtigen, dass die Kosteneinsparung jährlich und damit zu unterschiedlichen Zeitpunkten anfällt. Wie man diese Amortisationsdauer genau ausrechnet, lernen Sie in diesem Kapitel.

5.1 Die absolute Amortisationsdauer

5.1.1 Grundgedanke der Amortisationsdauer

Bei dieser Methode geht es nicht um das Erzielen des höchsten Gewinns oder einer hohen Rente oder Rendite eines Projekts. Der Gedanke, der diesem Verfahren zugrunde liegt, ist jener, dass eine Investition umso risikoreicher ist, je länger es dauert, bis die Anfangsauszahlung inklusive Zinsen wieder eingenommen ist. Die dynamische Amortisationsrechnung fragt also nach der Dauer der Kapitalbindung. Mit Hilfe der Amortisationsdauer (auch Wiedergewinnungszeitpunkt genannt) kann beispielsweise ermittelt werden, wann neue Projekte initiiert werden können. Denn durch eine schnelle Rückgewinnung des investierten Kapitals wird höhere Flexibilität und bessere Reaktionsmöglichkeit auf die Projektumwelt unterstellt. Es geht bei dieser Rechnung also vielmehr um Sicherheit und das geringste Risiko. Projekte, die diese Merkmale aufzeigen, werden durch diese Methode als vorteilhaft bewertet. Die Amortisationsrechnung wird auch als Pay-off-Methode oder Wiedergewinnungsrechnung bezeichnet.

5.1.2 Definition der Amortisationsdauer

Die Amortisationsdauer ist bei der dynamischen Amortisationsrechnung derjenige Zeitraum, in dem die Einzahlungsüberschüsse eines Projekts unter Berücksichtigung von Zinsen und Zinseszinsen größer als der Anschaffungspreis a_0 sind. Wie lange läuft also ein Projekt, bis aus den Einzahlungsüberschüssen der Kredit für die Investition zurückgezahlt ist und das Projekt zum ersten Mal Gewinn abwirft? Es gilt diese „kritische Nutzungsdauer" eines Projektes zu ermitteln.

Folgender Merksatz stellt die Definition der Amortisierungszeit noch einmal in anderen Worten dar:

„Die dynamische Amortisationszeit t_d einer Investition ist die Zeit, bei der der Kapitalwert der betreffenden Investition gleich null ist. Oder: Die dynamische Amortisationszeit einer Investition ist die Zeit, die vergeht, bis der Investor die Anschaffungsauszahlung nebst Verzinsung wiedergewonnen hat" (Däumler und Grabe 2014, S. 225).

> **Merke!**
>
> Die **absolute Amortisationsdauer** ist der Zeitraum, in dem die Einzahlungsüberschüsse eines Projekts unter Berücksichtigung von Zinsen und Zinseszinsen größer als der Anschaffungspreis a_0 sind.

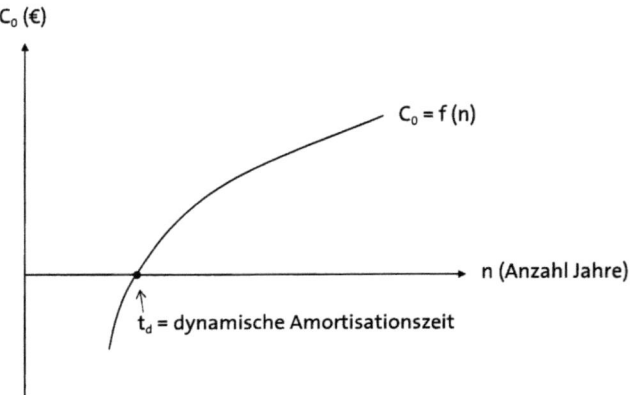

Abb. 5.1 Darstellung dynamische Amortisationszeit. (Quelle: Däumler und Grabe 2014, S. 225)

Betrachten Sie **Abb. 5.1**, um sich den Zeitpunkt t_d vorstellen zu können. Die Graphik zeigt die Kapitalwertkurve in Abhängigkeit der Zeit bzw. Jahre n. Dieser Zeitpunkt kann auch als zeitraumbezogene Gewinnschwelle interpretiert werden, sozusagen ein Break-Even-Punkt.

Sie stellen sich vielleicht die Frage, warum es denn so interessant ist den Zeitpunkt t_d zu kennen, an dem das Einkommen eines Projekts aus dem Negativen ins Positive übergeht. Der Grund liegt darin, dass erst nach der vollständigen Amortisation der anfänglichen Investition Gewinne durch das entsprechende Projekt erzielt werden können. Je kürzer also diese Amortisationsdauer, umso besser. Denn je länger natürlich ein Projekt im negativen Einkommensbereich dümpelt, umso höher ist das Risiko dieser Investition nicht in die Gewinnzone zu gelangen. Das Risiko steigt also mit der Amortisationsdauer!

Das Entscheidungskriterium, nach dem die Vorteilhaftigkeit eines Projekts festgelegt wird, ist also die Zeit, bis das Projekt einen Kapitalwert C_0 von null erreicht.

Nun muss natürlich festgelegt werden, wie lange diese Zeit maximal sein darf. Diese Definition der maximal zulässigen Amortisationszeit liegt im Ermessen des Entscheidungsträgers und ist von Projekt zu Projekt selbstverständlich unterschiedlich. Diese Dauer kann also nicht mit absoluter Sicherheit ermittelt werden. Somit muss klar sein, dass die Amortisierungsdauer zwar ein brauchbares Verfahren ist, das einen Investor bei Entscheidungen unterstützen kann, deren Aussagekraft aber nicht übermäßig stark ist.

Eine andere Möglichkeit ist, die Amortisationsdauer an der Laufzeit eines Projekts zu messen. Weist ein Projekt eine Amortisationsdauer auf, die geringer als die Nutzungsdauer ist, so sollte dieses Projekt durchgeführt werden, sofern nach der Amortisationsdauer keine nennenswerten Auszahlungsüberschüsse anfallen. In diesem Fall ist auch der Kapitalwert positiv und das Projekt vorteilhaft. Treten allerdings nach der

5.1 · Die absolute Amortisationsdauer

Amortisationsdauer größere Auszahlungsüberschüsse auf – man denke beispielsweise an Abbruchkosten am Ende der Laufzeit – so sollte man sich bei der Beurteilung des Projekts lieber auf die Kapitalwertmethode verlassen, da diese zuverlässiger ist. Warum dies so ist, werden wir später noch sehen.

5.1.3 Anwendung der Amortisationsdauer

Die dynamische Amortisationsrechnung kann im Sinne der dynamischen Verfahren ebenfalls dazu verwendet werden, über die absolute oder relative Vorteilhaftigkeit von Projekten zu entscheiden.

Aber sie bietet auch liquiditätsrelevante Informationen. So kann mit Hilfe der dynamischen Amortisationsrechnung die ungefähre Laufzeit der Finanzierung einer Investition festgelegt werden. Zusätzlich kann ermittelt werden, bis wann die Einzahlungsüberschüsse dazu verwendet werden müssen, einen Kredit einer kreditfinanzierten Investition vollständig zurückzuzahlen. Dies muss bis zum Amortisierungszeitpunkt geschehen.

5.1.4 Berechnung der Amortisationsdauer

Zum Amortisationszeitpunkt x entspricht der Anschaffungspreis a_0 den kumulierten abgezinsten Einzahlungsüberschüssen. Daraus ergibt sich folgende Formel:

$$\sum_{t=1}^{x} \frac{e_t - a_t}{(1+i)^t} = a_0.$$

Durch die Umstellung der Formel kann auch die Tatsache hergeleitet werden, dass zu diesem Zeitpunkt x der Kapitalwert der Investition null beträgt:

$$C_0 = -a_0 + \sum_{t=1}^{x} \frac{e_t - a_t}{(1+i)^t} = 0.$$

Wollen wir also den Amortisationszeitpunkt bestimmen, so gilt es den Wert für x zu finden – sprich die Periode t_x – der die Gleichung erfüllt.

Man geht dabei so vor, dass man die Barwerte der Einzahlungsüberschüsse (EZÜ = $e_t - a_t$) bildet und so lange addiert, bis sie der Anfangsauszahlung a_0 entsprechen bzw. diese übertreffen. Alternativ kann man auch einfach die einzelnen Barwerte der Einzahlungsüberschüsse zum Anschaffungspreis a_0 addieren, bis die Summe null ergibt oder größer null ist. Ergibt sich bis zum Ende der Nutzungsdauer keine positive

Lösung, erreicht das Projekt niemals den Amortisationszeitpunkt. Das Investitionsprojekt wird dann mit „absolut unvorteilhaft" bewertet.

> **Merke!**
>
> Um die **Amortisationsdauer** zu berechnen, bildet man den Barwert der Einzahlungsüberschüsse und summiert diese so lange auf, bis sie gleich oder größer als die Anfangsauszahlung a_0 sind.

Beispiel
Die beiden folgenden Tabellen zeigen die Zahlungsreihen von Investitionsprojekten A und B.

◘ Zahlungsreihen Projekte A und B

	Projekt A	Projekt B
Periode	Einzahlungsüberschuss (in €)	
1	20.000	60.000
2	20.000	50.000
3	20.000	5.000
4	20.000	0
5	20.000	0
6	20.000	0
7	20.000	0
8	20.000	0

◘ Zusatzinformationen Projekt A und B

	Projekt A	Projekt B
Anschaffungspreis	100.000 €	100.000 €
Nutzungsdauer	8 Jahre	3 Jahre
Kalkulationszinssatz	6 %	6 %
Restverkaufserlös	100.000 €	500 €

5.1 · Die absolute Amortisationsdauer

Im nächsten Schritt berechnen wir die Barwerte der einzelnen Zahlungen jeder Projekte und kumulieren diese, bis die Summe einen positiven Wert besitzt und somit der Amortisierungszeitpunkt erreicht ist. Sehen Sie sich die nächsten beiden Tabellen für beide Projekte an.

Amortisationsdauer Projekt A

Projekt A

Jahr	Abzinsungsfaktor	Rückfluss (in €)	Barwert (in €)	Kumulierter Barwert (in €)
0	1,000000	−100.000	−100.000	−100.000,00
1	0,943396	20.000	18.867,92	−81.132,08
2	0,889996	20.000	17.799,93	−63.332,15
3	0,839619	20.000	16.792,39	−46.539,76
4	0,792094	20.000	15.841,87	−30.697,89
5	0,747258	20.000	14.945,16	−15.752,72
6	0,704961	20.000	14.099,21	−1.653,51
7	0,665057	20.000	13.301,14	11.647,63
8	0,627412	120.000	75.289,48	86.937,11
Amortisationsdauer			7 Jahre	

Amortisationsdauer Projekt B

Projekt B

Jahr	Abzinsungsfaktor	Rückfluss (in €)	Barwert (in €)	Kumulierter Barwert (in €)
0	1,000000	−100.000	−100.000	−100.000,00
1	0,943396	60.000	56.603,77	−43.396,23
2	0,889996	50.000	44.499,82	1.103,60
3	0,839619	5.500	4.617,91	5.721,50
Amortisationsdauer			2 Jahre	

Nun vergleichen Sie beide Projekte miteinander. Projekt A amortisiert sich nach sieben Jahren. Sie können erkennen, dass zu diesem Zeitpunkt die kumulierten Barwerte einen positiven Betrag aufweisen. Projekt B hingegen tut dies bereits nach zwei Jahren. Entscheiden und beurteilen Sie also nach der dynamischen Amortisierungsmethode, so ist Projekt B relativ vorteilhaft.

Wie Sie aber auch erkennen können, besitzt Projekt A einen viel größeren Kapitalwert. Nach dieser Methode würde also Projekt A dem anderen Projekt vorgezogen werden. Wie wir mit diesem Widerspruch umgehen sollen, werden wir noch weiter unten sehen.

5.1.5 Sonderfall konstante Zahlungen

Nachdem wir im vorigen Kapitel die Annuitätenmethode und damit den Rentenbarwertfaktor (RBWF) kennengelernt haben, wollen wir hier noch einen Sonderfall der dynamischen Amortisierungsrechnung besprechen, bei dem wir uns das neue Wissen zu Nutze machen können.

Wir haben ja bereits erfahren, dass bei manchen Investitionsprojekten Zahlungen in gleicher Höhe und regelmäßigen Abständen auftreten können. In solchen Fällen kann man die Formel des Rentenbarwertfaktors verwenden, und mit dieser ist es relativ einfach möglich, den Amortisationszeitpunkt x zu bestimmen.

Wenn also die Einzahlungsüberschüsse als gleichbleibender Jahresbetrag anfallen, so gilt folgender Zusammenhang:

$$(e_t - a_t) = c = \text{konstant}.$$

Zum Amortisationszeitpunkt muss also der Barwert der Rente genau dem Anschaffungspreis a_0 entsprechen.

$$a_0 = c \cdot \underbrace{\frac{(1+i)^x - 1}{i(1+i)^x}}_{\text{RBWF}}$$

Der Barwert der Rente ist abhängig vom Rentenbarwertfaktor, welcher wiederum abhängig vom Kalkulationszinssatz i und der Nutzungsdauer n ist.

Wir formulieren obige Formel um und erhalten:

$$\frac{a_0}{c} = \frac{(1+i)^x - 1}{i(1+i)^x},$$

$$\frac{a_0}{c} = \text{RBWF}(x, i).$$

5.1 · Die absolute Amortisationsdauer

Wir suchen die Nutzungsperiode x, für die der Rentenbarwertfaktor gerade gleich oder größer als der Quotient a_0/c ist. Ist der Rentenbarwertfaktor gleich dem Quotient, würde das einem Kapitalwert von null entsprechen. Ist der Rentenbarwertfaktor größer als der Quotient, so ist der Kapitalwert positiv.

Beispiel
Folgendes Investitionsprojekt liegt vor:

a_0 = 100.000 €
c = 20.000 €
i = 10 %
n = 10 Jahre
a_0/c = 100.000 €/20.000 € = 5

Wir fragen uns also, wann – zu welchem Zeitpunkt x – der RBWF ≥ 5 ist?
Wir probieren aus und setzen für x = 7

$$\text{RBWF} = \frac{(1+0,1)^7 - 1}{0,1(1+0,1)^7} = 4,8684 < 5.$$

Wir probieren also x = 8

$$\text{RBWF} = \frac{(1+0,1)^8 - 1}{0,1(1+0,1)^8} = 5,3349 \geq 5.$$

Daraus können wir folgern, dass der Amortisationszeitpunkt am Ende der Periode 8 ist.

Wie Sie wissen, kann man den Rentenbarwertfaktor für bestimmte Kalkulationszinssätze i in Kombination mit unterschiedlichen Laufzeiten n auch in finanzmathematischen Tabellen im Anhang ablesen. Sie müssen also nicht zwingend x schätzen, sondern suchen sich den entsprechenden Rentenbarwertfaktor aus der Tabelle im Anhang und lesen n bzw. x ab.

5.1.6 Vorteilhaftigkeitsentscheidung

Wann ist also ein Projekt absolut oder relativ vorteilhaft, wenn man nach der dynamischen Amortisierung entscheidet?

5.1.6.1 Einzelne Projekte
Folgende Regeln sind festzuhalten:
- Amortisationsdauer < Nutzungsdauer: Das Projekt ist *absolut vorteilhaft*, weil die Amortisationsdauer kleiner als die Nutzungsdauer ist.

- Amortisationsdauer = Nutzungsdauer: Das Projekt ist *weder vorteilhaft noch unvorteilhaft*, weil die Amortisationsdauer der Nutzungsdauer entspricht. Man spricht auch von Indifferenz.
- Amortisationsdauer wird innerhalb der Nutzungsdauer nicht erreicht: Das Projekt ist *absolut unvorteilhaft*, weil die Amortisationsdauer größer als die Nutzungsdauer ist.

5.1.6.2 Mehrere Projekte

Wie entscheidet man zwischen zwei Projekten, wenn man dies anhand der dynamischen Amortisierung tun möchte?

- Absolute Vorteilhaftigkeit: Die Amortisationsdauer muss kleiner als die Nutzungsdauer sein: AD < ND.
- Relative Vorteilhaftigkeit: Investition mit kürzester Amortisationsdauer sollte ausgewählt werden.

5.2 Die relative und die maximale Amortisationsdauer

5.2.1 Auswahlkriterium relative Amortisationsdauer

Zur Beurteilung eines Projekts lässt sich auch die relative Amortisationsdauer bestimmen. Sie setzt die Amortisationsdauer zur erwarteten technischen oder wirtschaftlichen Gesamtnutzungsdauer ins Verhältnis. Daher ergibt sich folgende Formel:

$$\text{Relative Amortisationsdauer} = \frac{\text{Absolute Amortisationsdauer in Jahren}}{\text{Erwartete Nutzungsdauer in Jahren}} \cdot 100\,\%.$$

Mit Hilfe dieser Kennzahl lässt sich eine Aussage über das Risiko des Investitionsprojekts machen. Je höher die relative Amortisationsdauer ausfällt, desto risikoreicher ist das Investment. Denn Sie können davon ausgehen, dass zum Ende der Nutzungsdauer technische Probleme häufiger auftreten können. Die Maschine kann ausfallen oder Reparaturen fallen häufiger an. Diese Tatsache wird durch die absolute Nutzungsdauer nicht vollständig berücksichtigt. Eine Amortisationsdauer von drei Jahren ist bei einer Laufzeit von vier Jahren doch anders zu beurteilen als bei einer Laufzeit von fünfzig Jahren.

> **Merke!**
>
> Die **relative Amortisationsdauer** wird berechnet, indem die **absolute Amortisationsdauer** durch die erwartete **Nutzungsdauer** geteilt wird.

5.2 · Die relative und die maximale Amortisationsdauer

Beispiel
Wir wollen anhand des schon kennengelernten Projektes B ein Beispiel der relativen Amortisierung darstellen. Betrachten Sie hierzu noch einmal die Ausgangsdaten in den folgenden drei Tabellen.

◘ Zahlungsreihe Projekt B

	Projekt B
Periode	Einzahlungsüberschuss (in €)
1	60.000
2	50.000
3	5.000

◘ Zusatzinformationen Projekt B

	Projekt B
Anschaffungspreis	100.000 €
Nutzungsdauer	3 Jahre
Kalkulationszinssatz	6 %
Restverkaufserlös	500 €

◘ Relative Amortisationsdauer Projekt B

Projekt B

Jahr	Abzinsungsfaktor	Rückfluss (in €)	Barwert (in €)	Kumulierter Barwert (in €)
0	1,000000	–100.000	–100.000	–100.000,00
1	0,943396	60.000	56.603,77	–43.396,23
2	0,889996	50.000	44.499,82	1.103,60
3	0,839619	5.500	4.617,91	5.721,50
Amortisationsdauer			2 Jahre	

$$\text{Relative Amortisationsdauer} = \frac{\text{Absolute Amortisationsdauer in Jahren}}{\text{Erwartete Nutzungsdauer in Jahren}} \cdot 100\,\%$$
$$= \frac{2}{3} \cdot 100\,\% = 66{,}7\,\%$$

Ist 66,7 % nun ein Kennzeichen für absolute Vorteilhaftigkeit? Diese Frage klären wir jetzt. Wir betrachten die Entscheidungsregeln der relativen Amortisationszeit.

5.2.1.1 Einzelne Projekte:

- Relative Amortisationsdauer < 100 %: Das Projekt ist *absolut vorteilhaft*, weil die Amortisationsdauer kleiner als die Nutzungsdauer ist.
- Relative Amortisationsdauer = 100 %: Das Projekt ist *weder vorteilhaft noch unvorteilhaft*, weil die Amortisationsdauer der Nutzungsdauer entspricht.
- Amortisationsdauer wird innerhalb der Nutzungsdauer nicht erreicht: Das Projekt ist *absolut unvorteilhaft*, weil die Amortisationsdauer größer als die Nutzungsdauer ist.

Für unser Projekt heißt das also, dass es mit 66,7 % absolut vorteilhaft ist.

5.2.1.2 Mehrere Projekte

Wann ist ein Projekt relativ vorteilhaft, wenn es um relative Amortisationszeit geht?
- Absolute Vorteilhaftigkeit: Die relative Amortisationsdauer muss kleiner als 100 % sein.
- Relative Vorteilhaftigkeit: Investition mit kürzester relativer Amortisationsdauer sollte ausgewählt werden.

> **Merke!**
>
> Ein **Investitionsprojekt** sollte durchgeführt werden, wenn die **relative Amortisationszeit** kleiner als 100 % ist. Bei mehreren Projekten ist dasjenige mit der kürzesten **relativen Amortisationsdauer** auszuwählen.

5.2.2 Auswahlkriterium maximale Amortisationsdauer

Ganz am Anfang dieses Kapitels sind wir kurz darauf eingegangen, dass man die dynamische Amortisationsdauer nicht nur an der Laufzeit eines Projekts, sondern auch an einer maximalen Amortisationsdauer messen kann.

Es kann also sein, dass ein Projekt an eine festgesetzte Amortisationsdauer gebunden wird. In der Praxis dient die dynamische Amortisationsrechnung öfters als Nebenbedingung und nicht als ausschließliches Entscheidungskriterium. Man könnte

5.3 · Vergleich Amortisationsdauer und Kapitalwert

zum Beispiel die Aufgabe haben, das Investitionsprojekt auszuwählen, das die größte interne Verzinsung aufweist und zusätzlich eine Amortisationsdauer von drei Jahren nicht überschreiten darf.

Wie diese maximale Amortisationsdauer ausgewählt wird, ist natürlich von Entscheidungsträger zu Entscheidungsträger, von Projekt zu Projekt als auch von Branche zu Branche unterschiedlich.

In der Praxis schwankt die maximale Amortisationsdauer meistens zwischen zwei und vier Jahren.

Die maximale Amortisationsdauer kann sich beispielsweise nach Folgendem richten:
- erwartete bzw. tatsächliche Nutzungsdauer bei vergangenen Projekten,
- Produktlebensdauer des produzierten Gutes,
- branchenspezifischen Erfahrungswerte.

> **Merkel!**
>
> Ein **Investitionsprojekt** sollte durchgeführt werden, wenn die **absolute Amortisationszeit** nicht größer als die vom Unternehmen festgelegte **maximale Amortisationsdauer** ist.

5.3 Vergleich der dynamischen Amortisationsdauer mit der Kapitalwertmethode

5.3.1 Unterschiedliche Vorteilhaftigkeitsentscheidungen

Um die Ergebnisse der dynamischen Amortisationsrechnung mit denen der Kapitalwertmethode zu vergleichen, betrachten wir das Beispiel aus folgender Tabelle.

◘ Einzahlungsüberschüsse Projekte A und B

	Projekt A	Projekt B
Periode	Einzahlungsüberschuss (in €)	
0	−250	−250
1	100	100
2	100	250
3	100	0
4	100	0

Wenn man den Amortisationszeitpunkt ausrechnet, kommt man zu folgendem Ergebnis:

$$C_0^A \ (x = 3) = -250 + \frac{100}{(1+0{,}15)} + \frac{100}{(1+0{,}15)^2} + \frac{100}{(1+0{,}15)^3} = -21{,}68 < 0,$$

$$C_0^A \ (x = 4) = -250 + \frac{100}{(1+0{,}15)} + \frac{100}{(1+0{,}15)^2} + \frac{100}{(1+0{,}15)^3} + \frac{100}{(1+0{,}15)^4}$$
$$= 35{,}50 > 0.$$

Die Amortisationsdauer beträgt 4 Jahre.

$$C_0^B \ (x = 1) = -250 + \frac{100}{(1+0{,}15)} = -163{,}04 < 0$$

$$C_0^B \ (x = 2) = -250 + \frac{100}{(1+0{,}15)} + \frac{250}{(1+0{,}15)^2} = 25{,}99 > 0$$

Die Amortisationsdauer beträgt zwei Jahre.

Auf Grundlage der dynamischen Amortisationsrechnung sollte also Projekt B ausgewählt werden, da die Amortisationszeit kürzer ist.

Hier sind die Kapitalwerte:

$$C_0^A = -250 + \frac{100}{(1+0{,}15)} + \frac{100}{(1+0{,}15)^2} + \frac{100}{(1+0{,}15)^3} + \frac{100}{(1+0{,}15)^4}$$
$$= 35{,}50,$$

$$C_0^B = -250 + \frac{100}{(1+0{,}15)} + \frac{250}{(1+0{,}15)^2} = 25{,}99.$$

Auf Grundlage der Kapitalwertmethode sollte also Projekt A ausgewählt werden, da der Kapitalwert höher ist.

Was ist jetzt zu tun, wenn beide Methoden zu verschiedenen Ergebnissen kommen? Verlassen Sie sich im Zweifelsfall auf die Kapitalwertmethode. Ein Unternehmen will im Zweifelsfall immer den Gewinn maximieren. Wenn das Projekt mit dem höchsten Kapitalwert ausgewählt wird, ist der Gewinn des Unternehmens auch am höchsten, da ja der Kapitalwert nichts anderes als die Summe der abdiskontierten Gewinne während der Nutzungsdauer darstellt. Falls Sie hingegen auf Basis der dynamischen Amortisationsdauer auswählen ist nicht gewährleistet, dass Sie den Gewinn des Unternehmens maximieren. Im Extremfall – zum Beispiel bei sehr hohen Abbruchkosten am Ende der Nutzungsdauer – kann auf Grundlage der Amortisationsrechnung ein Projekt ausgewählt werden, das einen negativen Kapitalwert aufweist und damit einen Verlust erzeugt!

5.3.2 Bewertung der dynamischen Amortisationsrechnung

Zum Abschluss dieses Kapitels wollen wir die Vor- und Nachteile der dynamischen Amortisierungsmethode auflisten:

5.3.2.1 Vorteile
- Sie ist in der Praxis sehr beliebt.

5.3.2.2 Nachteile
- Einzahlungsüberschüsse, die nach dem Amortisationszeitpunkt anfallen, bleiben bei diesem Verfahren unberücksichtigt, z. B. der Liquidationserlös oder Abbruchkosten. Falls also nach dem Amortisationszeitpunkt Auszahlungsüberschüsse auftreten, kann dies dazu führen, dass Projekte mit negativem Kapitalwert auf Basis der dynamischen Amortisationsrechnung als vorteilhaft ausgewiesen werden.
- Es gibt auch andere Investitionsrisiken, die unabhängig vom Amortisationszeitpunkt sind und somit nicht durch die dynamische Amortisierung berücksichtigt werden. Beispiele sind hier politische Risiken einer Revolution oder das Auftreten von Naturkatastrophen. Die Amortisationsrechnung schreibt sich jedoch auf die Fahnen, das Projekt mit dem geringsten Risiko auszuwählen. Das Gesamtrisiko eines Projekts wird jedoch bei der dynamischen Amortisationsrechnung nicht unbedingt minimiert, da es noch weitere Risiken gibt, die bei der Amortisationsrechnung nicht berücksichtigt werden.

Wie sie sehen, hat diese Methode deutlich mehr Nachteile als Vorteile. Daher wird die dynamische Amortisationsdauer von der Wissenschaft als insgesamt nicht geeignet beurteilt.

> **Auf den Punkt gebracht:** Die **Amortisationsdauer** ist weit verbreitet, um die **Vorteilhaftigkeit** eines **Investitionsprojekts** zu beurteilen. Sie ist aber betriebswirtschaftlich unzuverlässig, da Einzahlungsüberschüsse, die nach dem Amortisationszeitpunkt anfallen, nicht mehr berücksichtigt werden. Sie sollte deswegen in der Praxis nicht angewendet werden.

5.4 Lern-Kontrolle

Kurz und bündig

In diesem Kapitel haben wir einen Blick auf die dynamische Amortisationsrechnung geworfen. Wir haben uns zuerst mit der Frage beschäftigt, wie lange es dauert, bis sich ein Projekt amortisiert. Die Amortisationsdauer ist in der Periode erreicht, in der die Summe der abdiskontierten Einzahlungsüberschüsse zum ersten Mal größer als die Anschaffungsauszahlung ist. Angenehm ist der Sonderfall, wenn die Einzahlungsüberschüsse während der Nutzungsdauer konstant sind. In diesem Fall kann die Amortisationsdauer relativ einfach mit Hilfe des Rentenbarwertfaktors berechnet werden. Anschließend haben wir die Entscheidungsregeln kennengelernt, wann ein Investitionsprojekt auf Basis der dynamischen Amortisationsrechnung absolut oder relative vorteilhaft ist. Das Kapitel wurde durch die Behandlung der relativen Amortisationsdauer und der maximalen Amortisationsdauer abgerundet. Schließlich verglichen wir die dynamische Amortisationsrechnung mit der Kapitalwertmethode und stellten fest, dass bei sich widersprechenden Vorteilhaftigkeitsaussagen immer die Kapitalwertmethode vorzuziehen ist.

? **Let's check**

Selbsttestaufgaben zu 5.1

1. Zu welchem Zeitpunkt hat sich ein Investitionsprojekt amortisiert?
   - ☐ Wenn die Kapitalwertkurve die Zinsachse schneidet.
   - ☐ Wen der Kapitalwert gleich null ist.
   - ☐ Wenn die Anfangsauszahlungen den abgezinsten Einzahlungsüberschüssen entspricht.
   - ☐ Wenn der Kalkulationszinssatz 3 % oder höher ist.

2. Die Amortisierungsdauer muss immer kleiner als die Laufzeit des Projekts sein, um das Projekt als vorteilhaft beurteilen zu können. Stimmt das?
   - ☐ Ja immer, denn ein Projekt lohnt sich nur, wenn es innerhalb der Laufzeit mehr erwirtschaftet als die Anfangsauszahlung und die Kreditzinsen des für die Investition aufgenommenen Kredits.
   - ☐ Nein, nicht zwingend, bei bestimmten Projekten ist es auch möglich, eine andere Maximaldauer festzusetzen.
   - ☐ Nein, da man mit der Amortisierungsdauer gar keine Vorteilhaftigkeit feststellen kann.
   - ☐ Keine der möglichen Antworten ist korrekt.

3. Ihnen liegt ein Investitionsprojekt mit konstanten Auszahlungen c und folgenden Daten vor:

   a_0 = 40.000 €

   c = 10.000 €

   i = 8 %

   n = 8 Jahre

   Wann amortisiert sich das Projekt?
   - ☐ 5 Jahre
   - ☐ 4 Jahre
   - ☐ 6 Jahre
   - ☐ 7 Jahre

5.4 · Lern-Kontrolle

Selbsttestaufgaben zu 5.2

1. Welche Aussagen über die relative Amortisationsdauer sind richtig?
   - ☐ Die relative Amortisationsdauer wird berechnet als Verhältnis zwischen absoluter Amortisationsdauer und technischer Nutzungsdauer.
   - ☐ Die relative Amortisationsdauer wird berechnet als Verhältnis zwischen absoluter Amortisationsdauer und erwarteter Nutzungsdauer.
   - ☐ Die relative Amortisationsdauer wird berechnet als Verhältnis zwischen steuerlicher Nutzungsdauer und absoluter Amortisationsdauer.
   - ☐ Die relative Nutzungsdauer misst sehr gut das Risiko einer Investition, da zum Ende der Nutzungsdauer die Wahrscheinlichkeit von technischen Problemen höher ist.

2. Was gilt für die relative Amortisationsdauer, damit ein Investitionsprojekt vorteilhaft ist?
   - ☐ Ist die relative Amortisationsdauer < 50 %, ist ein Investitionsprojekt absolut vorteilhaft.
   - ☐ Ist die relative Amortisationsdauer < 100 %, ist ein Investitionsprojekt absolut vorteilhaft.
   - ☐ Ist die relative Amortisationsdauer < 100 %, ist ein Investitionsprojekt relativ vorteilhaft.
   - ☐ Ist die relative Amortisationsdauer von Projekt A kleiner als die relative Amortisationsdauer von Projekt B und ist es gleichzeitig absolut vorteilhaft, dann ist es auch relativ vorteilhaft.

3. Ihnen liegt ein Investitionsprojekt mit konstanten Auszahlungen c und folgenden Daten vor:
   $a_0 = 60.000\ €$
   $c\ = 10.000\ €$
   $i\ = 5\ \%$
   $n = 8\ \text{Jahre}$
   Wie groß ist die relative Amortisationsdauer?
   - ☐ 50 %
   - ☐ 65 %
   - ☐ 90 %
   - ☐ 100 %

Selbsttestaufgaben zu 5.3

1. Was gilt für den Vergleich von dynamischer Amortisationsrechnung und Kapitalwertmethode?
   Werden zwei sich ausschließende Investitionsprojekte miteinander verglichen …
   - ☐ …, so kommen die dynamische Amortisationsrechnung und die Kapitalwerte immer zur gleichen Vorteilhaftigkeitsentscheidung.

☐ …, so kommen die dynamische Amortisationsrechnung und die Kapitalwerte immer zu unterschiedlichen Vorteilhaftigkeitsentscheidungen.
☐ … und kommt die dynamische Amortisationsrechnung zu einer unterschiedlichen Vorteilhaftigkeitsentscheidung als die Kapitalwertmethode, so ist die dynamische Amortisationsrechnung vorzuziehen.
☐ … und kommt die dynamische Amortisationsrechnung zu einer unterschiedlichen Vorteilhaftigkeitsentscheidung als die Kapitalwertmethode, so ist die Kapitalwertmethode vorzuziehen.

2. Betrachten Sie folgendes Investitionsprojekt:

Einzahlungsüberschüsse Projekte A und B

	Projekt A
Periode	Einzahlungsüberschuss (in €)
0	−100
1	100
2	100
3	100
4	−1.000

Das Unternehmen hat sich zum Ziel gesetzt, dass die Amortisationsdauer höchstens drei Jahre betragen darf. Der Kalkulationszinssatz beträgt 6 %.
Welche Aussagen über dieses Projekt sind richtig?
☐ Die Amortisationsdauer beträgt zwei Jahre.
☐ Die Amortisationsdauer beträgt drei Jahre.
☐ Das Projekt sollte durchgeführt werden, da die Amortisationszeit die maximale Amortisationsdauer von drei Jahren nicht überschreitet.
☐ Das Projekt sollte nicht durchgeführt werden, da der Kapitalwert mit $C_0 = -650{,}37$ € negativ und das Projekt damit absolut unvorteilhaft ist.

3. Nennen Sie die Nachteile der dynamischen Amortisationsrechnung.
☐ Die Methode ist in der Praxis relativ unbekannt.
☐ Einzahlungsüberschüsse, die nach dem Amortisationszeitpunkt anfallen, bleiben bei diesem Verfahren unberücksichtigt.
☐ Der Restverkaufserlös bleibt immer unberücksichtigt.
☐ Es gibt noch zusätzliche Investitionsrisiken, die unabhängig vom Amortisationszeitpunkt sind und in der Amortisationsrechnung nicht berücksichtigt werden.

5.4 · Lern-Kontrolle

❓ Vernetzende Aufgaben

1. Sie kennen bereits die Daten der Drinkfrisch AG aus ▶ Kap. 3 und den vernetzenden Aufgaben des ▶ Kap. 4.

◘ Kapitalwert des Projekts Readymix. (Quelle: Eigene Darstellung, basierend auf Frankfurt School of Finance & Management 2010)

Periode	EZÜ ($e_t - a_t$)	Abzinsungsfaktor	Barwert
t_0	−2.000.000 €	$1{,}1^{-0} = 1$	−2.000.000,00 €
t_1	+870.000 €	$1{,}1^{-1} = 0{,}90909$	+790.909,09 €
t_2	+2.068.000 €	$1{,}1^{-2} = 0{,}82645$	+1.709.090,01 €
		Kapitalwert	+500.000,00 €

Drinkfrisch möchte wissen, wann sich das Projekt Readymix amortisiert. Es möchte das Projekt nur durchführen, wenn die Amortisationszeit maximal zwei Jahre ist. Helfen Sie der AG eine Entscheidung zu treffen, indem Sie entsprechende Rechnungen anstellen und eine abschließende Empfehlung an Drinkfisch geben. Bestimmen Sie auch die relative Amortisationsdauer.

2. Eine geplante dreijährige Investition kostet zu Beginn der Nutzungsdauer 500.000 €. Es kann drei Jahre lang mit Umsatzerlösen von 450.000 € gerechnet werden. Es entstehen Auszahlungen von zunächst 300.000, dann 250.000 und schließlich 200.000 €.
Es fällt kein Restverkaufserlös an. Das Unternehmen will in Höhe des Anschaffungspreises ein Bankdarlehen mit 8 % aufnehmen, um die Investition zu finanzieren. Bei den oben erwähnten Auszahlungen sind Zins und Tilgung des Darlehens nicht berücksichtigt.
In welcher Periode amortisiert sich die Investition? Interpretieren Sie den erhaltenen Wert.

3. Als Assistent der Geschäftsleitung erhalten Sie die Aufgabe zu ermitteln, ob die Investition in eine neue Produktionslinie A oder B sinnvoller ist. Sie rechnen mit folgenden Ein- und Auszahlungen aus der betrieblichen Tätigkeit (in T€):

◘ Einzahlungsüberschüsse Produktionslinien A und B

Periode	t_0	t_1	t_2	t_3	t_4	t_5
Typ A	−550	+200	+200	+200	+200	+500
Typ B	−200	+30	+40	+40	+40	+100

Kapitel 5 · Dynamische Amortisationsrechnung

Beide Produktionslinien können am Ende der Nutzungsdauer für 100 T€ verkauft werden. Allerdings verschmutzt Anlage A den Boden, so dass bei Verkauf der Anlage zusätzliche Reinigungskosten von 700 T€ anfallen, um die Umweltschäden zu beseitigen. Bei Anlage B fallen keine weiteren Kosten an.
Der Kalkulationszinssatz beträgt 10 %.
Ermitteln Sie die Amortisationsdauer der beiden Anlagen. Welche Produktionslinie würden Sie auf Grundlage der dynamischen Amortisationsrechnung auswählen? Begründen Sie ihre Antwort.

4. Der Fahrradproduzent Hurtig & Co. KG will eine neue Maschine zur Felgenproduktion anschaffen. Dies erfordert eine Anfangsinvestition von heute 1.000.000 €. Das Unternehmen schätzt, die Maschine über die kommenden zehn Jahre nutzen zu können. Es würden jährliche Einzahlungsüberschüsse in Höhe von 250.000 € pro Jahr anfallen. Das Zinsniveau liegt bei 10 % p. a.
Berechnen Sie die dynamische Amortisationszeit. Interpretieren Sie den Wert.
Würden Sie die Maschine anschaffen, wenn das Unternehmen nur Investitionsprojekte verwirklicht, die sich in maximal fünf Jahren amortisiert haben? Begründen Sie Ihre Antwort.

5. Sie haben von Ihrem Onkel aus Amerika ein Haus geerbt. Sie freuen sich sehr, da das Haus in Deutschland liegt. Leider stellt sich bei näherem Hinsehen heraus, dass das Haus renovierungsbedürftig ist.
Ihr Kennerblick hat gleich festgestellt, dass die Fenster zwar aus Isolierverglasung bestehen, aber nicht mehr dem Stand der heutigen Technik entsprechen. Heutzutage ist man ja schon bei einer Dreifachverglasung angekommen. Sie interpretieren den Austausch der Fenster als ein Investitionsprojekt und wollen Ihre neu erworbenen Kenntnisse über die Amortisationsrechnung gleich anwenden. Im Internet finden Sie unter folgender Adresse eine Untersuchung des Bayrischen Landesamtes für Umwelt über die Amortisationsdauer von neuen Fenstern: ▶ http://www.umweltbildung-bayern.de/uploads/media/uw_102_energiesparfenster.pdf.
Im Text der Datei finden Sie folgende Informationen:

◘ **Heizkosteneinsparung beim Einbau neuer Fenster. (Quelle: Eigene Darstellung, basierend auf Bayrisches Landesamt für Umwelt 2012)**

Wärmeverlust bei Fenstertyp	Heizöl [Liter/Jahr]	Heizkosten [€/Jahr]	CO_2-Ausstoß [kg/Jahr]
Fenster mit unbeschichteter Isolierverglasung	990	841,50	3.036
Wärmegedämmte Fenster mit 3-Scheiben-Verglasung	240	204	736
Einsparungen	750	637,50	2.300

5.4 · Lern-Kontrolle

Die Kosten für die neuen Fenster belaufen sich auf 8.871 €.
Berechnen Sie die dynamische Amortisationsdauer für den Einbau der neuen Fenster. Unterstellen Sie dabei einen Kalkulationszinssatz von 2 %, da Sie zur Finanzierung der Renovierung einen zinsverbilligten Kredit bei der Kreditanstalt für Wiederaufbau mit Zinssatz 2 % aufnehmen.
Das Bayrische Landesamt kommt bei seinen Berechnungen auf eine Amortisationszeit von rund fünf Jahren. Warum weicht Ihr Ergebnis von dem des Landesamtes ab. Welches Ergebnis ist genauer? Wer hat einen Fehler gemacht und warum?

❶ Lesen und Vertiefen
- Brealey, R. A., Myers, S. C., & Allen, F. (2014). *Principles of Corporate Finance*. New York: McGraw-Hill, Kap. 5.2.
  In Kap. 5.2 werden die Eigenschaften der dynamischen Amortisationsrechnung verständlich beschrieben.
- Hillier, D., Ross, S. A., Westerfield, R. W., Jaffe, J., & Jordan, B. D. (2013). *Corporate Finance*. London: McGraw-Hill, Kap. 6.3.
  Kap. 6.3 umreißt die wesentlichen Merkmale der dynamischen Amortisationsrechnung.
- Volkart, R., & Wagner, A. F. (2014). *Corporate Finance – Grundlagen von Finanzierung und Investition*. Zürich: Versus, Kap. II.4.1.6.
  In Kap. II.4.1.6 wird die dynamische Amortisationsrechnung anschaulich dargestellt. Dabei wird auch der Unterschied zwischen der statischen und der dynamischen Amortisationsrechnung deutlich.
- Walz, H., & Gramlich, D. (2011). *Investitions- und Finanzplanung*. Heidelberg: Verlag Recht und Wirtschaft, Kap. II.3.b.dd.
  Kap. II.3.b.dd stellt sehr ausführlich die Eigenschaften der dynamischen Amortisationsrechnung dar. Dabei wird auch die Methode kritisch bewertet. Außerdem wird in diesem Kapitel die Berechnung der Duration und der Zinselastizität eines Wertpapiers beschrieben.

Bestimmung des Kalkulationszinssatzes

Thomas Schuster, Leona Rüdt von Collenberg

6.1 Gewichteter durchschnittlicher Kapitalkostensatz (Weighted Average Cost of Capital – WACC) – 143

6.2 Kalkulationszinssatz bei reiner Eigenkapitalfinanzierung – 146

6.3 Kalkulationszinssatz bei reiner Fremdkapitalfinanzierung – 151

6.4 Kalkulationszinssatz bei Mischfinanzierung – 153

6.5 Kalkulationszinssatz in der Praxis – 155

6.6 Lern-Kontrolle – 157

© Springer-Verlag GmbH Deutschland 2017
T. Schuster, L. Rüdt von Collenberg,
Investitionsrechnung: Kapitalwert, Zinsfuß, Annuität, Amortisation,
Studienwissen kompakt, DOI 10.1007/978-3-662-47799-1_6

Lern-Agenda

▶ Die Kap. 2, 3, 4, und 5 haben sich tiefgehend mit den meistverwendeten Methoden der Investitionsrechnung beschäftigt, den Schwierigkeiten der unterschiedlichen mathematischen Methoden und der Genauigkeit der Aussagen. Die Beschäftigung mit allen von Ihnen nun beherrschten Methoden hat die schon eingangs des Lehrbuches erwähnte Bedeutung der Höhe des Zinssatzes bestätigt. Der Zinssatz ist einer der Schlüsselfaktoren bei Investitionsentscheidungen, und bei jeder Investition stellt sich immer, wenn auch oft unausgesprochen, im Hintergrund die Frage, ob es nicht wirtschaftlich sinnvoller ist, liquide Mittel mit vergleichsweise verlässlichen Rahmenbedingungen und grundsätzlich überschaubarem Risiko bei Wahrung vergleichsweise hoher Liquidität im Kapitalmarkt anzulegen, statt sich dem Risiko einer Fehleinschätzung bei einer langfristig Kapital bindenden Investition auszusetzen. Das ist eine unternehmerische Grundfrage, die immer wieder bei Investitionsentscheidungen im Raum steht. Zinsertrag könnte man durchaus richtig ganz allgemein als Vergütung für arbeitendes Vermögen verstehen, der neben dem, was man als Zins im engeren Sinn bezeichnet wird, auch Gewinn oder Risikoausgleich einschließt. Zinsertrag ist Maß und Ausdruck betriebswirtschaftlicher Effekte aus Sicht des Investors.

Dieses vorausgeschickt, wird für ein bestehendes Unternehmen sichtbar, dass die Ermittlung des Zinssatzes, mit dem es in die Rentabilitätsrechnung im Zusammenhang mit Investitionen geht, von herausragender Bedeutung ist.

Lernziel dieses Kapitels ist der gemeinsame Versuch, Ansätze und Methoden zu finden, die den der Situation angemessenen und betriebswirtschaftlich „richtigen" Zinssatz ermitteln – den Kalkulationszinssatz.

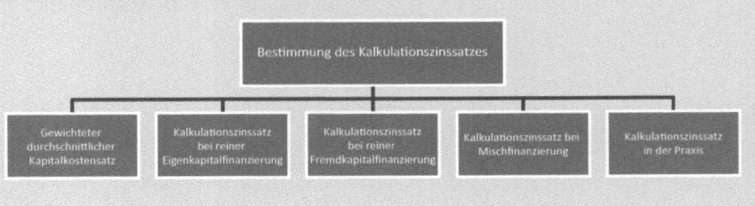

Ein Beispiel aus der Praxis: Kevin M. – Sie erinnern sich? – hat erfolgreich, aber mit einer gewissen Mühe, seine Fehleinschätzung bezüglich der Integration und Interdependenz der neuen Computertechnik in seiner Investitionsrechnung untergebracht, indem er die durch ungenutzte Kapazität ungedeckten Fixkosten ermittelt und in der Preiskalkulation berücksichtigt hat. *(Ein Thema, das nicht hierher gehört, aber eine Information für Sie am Rande, wie man versuchen kann, einen Fehler im Nachhinein zu korrigieren.)*

Welchen Kalkulationszinssatz sollte er nun in seiner Investitionsrechnung ansetzen, zumal er dank umsichtigem Verhalten seines Vaters in den zurückliegenden Jahren seine Investition ohne Fremdkapital, sozusagen „aus der Portokasse", würde finanzieren können? Den entgangenen aktuellen Haben-Zinssatz? Finanzierungszinssatz bei Kreditfinanzierung? Wäre die Gesamtkapitalrendite des Unternehmens eine zutreffende Größe? Ein Mix aus allem?

Wir verstoßen nicht gegen das Datenschutzgesetz, wenn wir hier öffentlich mitteilen: Kevin M. hat dieses Buch aus seinen Studienerinnerungen gekramt und Kap. 6 nochmal verinnerlicht und damit eben das, was jetzt vor Ihnen liegt.

Wie bestimmt man also den Kalkulationszinssatz, was muss beachtet werden, und welche Möglichkeiten gibt es? Das erfahren Sie in dem folgenden und letzten Kapitel dieses Lehrbuchs.

6.1 Gewichteter durchschnittlicher Kapitalkostensatz (Weighted Average Cost of Capital – WACC)

Der gewichtete durchschnittliche Kapitalkostensatz ist ein international gebräuchlicher Ansatz, den Zinssatz aus unternehmensinternen Daten zu generieren. Im englischen Sprachraum spricht man auch vom WACC, was für **W**eighted **A**verage **C**ost of **C**apital steht.

Der WACC weist den gewichteten Kapitalkostensatz eines Unternehmens aus.

Wenn Sie auf Ihre finanzwirtschaftlichen Kenntnisse zurückgreifen, wird es Ihnen selbstverständlich sein, dass zumal größere Unternehmen das arbeitende Vermögen (Aktiva) oft vorwiegend fremdfinanziert haben. Fremdfinanzierung bedeutet – auch das ist Ihnen ja nicht neu – dass Kreditgeber dem Unternehmen Geld gegen einen vereinbarten Zins geliehen und/oder Aktiengesellschaften verzinsliche Wertpapiere in Umlauf gebracht haben (z. B. Anleihen). Die Kreditaufnahme oder Emission von Anleihen erfolgen verteilt über die Zeit aus verschiedenen Gründen – meist, um Investitionsvorhaben zu realisieren – und die ihnen unterlegten Kreditvereinbarungen regeln unter anderem die jeweils zum Abschlusszeitpunkt aktuellen Zinssätze. Deren Höhe hängt jeweils ab vom Kapitalmarkt einerseits – und von der Kreditwürdigkeit des Unternehmens andererseits. Das zeigt sich darin, dass ein Unternehmen zu jedem Zeitpunkt eine nachvollziehbare und charakteristische „Kreditlandschaft" aufweist, die durch die gegenwärtigen Kreditverträge mit jeweiligen Kredithöhen, Zinssätzen und Restlaufzeiten geformt ist.

Die Fremdkapitalzinsen der einzelnen Kreditformen lassen sich ermitteln und daraus ein durchschnittlicher Fremdkapital-Zinssatz. Das ist der durchschnittliche Kapitalkostensatz, den ein Unternehmen aktuell für Fremdkapital zahlt. (Gutes Finanzmanagement schließt den Blick in die Zukunft ein und berücksichtigt fällig werdende Umfinanzierungen.)

Aber auch das Eigenkapital erwartet eine angemessene Kapitalverzinsung – zumal dann, wenn es sich um Aktionäre, also anonyme Geldgeber handelt. Deren Erwartungshaltung ist konkret und orientiert sich am Risiko der Investition. Diese Kapitalkosten insgesamt entsprechen dem Mindestkostensatz, den beispielsweise ein Investitionsprojekt decken sollte, damit es sich für ein Unternehmen lohnt hier zu investieren. Der WACC ist der allgemein geläufige Begriff für diesen die Finanzierungssituation des Unternehmens kennzeichnenden Kapitalkostensatz – bei seiner Ermittlung muss allerdings etwas ausholender gedacht werden als zunächst vermutet:

Bei der Ermittlung des WACC ist zu beachten, dass Zinsen, die durch Fremdkapital fällig werden, immer vom EBIT (Ergebnis vor Zinsen und Steuern) abgezogen werden. Erst auf Basis des daraus resultierenden EBT (Gewinn vor Steuern) werden Steuern berechnet und subtrahiert. Finanziert ein Unternehmen also Investitionen durch Fremdkapital, so können dadurch Steuerersparnisse erzielt werden. Die Zinsen auf Fremdkapital sind sozusagen von der Steuer absetzbar. Die Netto-Zinsen sind also niedriger als die tatsächlich an den Kreditgeber gezahlten Zinsen. Dieser Effekt wird deswegen in der Berechnung des gewichteten durchschnittlichen Kapitalkostensatzes zu berücksichtigen sein. Dadurch verringern sich also die Kapitalkosten.

Wie berechnet sich nun der gewichtete durchschnittliche Kapitalkostensatz?

Die Kapitalkostensätze von Fremd- und Eigenkapital werden jeweils mit dem Anteil von Fremd- und Eigenkapital am Unternehmensgesamtwert gewichtet und addiert. Zusätzlich wird der Fremdkapitalkostensatz mit dem Steuersatz verrechnet. Man multipliziert also den Zinssatz, der von den Eigenkapitalgebern als Rendite gefordert wird, i_e, mit dem Anteil des Eigenkapitals am Gesamtkapital des Unternehmens. Zu diesem Ergebnis addiert man das Produkt aus dem Zinssatze i_f, der beispielsweise für die Aufnahme von Krediten anfällt, und dem Anteil des Fremdkapitals am Unternehmen. Der Fremdkapitalkostensatz i_f wird, wie oben erwähnt mit dem Unternehmenssteuersatz verrechnet. Dadurch verringert sich i_f. Grund für die Verrechnung ist, dass Fremdkapitalkosten von der Steuer absetzbar sind und sich somit in der Summe aus Zinszahlungen und Steuerersparnis verringern. Die Steuern vermindern sich für jeden Euro aufgenommenes Fremdkapital um $t_c \cdot i_f$, wobei t_c der Steuersatz auf Unternehmensgewinne ist. Insgesamt beträgt also der Nettozinssatz nach Abzug des Steuerspareffektes $i_f - t_c \cdot i_f = i_f (1 - t_c)$. Dies wird bei der Berechnung des WACC entsprechend berücksichtigt.

Es ergibt sich der WACC:

$$WACC = \frac{EK_M}{EK_M + FK_M} \cdot i_e + \frac{FK_M}{EK_M + FK_M} \cdot i_f \cdot (1 - t_c)$$

Wobei:
- EK_M = Marktwert des Eigenkapitals
- FK_M = Marktwert des Fremdkapitals
- i_e = Zinssatz bei Eigenfinanzierung
- i_f = Zinssatz bei Fremdfinanzierung
- t_c = Unternehmenssteuersatz

6.1 · Gewichteter durchschnittlicher Kapitalkostensatz

> **Merke!**
>
> Der **gewichtete durchschnittliche Kapitalkostensatz** (WACC) wird aus dem mit der **Eigenkapitalquote** gewichteten **Eigenkapitalkostensatz** und dem mit der **Fremdkapitalquote** gewichteten **Netto-Fremdkapitalkostensatz** berechnet.

Der gewichtete durchschnittliche Kapitalkostensatz wird so mit den Marktwerten des Eigen- und Fremdkapitals berechnet, da dies auch dem Kapital entspricht, was man erzielen könnte, wenn man es am Markt verkaufen würde.

Wir berechnen nun den WACC anhand eines Beispiels:

Beispiel

Ein Unternehmen möchte in eine Maschine investieren und muss das Projekt bewerten. Es benötigt, unter anderem, den Kalkulationszinssatz i. Als Basis für die Berechnung des Kalkulationszinssatzes verwendet das Unternehmen denn WACC. Das Unternehmen hat einen Verschuldungsgrad von 60 %. Der Zinssatz bei Eigenfinanzierung beträgt 20 % und der bei Fremdfinanzierung liegt bei 15,15 %. Der Unternehmenssteuersatz beträgt 34 %. Welchen gewichteten durchschnittlichen Kapitalkostensatz wird das Unternehmen ausrechnen?

Zunächst wollen wir den Anteil des Marktwerts des Eigen- und des Fremdkapitals berechnen. Wissen Sie noch, wie man den Verschuldungsgrad berechnet? Richtig, er setzt das Fremdkapital mit dem Eigenkapital ins Verhältnis. Ein Verschuldungsgrad von 60 % bedeutet also, dass sechs Einheiten Fremdkapital zehn Einheiten Eigenkapital entsprechen:

$$\frac{EK_M}{EK_M + FK_M} = \frac{10}{10+6} = \frac{5}{8},$$

$$\frac{FK_M}{EK_M + FK_M} = \frac{6}{10+6} = \frac{3}{8},$$

$$WACC = \frac{5}{8} \cdot 0{,}2 + \frac{3}{8} \cdot 0{,}1515 \cdot (1 - 0{,}34) = 16{,}25\,\%.$$

Der WACC dieses Unternehmens beträgt also 16,25 %.

Sie sollten sich fragen, wie man denn eigentlich i_e oder i_f bestimmt. Die Antwort folgt im nächsten Kapitel. In ▶ Abschn. 6.2 berechnen wir zusammen den Zinssatz bei Eigenfinanzierung i_e, und in ▶ Abschn. 6.3 folgt die Ermittlung des Zinssatzes bei Fremdfinanzierung i_f.

6.2 Kalkulationszinssatz bei reiner Eigenkapitalfinanzierung

Im vorigen Kapitel haben wir den WACC, den gewichteten durchschnittlichen Kapitalkostensatz, besprochen und somit die Grundlage für den Kalkulationszinssatz gebildet. In den nun kommenden Zyklen greifen wir immer Teile der WACC-Formel auf und betrachten, wie man diese auch unter anderen Finanzierungsgegebenheiten genauer bestimmt.

Wir wollen uns an dieser Stelle jedoch zuerst noch einmal kurz klarmachen, was der Kalkulationszinssatz aussagt:

„Der Kalkulationszinssatz ist die subjektive Mindestverzinsungsanforderung des Investors an sein Investitionsobjekt" (Däumler und Grabe 2014, S. 34).

Es ist wichtig, dass dieser Satz realistisch abgeschätzt bzw. angewendet wird. Denn wie Sie in dem letzten Kapitel bei der Anwendung verschiedener dynamischer Verfahren festgestellt haben, hängen fast alle diese Rechnungen von der Höhe des gewählten Kalkulationszinssatzes ab. Eine Ausnahme bildet nur die interne Zinsfußmethode.

Um diesen Zinssatz sinnvoll einschätzen zu können, sollte die gegenwärtige tatsächliche Finanzierung des jeweiligen Unternehmens berücksichtigt werden. Daraus ergeben sich bestimmte Mindestanforderungen, die der Kalkulationszinssatz i auf jeden Fall berücksichtigen muss.

In diesem Kapitel stellt sich zunächst die Frage, wie man den Kalkulationszinssatz bei reiner Eigenkapitalfinanzierung bestimmt.

Der Kalkulationszinssatz bei Eigenfinanzierung wird i_e genannt. Wenn Sie noch einmal einen Blick auf das vorausgegangene Kapitel werfen, so erkennen Sie, dass wir i_e bereits dort verwendet haben – er ist Teil der WACC-Formel.

Wir wollen also i_e bestimmen, den Kalkulationszinssatz bei reiner Eigenfinanzierung, auch *Eigenkapitalkostensatz* genannt.

Möchte ein Unternehmen ein Investitionsprojekt komplett durch Eigenkapital finanzieren, so ist der Zinssatz, an dem der Kalkulationszinssatz i_e gemessen werden sollte, der einer Kapitalanlagemöglichkeit am Markt. Anstatt das Geld nämlich in das neue Projekt zu investieren, könnte der Unternehmer das Kapital auch im freien Kapitalmarkt in ein Unternehmen mit ähnlichem Risiko anlegen. Die Zinsen, die er oder sie dort erzielen würde, setzen die Mindesthöhe der Rendite, die das Investitionsobjekt alternativ abwerfen müsste. Der Zinssatz am Markt entspricht also quasi der Untergrenze für i_e.

Man kann die Situation auch aus der Sichtweise der Eigenkapitalgeber betrachten. Den Jahresüberschuss zahlt eine Aktiengesellschaft entweder per Dividende an seine Eigenkapitalinhaber oder sie reinvestiert das Geld. Der Eigenkapitalinhaber kann die Ausschüttung wieder im Kapitalmarkt anlegen. Bei einer Anlage gleichen Risikos präferiert der Eigenkapitalgeber die Anlagemöglichkeit, die ihm die höhere Rendite einbringt.

6.2 · Kalkulationszinssatz bei Eigenkapitalfinanzierung

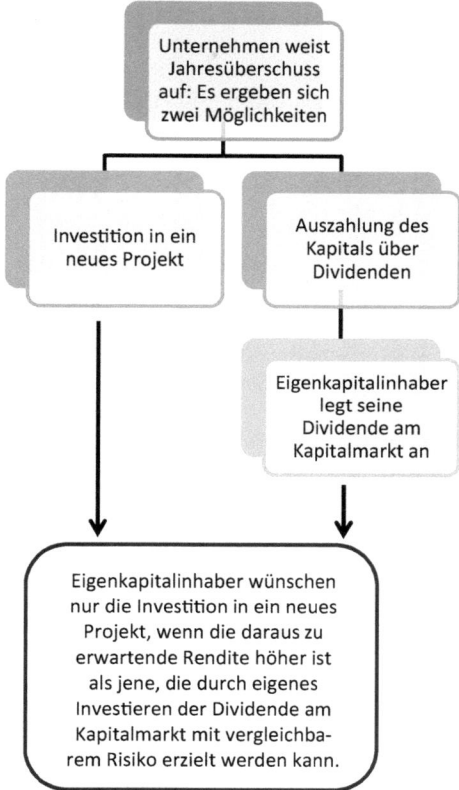

Abb. 6.1 Alternativen der Jahresüberschussverwendung. (Quelle: Eigene Darstellung, basierend auf Hillier et al. 2013, S. 324)

Würde also das Reinvestieren des Jahresüberschusses in ein neues Projekt höhere Renditen abwerfen, so wäre das Investitionsprojekt attraktiver. Diese Situation ist in ◘ Abb. 6.1 dargestellt.

Spätestens jetzt werden Sie sich ungeduldig fragen: Alles schön und gut, aber wie ermittle ich nun den der Idee nach dargestellten Kalkulationszinssatz i_e?

Hier die Antwort: Durch das Capital Asset Pricing Model (CAPM).

Merke!

Der **Eigenkapitalkostensatz** bei reiner Eigenkapitalfinanzierung wird mithilfe des **Capital Asset Pricing Model** (CAPM) berechnet.

Der Kalkulationszinssatz i_e bei reiner Eigenkapitalfinanzierung wird durch das CAPM bestimmt. Zur Anwendung des CAPM muss die Risikoposition des einzelnen Unternehmens festgestellt werden. Dies erfolgt mit Hilfe des sogenannten β (Beta), Risikofaktor genannt. Dieser β-Koeffizient ermöglicht die Bestimmung des Risikos einer Investition, indem das Risiko mit vergleichbaren Investmentoptionen gemessen wird.

Die CAPM-Formel setzt sich folgendermaßen zusammen:

$$i_e = i_b + \beta_a \cdot (i_{mr} - i_b)$$

Wobei:

- i_e : Eigenkapitalkostensatz
- i_b : risikoloser Basiszins (Zinssatz für risikolose Anlage)
- i_{mr} : Marktrendite für Aktien
- β_a : Risikofaktor für Aktien (Beta-Faktor)

Graphisch kann man die Zusammensetzung des Eigenkapitalkostensatzes so darstellen wie es die folgende Abbildung zeigt.

Dazu nehmen wir folgendes Beispiel an.

Beispiel

i_b = 5 %
i_{mr} = 11 %
$i_{mr} - i_b$ = 6 %
β_a = 1,7

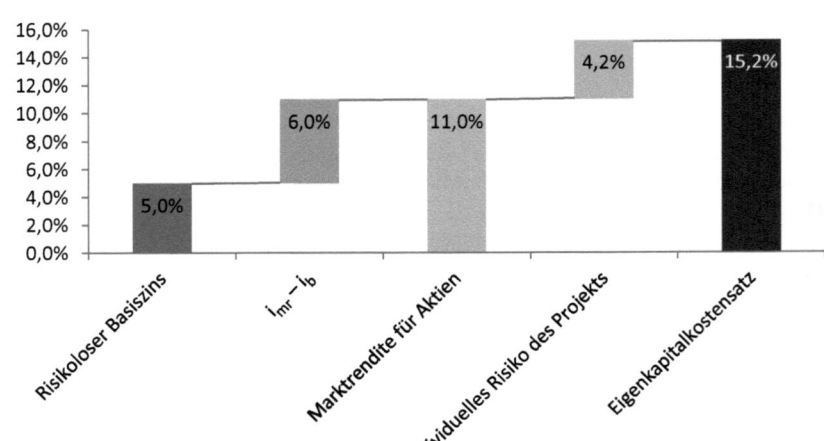

6.2 · Kalkulationszinssatz bei Eigenkapitalfinanzierung

In der Abbildung kann man die einzelnen „Bausteine" des i_e gut erkennen. Zunächst geht dieses Unternehmen in unserem Beispiel von einem risikolosen Basiszinssatz i_b von 5 % aus. i_b ist der Zins einer Bundesanleihe, die die gleiche Laufzeit wie das Investitionsprojekts aufweist. Diese wird mit einer allgemeinen Risikoprämie von 6 % (= $i_{mr} - i_b$) auf die Marktrendite i_{mr}, die der Unternehmer durch breites Anlegen des Kapitals in Aktien erzielen kann, aufgestockt. i_{mr} stellt also die langfristige DAX-Rendite dar. Der Zinssatz liegt jetzt also bei 11 %. Nun wird der Risikokoeffizient β miteinbezogen. Multipliziert man die Risikoprämie $i_{mr} - i_b$ mit β (= 1,7), so ergibt 10,2 %. Subtrahiert man davon die bereits berücksichtigte allgemeine Risikoprämie von 6 %, erhält man das individuelle Risiko des Projekts von 4,2 %. Addiert man die einzelnen Posten, so erhält man den Kalkulationszinssatz bei reiner Eigenfinanzierung i_e von 15,2 %.

Bleibt die Frage offen, wie man zu β kommt – bis hier mit 1,7 eine willkürlich erscheinende Größe.

Wir wollen uns das Thema β einmal genauer betrachten und herausfinden, wie genau man β eigentlich bestimmt und was ein β von 1,7 beispielsweise bedeutet.

Grafisch lässt sich der Zusammenhang von i_b, i_{mr} und β im CAPM auch darstellen. Betrachten Sie hierzu ◘ Abb. 6.2.

Folgende Zusammenhänge gelten in Bezug auf die Höhe von β. Betrachten Sie gleichzeitig noch einmal ◘ Abb. 6.2, um sich die einzelnen Fälle graphisch klarzumachen.

β < 1
Die Aktie hat ein geringeres Risiko als das Marktportfolio (z. B. Aktienanlage in Dax-Index).
β = 1
Die Aktie hat das gleiche Risiko wie das Marktportfolio.
β > 1
Die Aktie hat ein höheres Risiko als das Marktportfolio.

Im ersten Teil dieses Kapitels sind wir davon ausgegangen, dass β bekannt ist. Wie kommt man aber auf den Wert von β?

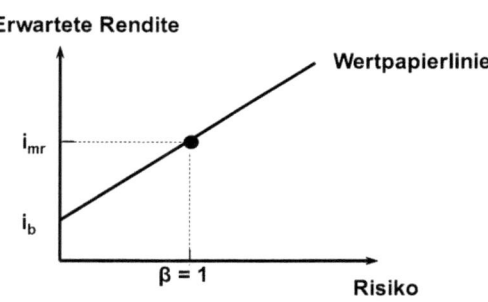

◘ Abb. 6.2 Zusammenhang i_b, i_{mr} und β im CAPM

Ein einschränkender Hinweis für die folgenden Ausführungen: Es geht hier darum, einen Blick auf die Vorgehensweise zur Ermittlung des Risikofaktors β zu ermöglichen – Sinn der folgenden Ausführung soll es nicht sein, einen β-Wert selbst ermitteln zu können.

Angenommen, das börsennotierte Unternehmen „Alphastar" möchte seinen β-Koeffizienten bestimmen. Alphastar ist ein kleines Unternehmen und ist deshalb Mitglied des Aktienindex SDAX. Wie berechnet sich β?

β setzt die Kovarianz der Rendite von Alphastar und der des SDAX ins Verhältnis zur Varianz der Rendite des Aktienindex des SDAX.

Mit einer Rechenformel ausgedrückt ergibt sich folgendes Bild:

$$\beta = \frac{\text{Cov}(i_{\text{Alphastar}}, i_{\text{SDAX}})}{\text{Var}(i_{\text{SDAX}})} = \frac{s_{\text{Alphastar, SDAX}}}{s_{\text{SDAX}}^2}.$$

Hier bedeutet Cov (·) die Kovarianz zwischen der Rendite von Alphastar und dem SDAX-Index sowie Var (·) die Varianz der Rendite des SDAX-Index.

Merke!

Das **β** ist ein Maß für das **Risiko einer Aktie** und ist für jede Aktie individuell verschieden. Je größer das β, desto größer ist das Risiko, in diese Aktie zu investieren.

Falls ein Unternehmen nicht börsennotiert ist, kann alternativ das durchschnittliche β der Branche verwendet werden, um den Eigenkapitalkostensatz zu berechnen.

Börsennotierte Unternehmen bestimmen auch oft an Stelle ihres individuellen β-Koeffizienten den des gesamten Industriesektors. Dieses Vorgehen verringert das Auftreten von Schätzfehlern, da mehr Daten vorliegen, wenn der gesamte Sektor herangezogen wird. Ein Unternehmen in homogenem Branchenumfeld sollte das Branchen-β für seine Berechnung verwenden. Bei der Festlegung der Gemeinsamkeiten, um eine sichere Aussage zu treffen, sehen sich Unternehmen den gleichen Schwierigkeiten begrenzter Homogenität gegenüber, die bei der Peer-Group-Analyse (Lehrbuch Finanzierung: Finanzberichte, -kennzahlen, -planung von denselben Autoren, Abschn. 4.2 Kennzahlenanalyse) aufgetreten sind. Da große Unternehmen heutzutage sehr heterogen sind, also in vielen verschiedenen Geschäftsfeldern tätig, ist das Definieren eines Sektors häufig problematisch. Ist kein homogenes Anbieterumfeld gegeben, so macht es Sinn, ein eigenes β zu berechnen.

◘ Tab. 6.1 zeigt eine Tabelle mit den β-Koeffizienten unterschiedlicher Automobilunternehmen im Jahr 2014.

Aus ◘ Tab. 6.1 können Sie beispielsweise erkennen, dass das Unternehmen Peugeot mit einem β von 1,74 ein deutlich höheres Risiko aufweist als Ford mit einem β von 1,07.

So viel zum Thema Bestimmung des Kalkulationszinssatzes bei reiner Eigenfinanzierung und Berechnung des β.

Tab. 6.1 β-Koeffizienten im Automobilsektor. (Quelle: Financal Times 2017)

Unternehmen	Beta
BMW AG	1,39
Daimler AG	1,55
Ford Motor Co	1,07
Peugeot SA	1,74
Renault SA	1,70
Volkswagen AG	1,53

6.3 Kalkulationszinssatz bei reiner Fremdkapitalfinanzierung

Im vorigen Kapitel haben wir den Eigenkapitalkostensatz i_e näher betrachtet. Wie diesen findet man auch den Kalkulationszinssatz bei reiner Fremdfinanzierung in der Formel des gewichteten durchschnittlichen Kapitalkostensatzes (WACC). Man spricht auch vom Fremdkapitalkostensatz i_f. In diesem Kapitel lernen wir, wie man i_f bestimmen kann.

Möchte ein Unternehmen eine Investition tätigen und diese rein fremdfinanzieren, so sollte der Kalkulationszinssatz für die Vorteilhaftigkeitsrechnung sinnvollerweise an jenen Zinsen orientiert werden, die das Unternehmen tatsächlich für das Fremdkapital zahlen muss. Dieser Fremdkapitalzinssatz entspricht also der Mindestanforderung bezüglich der Höhe des Fremdkapitalkostensatzes i_f.

Man bildet den Fremdkapitalkostensatz i_f durch das Berechnen des Durchschnitts der tatsächlichen Fremdkapitalzinsen bei Bankdarlehen bzw. der effektiven Rendite bei festverzinslichen Wertpapieren gemäß der Kapitalstruktur eines Unternehmens. Es ergibt sich daher folgende Formel:

$$i_f = \left(\frac{V_1}{FK_M} \cdot i_{f1} + \frac{V_2}{FK_M} \cdot i_{f2} + \ldots + \frac{V_n}{FK_M} \cdot i_{fn} \right) \cdot (1 - t_c) \cdot 100$$

Wobei:

i_f = Kalkulationszinssatz bei Fremdkapitalfinanzierung
V_i = Marktwert der Verbindlichkeit i
FK_M = Marktwert des Fremdkapitals
i_{fi} = Zinssatz bzw. Effektivverzinsung der Verbindlichkeit i
t_c = Gewinnsteuersatz
n = Anzahl der unterschiedlichen Verbindlichkeiten

Der Fremdkapitalkostensatz ist also die mit dem Marktwert der Verbindlichkeiten gewichtete Summe aller Zinssätze der gesamten zinstragenden Verbindlichkeiten. Es sollten, wenn möglich, in der Berechnung auch nur jene Verbindlichkeiten eines Unternehmens berücksichtigt werden, die Zinszahlungen verlangen. Aus diesen Zinssätzen kann dann der Mindestsatz, den ein Projekt, das rein fremdfinanziert wird, abwerfen muss, berechnet werden.

> **Merke!**
>
> Der Fremdkapitalkostensatz wird berechnet, indem die Fremdkapitalzinsen der einzelnen Kredite bzw. festverzinslichen Wertpapiere mit dem jeweiligen Marktwert des Fremdkapitals gewichtet werden.

Es kommt vor, dass Informationen über die Kapitalstruktur eines Unternehmens nicht wünschenswert detailliert vorliegen. Sind die einzelnen zinstragenden Verbindlichkeiten und die mit ihnen verbundenen Zinskosten nicht bekannt, so können auch einfachere Berechnung durchgeführt werden. Man kann ersatzweise den Quotient aus den gesamten Zinsaufwendungen und dem Fremdkapital bilden. Eine weitere Alternative ist die Erhöhung des risikolosen Basiszinssatzes i_b, den wir bereits im vorigen Kapitel kennengelernt haben, um einen unternehmensspezifischen Risikoaufschlag.

Mit einem kleinen Beispiel wollen wir lernen die Formel anzuwenden.

Beispiel

Die Herzcom GmbH möchte in eine neue Filiale investieren und verspricht sich davon einen höheren Umsatz. Das Projekt möchte die GmbH nur mit reinem Fremdkapital finanzieren. Bisher hat die Bank vier Kredite bei vier unterschiedlichen Banken aufgenommen. Die Kredite weisen die folgenden Zinskonditionen auf:
- Bank A: 100.000 €,
- Bank B: 75.000 €,
- Bank C: 25.000 €,
- Bank D: 50.000 €.

Herzcom hat die unterschiedlichen Laufzeiten und Zinssätze der einzelnen Kredite berücksichtigt. Somit fallen für jeden Kredit folgende Zinssätze an:
- Bank A: 4,3 %,
- Bank B: 4,0 %,
- Bank C: 4,1 %,
- Bank D: 4,3 %.

Die Investition muss sich für Herzcom lohnen. Deswegen möchte die GmbH die Kapitalwertmethode zur Beurteilung des Projekts heranziehen. Herzcom weiß, dass es dafür neben den

6.4 · Kalkulationszinssatz bei Mischfinanzierung

verschiedenen Ein- und Auszahlungen während der Laufzeit auch den Kalkulationszinssatz i bestimmen muss. Da sich Herzcom für reine Fremdfinanzierung entschieden hat, weiß das Unternehmen, dass hier der Fremdkapitalkostensatz berechnet werden sollte. Der Gewinnsteuersatz t_c beträgt 32 %.
Zum Glück stehen Sie dem Unternehmen beratend zu Seite und berechnen i_f für Herzcom.
Zuerst muss die ganze Kreditsumme berechnet werden:
FK_M = 100.000 € + 75.000 € + 25.000 € + 50.000 € = 250.000 €.
Dann wird der gewichtete Fremdkapitalkostensatz ermittelt:

$$i_f = \left(\frac{100.000 \text{ €}}{250.000 \text{ €}} \cdot 4,3 + \frac{75.000 \text{ €}}{250.000 \text{ €}} \cdot 4,0 + \frac{25.000 \text{ €}}{250.000 \text{ €}} \cdot 4,1 + \frac{50.000 \text{ €}}{250.000 \text{ €}} \cdot 4,3\right)$$
$$\cdot (1 - 0,32) \cdot 100 = 2,85\,\%.$$

Der Kalkulationszinssatz i_f beträgt 2,85 %.

6.4 Kalkulationszinssatz bei Mischfinanzierung

Bisher haben wir gelernt, wie man den WACC bestimmt und wie man die dafür nötigen Größen „Eigenkapitalkostensatz i_e" und „Fremdkapitalkostensatz i_f" berechnet. Nun wollen wir in diesem Zyklus klären, wie der Kalkulationszinssatz bei einer Mischfinanzierung, also bei Eigen- und Fremdkapitalfinanzierung bestimmt wird.

Da es normalerweise gar nicht möglich ist, die konkrete Finanzierungsart, sei es Fremd- oder Eigenkapitalfinanzierung, eines Investitionsprojekts zu bestimmen, wird der Kalkulationszinssatz häufig auf Grundlage einer Mischfinanzierung bestimmt. Es wird also unterstellt, dass die Finanzierung eines Projekts im gleichen Verhältnis wie die Finanzierung des gesamten Unternehmens erfolgt.

In diesem Kapitel überlegen wir uns also, wie hoch ein Unternehmer den Kalkulationszinssatz i ansetzen sollte, wenn er sein Investitionsprojekt durch sowohl Fremd- als auch Eigenkapital finanzieren möchte.

Einerseits muss der Entscheidungsträger also bestimmen, wie hoch die Erwartungen der Eigenkapitalgeber bzgl. ihrer Rendite bei einer Investition in des Unternehmers Projekt sind. Andererseits muss der Unternehmer in seinen Zinssatz bei Mischfinanzierungen die Zinskosten, die er durch Fremdfinanzierung zu zahlen hat, berücksichtigen.

Zur Bestimmung des Kalkulationszinssatzes bei Mischfinanzierung wird ein gewichtetes Mittel von i_e und i_f gebildet.

Folgende Formel stellt den Kalkulationszinssatz bei Mischfinanzierung, den wir mit i_m bezeichnen, dar:

$$i_m = \frac{EK_M}{EK_M + FK_M} \cdot i_e + \frac{FK_M}{EK_M + FK_M} \cdot i_f \cdot (1 - t_c)$$

Wobei:
- i_m = Kalkulationszinssatz bei Mischfinanzierung
- i_e = Kalkulationszinssatz bei Eigenkapitalfinanzierung
- i_f = Kalkulationszinssatz bei Fremdkapitalfinanzierung
- t_c = Gewinnsteuersatz
- EK_M = Marktwert des Eigenkapitals
- FK_M = Marktwert des Fremdkapitals

Durch die Berücksichtigung des Eigen- und Fremdkapitals entsteht eine Gewichtung der beiden Zinssätze i_e (Eigenkapitalkostensatz) und i_f (Fremdkapitalkostensatz).

Der Marktwert des Eigenkapitals entspricht dabei der Marktkapitalisierung des Unternehmens. Sie erinnern sich? Marktkapitalisierung ist die Anzahl der ausgegebenen Aktien multipliziert mit dem aktuellen Aktienwert. Da der aktuelle Aktienwert den Preis widerspiegelt, den Investoren bereit sind zu zahlen, sprich, was ihnen die Aktie wert ist, spiegelt die Marktkapitalisierung den Marktwert des Eigenkapitals wider.

Für den Marktwert des Fremdkapitals hingegen wird oft einfachheitshalber der Bilanzwert des Fremdkapitals verwendet.

Der Kalkulationszinssatz bei Mischfinanzierung i_m ergibt sich also rechnerisch durch das Eigen- und Fremdkapitalanteil gewichtete Mittel der Kalkulationszinssätze bei Eigen- und bei Fremdfinanzierung: i_e und i_f, wobei der Zinssatz bei Fremdfinanzierung durch den Steuerspareffekt der Zinszahlungen korrigiert wird.

> **Merke!**
>
> Bei einem mischfinanzierten Investitionsprojekt wird als Kalkulationszinssatz der **gewichtete durchschnittliche Kapitalkostensatz** (WACC) verwendet.

An dieser Stelle soll Ihnen die ◘ Tab. 6.2 noch eine zusammenfassende Übersicht zur Bestimmung des Kalkulationszinssatzes bei Eigen-, Fremd und Mischfinanzierung liefern.

> **Auf den Punkt gebracht:** Um den **Kalkulationszinssatz** eines Investitionsprojekts zu bestimmen, werden die Fälle reine **Eigenkapitalfinanzierung**, reine **Fremdkapitalfinanzierung** und **Mischfinanzierung** unterschieden. Grundlage der Berechnung ist immer der **gewichtete durchschnittliche Kapitalkostensatz** (WACC), der je Fall entsprechend angepasst wird.

Tab. 6.2 Möglichkeiten zur Bestimmung des Kalkulationszinssatzes

Finanzierung mit Eigenkapital (EK)	Der subjektive Mindestzins i_e orientiert sich am Risiko des Investitionsprojekts. Vereinfachend wird für dieses Risiko das Risiko des Gesamtunternehmens genommen. Je höher das Risiko ist, desto höher ist der subjektive Mindestzins. Er berechnet sich auf Grundlage des CAP-Modells: $i_e = i_b + \beta_a \cdot (i_{mr} - i_b)$
Finanzierung mit Fremdkapital (FK)	Wenn ein Investor eine Investition völlig fremdfinanziert, so orientiert sich seine Mindestverzinsungsanforderung am Fremdkapitalzins. Hat ein Unternehmen mehrere Verbindlichkeiten aufgenommen, dann berechnet sich der Fremdkapitalsatz als gewichtetes Mittel der bisherigen Zinssätze. Außerdem wird berücksichtigt, dass Fremdkapitalzinsen den Gewinn und damit auch die Steuerlast schmälern: $i_f = \left(\frac{V_1}{FK_M} \cdot i_{f1} + \frac{V_2}{FK_M} \cdot i_{f2} + \cdots + \frac{V_n}{FK_M} \cdot i_{fn} \right) \cdot (1 - t_c) \cdot 100$
Finanzierung mit EK und FK	Entsprechend der Aufteilung auf EK und FK ist eine Mittelung der zuvor beschriebenen Zinssätze vorzunehmen. Für den Kalkulationszinssatz bei Mischfinanzierung i_m gilt: $i_m = \frac{EK_M}{EK_M + FK_M} \cdot i_e + \frac{FK_M}{EK_M + FK_M} \cdot i_f \cdot (1 - t_c)$

6.5 Kalkulationszinssatz in der Praxis

Sie haben in diesem Kapitel kennengelernt, welche unterschiedlichen Möglichkeiten es gibt, den Kalkulationszinssatz zu bestimmen. Sie fragen sich sicherlich, wie relevant die verschiedenen Ansätze und Verfahren in der Praxis sind. Auf welche Weise bestimmen Unternehmen in der Realität Kalkulationszinssätze? Wonach orientieren sie sich?

Um dieser Fragen nachzugehen, werfen wir erneut einen Blick in die Umfrage der schon bereits in ▶ Kap. 1 zitierten Arbeit von Herrlinger (2005).

Die Aussage von 43 Unternehmen unterschiedlicher Größe ergab, dass die häufigste Methode, die zur Bestimmung des Kalkulationszinssatzes verwendet wird, die Bestimmung des WACC ist, also des gewichteten durchschnittlichen Kapitalkostensatzes des investierenden Unternehmens (◘ Tab. 6.3).

Wie Sie gelernt haben, berücksichtigt dieser Zinssatz sowohl Fremd- als auch Eigenkapitalkostensätze und gewichtet diese anteilig mit der Eigen- und der Fremdkapitalquote eines Unternehmens. Dieser Zinssatz scheint also eine vernünftige Annahme bezüglich zu erwartender Zinsen einer Investition zu sein, der realistisch die Kosten für Fremdkapital als auch die erwartete Rendite der Eigenkapitalgeber berücksichtigt.

◘ **Tab. 6.3** Übersicht Kalkulationszinssätze in der Praxis. (Quelle: Herrlinger 2005, S. 55)

	Kleine Unternehmen n = 17	Mittlere Unternehmen n = 6	Große Unternehmen n = 20	Alle Unternehmen
Generell der Zinssatz für Fremdkapital	23,53	50,00	5,00	18,60
Generell Orientierung an den mit Eigenkapital erzielbaren Zinsen	5,88	0,00	0,00	2,33
Generell Mischform aus 1. und 2. (WACC)	17,65	33,33	75,00	46,51
Je nach tatsächlicher Finanzierung	17,65	16,67	15,00	16,28
Subjektive Größe	29,41	16,67	15,00	20,93
Sonstiges Verfahren	5,88	0,00	5,00	4,65
Alle Angaben in Prozent				

Hauptsächlich größere Unternehmen verwenden den WACC. Dies könnte an der im vorigen Abschnitt aufgestellten Vermutung liegen, dass es nicht immer möglich ist, genaue Fremd- oder Eigenkapitalkosten einer Investition zuzuordnen. Der WACC spiegelt dann die Kapitalkosten des gesamten Unternehmens wider und wird auch für ein einzelnes Projekt in dieser Höhe angenommen.

Kleinere Unternehmen verwenden laut dieser Umfrage auch häufig den Fremdkapitalkostensatz als Basis für Investitionsrechnungen. Grund dafür könnte sein, dass dieses Verfahren einfach anzuwenden und daher vielleicht kostengünstiger ist. Oder aber auch einfach die Erkenntnis, dass das Projekt zu 100 % mit Fremdkapital finanziert wird und die für den konkreten Finanzierungskredit zu zahlenden Zinsen genau die sind, die das finanzierte Investment generieren muss.

> **Merke!**
>
> Die meisten Großunternehmen berechnen den **Kalkulationszinssatz** für Investitionsprojekte mithilfe des **gewichteten durchschnittlichen Kapitalkostensatzes** WACC.

6.6 Lern-Kontrolle

Kurz und bündig
▶ Kap. 6 hat Ihnen zu einem umfangreichen Wissen bezüglich der Möglichkeiten verholfen, den situationsorientiert richtigen Kalkulationszinssatz zu ermitteln, der die in den ▶ Kap. 2, 3, 4 und 5 erarbeiteten Investitionsberechnungen zu Instrumenten mit treffsicherer Aussage macht.

Sie haben die WACC-Methode als eine unternehmensumfassende Ermittlung des Kalkulationszinssatzes kennengelernt. Sie haben die Methoden der Ermittlung des Kalkulationszinssatzes kennengelernt, die bei solitären Fremdfinanzierung oder der ausschließlicher Eigenkapitalfinanzierung gewählt werden sollten. Die Ermittlung eines Zinssatzes bei Mischfinanzierung aus den beiden letztgenannten entspricht der Ermittlung des WACC und ist gerade bei großen Unternehmen die häufigste Methode, den Kalkulationszinssatz zu ermitteln.

❓ Let's check

Selbsttestaufgaben zu 6.1
1. Der WACC berücksichtigt in seiner Berechnung …
   Kreuzen Sie die richtigen Antworten an.
   - ☐ … die Erwartungen der Kapitalgeber eines Unternehmens an eine Investition.
   - ☐ … die Erwartungen der Kunden eines Unternehmens an eine Investition.
   - ☐ … die Höhe des Eigenkapitals eines Unternehmens.
   - ☐ … die Höhe des kurzfristigen Anlagevermögens eines Unternehmens.
2. Richtig oder falsch
   Der gewichtete durchschnittliche Kapitalkostensatz wird immer als Kalkulationszinssatz i für Investitionsentscheidungen verwendet.
   - ☐ Richtig
   - ☐ Falsch
3. Richtig oder falsch
   Der WACC ist bei Unternehmen der gleichen Branche gleich hoch.
   - ☐ Richtig
   - ☐ Falsch

Selbsttestaufgaben zu 6.2
1. Ihnen wurden folgende Daten zur Verfügung gestellt:
   i_b = 4 %,
   i_{mr} = 12 %,
   β_a = 0,8.
   Berechnen Sie den Eigenkapitalkostensatz i_e.
   - ☐ 14,4 %

Kapitel 6 · Bestimmung des Kalkulationszinssatzes

☐ 14,0 %
☐ 13,8 %
☐ 13,7 %

2. Sie sind Großaktionär der Grünkorb AG. Sie hoffen auf Dividendenausschüttungen Ihres Unternehmens in diesem Jahr, da Sie eine attraktive Anlage, die 4 % Verzinsung verspricht, in Aussicht haben. Ihr Unternehmen kündigt jedoch an, dass es die Dividenden in ein Projekt investieren möchte und nicht ausschüttet. Sie sind zunächst empört und freuen sich dann aber doch über welche der folgenden Fakten? Was ist wirtschaftlich für Sie vorteilhaft?
   ☐ Es handelt sich um eine Investition in München.
   ☐ Das Projekt hat einen β-Faktor von 0,45.
   ☐ Das Projekt rechnet mit einem Kalkulationszinssatz von 5 % und weist einen positiven Kapitalwert auf.
   ☐ Die Anfangsauszahlungen können durch Kapitalrückflüsse des Projekts nicht innerhalb der Laufzeit amortisiert werden.

3. Richtig oder falsch?
   β ergibt sich, wenn Sie folgende Summanden addieren: Risikoloser Basiszinssatz und Marktrendite für Aktien.
   ☐ Richtig
   ☐ Falsch

Selbsttestaufgaben zu 6.3

1. Richtig oder falsch?
   Die Berücksichtigung des Gewinnsteuersatzes in der Berechnung von i_f trägt dazu bei, dass der Fremdkapitalkostensatz steigt.
   ☐ Richtig
   ☐ Falsch

2. Der Fremdkapitalkostensatz errechnet sich ausschließlich aus …
   Kreuzen Sie Zutreffendes an.
   ☐ … den Zinssätzen, die für Verbindlichkeiten bezahlt werden müssen.
   ☐ … den Verbindlichkeiten eines Unternehmens.
   ☐ … dem Eigenkapital eines Unternehmens.
   ☐ … dem Gewinn aus Fremdkapital.

3. Ein Unternehmen hat folgende Zinskosten ZK und Verbindlichkeiten V:
   Bank XY: ZK = 2.000 €, V = 225.000 €,
   Bank LK: ZK = 3.400 €, V = 400.000 €,
   i_f = 1,25 %.
   Wie hoch ist der Gewinnsteuersatz t_c?
   ☐ 48,50 %
   ☐ 35,36 %

6.6 · Lern-Kontrolle

☐ 44,68 %
☐ 36,87 %

Selbsttestaufgaben zu 6.4

1. Richtig oder falsch
   Behauptung: Der Kalkulationssatz bei Mischfinanzierung liefert die vergleichsweise richtigsten Ergebnisse.
   ☐ Richtig
   ☐ Falsch

2. Richtig oder falsch
   Behauptung: Der Unterschied zwischen dem Kalkulationssatz bei der Mischfinanzierungsmethode im Vergleich mit der WACC-Methode besteht darin, dass man den WACC – einmal errechnet – für alle zukünftige Vorhaben verwenden kann.
   ☐ Richtig
   ☐ Falsch

3. Berücksichtigt der Kalkulationszinssatz bei Mischfinanzierung Marktwerte?
   ☐ Marktwerte werden nie bei Zinssätzen berücksichtigt.
   ☐ Marktwerte würden berücksichtigt werden, aber man kann sie nicht bestimmen, und deswegen rechnet man mit Buchwerten.
   ☐ Der Marktwert des Eigenkapitals wird in der Berechnung von im verwendet.
   ☐ Buchwerte sind höher als Marktwerte und werden daher bei der Berechnung von im verwendet.
   ☐ Nein, man berücksichtigt nur die Buchwerte. Marktwerte spielen in diesem Zusammenhang keine Rolle.

4. Folgende Informationen haben Sie mit dem Auftrag erhalten, den der Berechnung des Kapitalkostensatz bei Mischfinanzierung zugrunde gelegten Eigenkapitalkostensatz i_e zu bestimmen:
   $i_m = 3{,}5\ \%$,
   $i_f = 4{,}6\ \%$,
   Gewinnsteuersatz = 32 %,
   Gesamtkapital des Unternehmens = 30.000.000 €,
   Eigenkapital des Unternehmens = 10.000.000 €.
   ☐ 5,2 %
   ☐ 4,2 %
   ☐ 3,2 %
   ☐ 2,1 %

Selbsttestaufgaben zu 6.5

1. Ist es auf wirtschaftlich nachvollziehbar, dass der WACC der am häufigsten verwendete Kalkulationszinssatz ist?

☐ Nein, denn er berücksichtigt nicht die Eigenkapitalkosten.
☐ Nein, denn er berücksichtigt nicht die Fremdkapitalkosten.
☐ Ja, denn er ist eine gute Alternative, wenn einem Projekt nicht eindeutig Fremd- oder Eigenkapitalfinanzierung zugeordnet werden kann.
☐ Ja, denn man kann ihn gut abkürzen: WACC.

2. Warum verwenden kleinere Unternehmen eher den Fremdkapitalkostensatz als Kalkulationszinssatz?
   ☐ Sie finanzieren ein Investitionsprojekt meist zu 100 % mit Eigenkapital.
   ☐ Sie finanzieren ein Investitionsprojekt meist zu 100 % mit Fremdkapital.
   ☐ Der Fremdkapitalkostensatz kann einfach bestimmt werden.
   ☐ Der Fremdkapitalkostensatz ist höher als der Eigenkapitalkostensatz.

❷ Vernetzende Aufgaben

1. Die BASF Group hat Sie angeheuert, um eine Investition für das Unternehmen zu bewerten. Sie kennen soweit alle erforderlichen Daten und haben auch die Information, dass das Projekt nur aus Eigenkapital finanziert werden soll. Sie recherchieren und finden heraus, dass die Rendite i_b für eine Bundesanleihe mit zehn Jahren Laufzeit beträgt derzeit 0,7 %. Bundesanleihen sind dafür bekannt, dass sie normalerweise mit geringem Risiko behaftet sind. Sie wissen außerdem, dass die Rendite i_{mr} des DAX-Index der letzten 30 Jahre 8,70 % beträgt. Von BASF bekommen Sie schließlich noch die Information, dass der β-Koeffizient der BASF-Aktie den Wert 1,18 hat.
   Berechnen Sie für die BASF Group den Kalkulationszinssatz bei Eigenkapitalfinanzierung ihres Investitionsprojekts. Welches Modell verwenden Sie für die Berechnung?

2. Die ThyssenKrupp AG interessiert sich dafür, wie hoch der Kalkulationszinssatz bei reiner Fremdkapitalfinanzierung wäre. Sie erhalten folgende Information von ThyssenKrupp:

◻ Finanzschulden der ThyssenKrupp AG 2014. (ThyssenKruppGroup 2014)

ThyssenKrupp AG 2014		
Position	Wert	Zinssatz
Anleihen	6.293 Mio. €	4,71 %
Bankkredite und Commercial Papers	1.155 Mio. €	0,32 %

Berechnen Sie den Kalkulationszinssatz bei reiner Fremdkapitalfinanzierung. Welche Verbindlichkeiten sind in der Tabelle nicht dargestellt? Oder ist die Aufstellung der Verbindlichkeiten vollständig?

6.6 · Lern-Kontrolle

3. Sie besitzen eine Schokoladenfabrik und möchten in eine neue Maschine zur Pralinenherstellung investieren. Sie möchten diese Maschine mit Eigen- und Fremdkapital finanzieren. Ihr Kalkulationszinssatz bei reiner Eigenkapitalfinanzierung ist 8,5 %. Ihr Unternehmen ist vor kurzem an die Börse gegangen. Der Aktienpreis beträgt derzeit 12,00 € und es sind Aktien im Umfang von 1.000.000 ausgegeben. Ihre Bilanz weist kurzfristiges Fremdkapital von 200.000 € und langfristiges Fremdkapital von 350.000 € auf. Davon beträgt eine Verbindlichkeit 350.000 € zu einem Zinssatz von 5 % p. a. und für eine weitere Verbindlichkeit von 100.000 € fallen im Jahr 4,2 % Zinsen an. Für die restlichen Verbindlichkeiten werden keine Zinsen fällig. Ihr Steuersatz in diesem Jahr liegt bei 29 %.
Berechnen Sie den gewichteten durchschnittlichen Kapitalkostensatz, den Sie für die Investitionsbeurteilung der Pralinenmaschine ansetzen müssen.

4. Nachdem Sie in den vernetzenden Aufgaben 1 und 2 bereits zwei Kalkulationszinssätze berechnet haben, können Sie mit dieser Information auch noch den Zinssatz i_m bei Mischfinanzierung bestimmen. Der Gewinnsteuersatz beträgt 31,2 %. BASF gibt Ihnen außerdem den Hinweis, dass Sie die Marktkapitalisierung mit den Daten des Geschäftsberichts 2014 berechnen können.
Die restlichen Informationen sollen Sie aus der Bilanz von 2014 entnehmen.
Gehen Sie also auf die Homepage der BASF Group und rufen Sie die Bilanz des Jahres 2014 auf: ▶ http://bericht.basf.com/2014/de/konzernabschluss/bilanz.html.

◘ Ausschnitt Bilanz BASF SE. (BASF SE 2015)

Passiva (in Mio. €)	31.12.2014	31.12.2013 angepasst
Gezeichnetes Kapital	1.176	1.176
Kapitalrücklage	3.143	3.165
Gewinnrücklagen und Bilanzgewinn	28.777	26.102
Sonstige Eigenkapitalposten	−5.482	−3.400
Eigenkapital der Aktionäre der BASF SE	**27.614**	**27.043**
Anteile anderer Gesellschafter	581	630
Eigenkapital	**28.195**	**27.673**
Rückstellungen für Pensionen und ähnliche Verpflichtungen	7.313	3.727
Sonstige Rückstellungen	3.502	3.226
Latente Steuerschulden	3.420	2.894

Kapitel 6 · Bestimmung des Kalkulationszinssatzes

Passiva (in Mio. €)	31.12.2014	31.12.2013 angepasst
Finanzschulden	11.839	11.151
Übrige Verbindlichkeiten	1.197	1.194
Langfristiges Fremdkapital	**27.271**	**22.192**
Verbindlichkeiten aus Lieferungen und Leistungen	4.861	5.153
Rückstellungen	2.844	2.670
Steuerschulden	1.079	968
Finanzschulden	3.545	3.256
Übrige Verbindlichkeiten	3.564	2.292
Kurzfristiges Fremdkapital	**15.893**	**14.339**
Gesamtkapital	**71.359**	**64.204**

Berechnen Sie anschließend den Kalkulationszinssatz bei Mischfinanzierung. Verwenden Sie dabei den Eigenkapitalkostensatz und den Fremdkapitalkostensatz, wie Sie sie in den Aufgaben 1 und 2 berechnet haben.

5. Wir wollen am Ende dieses Kapitels und damit am Ende dieses Lehrbuches einen Schritt zurück tun und das Gesamtgeschehen einer Investitionsentscheidung mit Abstand als „Gesamtereignis" diskutieren. Zum Einstieg einen Blick auf die Faktorengewichtung in diesem Lehrbuch „Investitionsrechnung: Kapitalwert, Zinsfuß, Annuität und Amortisation": Nach Begriffsbestimmungen und eher abstrakten Betrachtungen in Kapitel 1 beschäftigen sich Kapitel 2, 3, 4 und 5 sehr intensiv und mathematisch umfassend mit Berechnungsmethoden, in deren Mittelpunkt **Kapital**, **Zinssatz** und **Zeit** entscheidende Größen bildeten, um letztlich in Kapitel 6 auf die erfolgreiche Suche nach der Ermittlung des „richtigen" Zinssatzes zu gehen. Wenn Sie nun mit Ihrem Wissen in das wirkliche Leben treten, werden Sie möglicherweise feststellen, dass eine entscheidende, das Rechenergebnis beeinflussende Dimension etwas sehr abstrakt im Verborgenen blieb: die in allen Formeln immer als „Einzahlungen" gegebene, nicht diskutierte Größen angesetzt wurden. Diskutieren Sie die Wirklichkeit, die hinter dieser absolut gleichermaßen wichtigen und keineswegs verlässlichen Rechengröße steckt am Beispiel der Etikettendruck-Maschine Ihres Alumnus Kevin M. Wie würden Sie „Einzahlungen" ermitteln? Was denken Sie, sind wichtige Elemente, die hier eine Rolle spielen?

6.6 · Lern-Kontrolle

❶ Lesen und Vertiefen

Wenige deutsche Lehrbücher beschreiben korrekt, wie der Kalkulationszinssatz berechnet werden sollte. Eine rühmliche Ausnahme ist Volkart und Wagner (2014). Wöhe und Döring (2013) stellen die Thematik kurz, aber dennoch korrekt dar.

- Brealey, R. A., Myers, S. C., & Allen, F. (2014). *Principles of Corporate Finance*. New York: McGraw-Hill, Kap. 9.1–9.2.
  Kap. 9.1–9.2 stellen verständlich die Berechnung des Kalkulationszinssatzes auf Basis des Capital Asset Pricing Models dar.
- Hillier, D., Ross, S. A., Westerfield, R. W., Jaffe, J., & Jordan, B. D. (2013). *Corporate Finance*. London: McGraw-Hill, Kap. 12.1–12.4.
  Kap. 12.1–12.4 stellen sehr gut dar, wie der Kalkulationszinssatz bei Eigenkapitalfinanzierung, bei Fremdfinanzierung und bei Mischfinanzierung berechnet wird. Grundlage ist einerseits das Capital Asset Pricing Model und andererseits der gewichtete durchschnittliche Kapitalkostensatz WACC.
- Volkart, R., & Wagner, A. F. (2014). *Corporate Finance – Grundlagen von Finanzierung und Investition*. Zürich: Versus, Kap. I.2.3.2 und Kap. II.4.1.10.
  Im Kap. I.2.3.2 wird ausführlich auf die Berechnung des gewichteten durchschnittlichen Kapitalkostensatzes eingegangen. Kap. II.4.1.10 stellt die Verbindung zwischen dem gewichteten durchschnittlichen Kapitalkostensatz und dem Kalkulationszinssatz der Investitionsrechenverfahren dar.
- Wöhe, G., & Döring, U. (2013). *Einführung in die Allgemeine Betriebswirtschaftslehre*. München: Vahlen, Kap. 5.3.4.3.
  Kap. 5.3.4.3 behandelt, wie der Eigenkapitalkostensatz mit Hilfe des Capital Asset Pricing Model und der Kalkulationszinssatz bei Mischfinanzierung berechnet wird. Die Darstellung, wie der Fremdkapitalkostensatz ermittelt wird, könnte jedoch etwas ausführlicher sein.

Serviceteil

Tipps fürs Studium und fürs Lernen – 166

Formelsammlung – 171

Finanzmathematische Tabellen – 175

Glossar – 189

Literatur – 195

Der Abschnitt „Tipps fürs Studium und fürs Lernen" wurde von Andrea Hüttmann verfasst.

© Springer-Verlag GmbH Deutschland 2017
T. Schuster, L. Rüdt von Collenberg,
Investitionsrechnung: Kapitalwert, Zinsfuß, Annuität, Amortisation,
Studienwissen kompakt, DOI 10.1007/978-3-662-47799-1

Tipps fürs Studium und fürs Lernen

- **Studieren Sie!**
Studieren erfordert ein anderes Lernen, als Sie es aus der Schule kennen. Studieren bedeutet, in Materie abzutauchen, sich intensiv mit Sachverhalten auseinanderzusetzen, Dinge in der Tiefe zu durchdringen. Studieren bedeutet auch, Eigeninitiative zu übernehmen, selbstständig zu arbeiten, sich autonom Ziele zu setzen, anstatt auf konkrete Arbeitsaufträge zu warten. Ein Studium erfolgreich abzuschließen erfordert die Fähigkeit, der Lebensphase und der Institution angemessene effektive Verhaltensweisen zu entwickeln – hierzu gehören u. a. funktionierende Lern- und Prüfungsstrategien, ein gelungenes Zeitmanagement, eine gesunde Portion Mut und viel pro-aktiver Gestaltungswille. Im Folgenden finden Sie einige erfolgserprobte Tipps, die Ihnen beim Studieren Orientierung geben, einen grafischen Überblick dazu zeigt ◘ Abb. A.1.

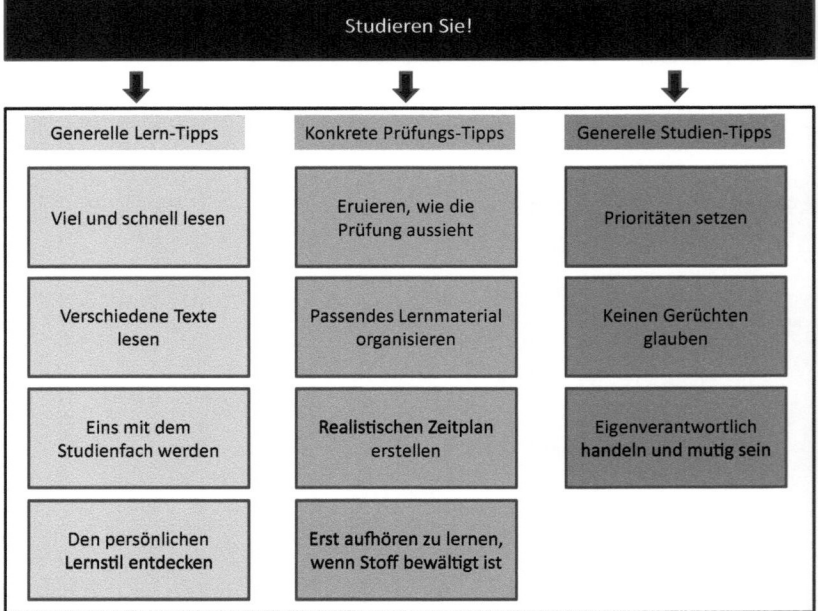

◘ **Abb. A.1** Tipps im Überblick

Tipps fürs Studium und fürs Lernen

Lesen Sie viel und schnell

Studieren bedeutet, wie oben beschrieben, in Materie abzutauchen. Dies gelingt uns am besten, indem wir zunächst einfach nur viel lesen. Von der Lernmethode – lesen, unterstreichen, heraus schreiben – wie wir sie meist in der Schule praktizieren, müssen wir uns im Studium verabschieden. Sie dauert zu lange und raubt uns kostbare Zeit, die wir besser in Lesen investieren sollten. Selbstverständlich macht es Sinn, sich hier und da Dinge zu notieren oder mit anderen zu diskutieren. Das systematische Verfassen von eigenen Text-Abschriften aber ist im Studium – zumindest flächendeckend – keine empfehlenswerte Methode mehr. Mehr und schneller lesen schon eher …

Werden Sie eins mit Ihrem Studienfach

Jenseits allen Pragmatismus sollten wir uns als Studierende eines Faches – in der Summe – zutiefst für dieses interessieren. Ein brennendes Interesse muss nicht unbedingt von Anfang an bestehen, sollte aber im Laufe eines Studiums entfacht werden. Bitte warten Sie aber nicht in Passivhaltung darauf, begeistert zu werden, sondern sorgen Sie selbst dafür, dass Ihr Studienfach Sie etwas angeht. In der Regel entsteht Begeisterung, wenn wir die zu studierenden Inhalte mit lebensnahen Themen kombinieren: Wenn wir etwa Zeitungen und Fachzeitschriften lesen, verstehen wir, welche Rolle die von uns studierten Inhalte im aktuellen Zeitgeschehen spielen und welchen Trends sie unterliegen; wenn wir Praktika machen, erfahren wir, dass wir mit unserem Know-how – oft auch schon nach wenigen Semestern – Wertvolles beitragen können. Nicht zuletzt: Dinge machen in der Regel Freude, wenn wir sie beherrschen. Vor dem Beherrschen kommt das Engagement: Engagieren Sie sich also und werden Sie eins mit Ihrem Studienfach!

Entdecken Sie Ihren persönlichen Lernstil

Jenseits einiger allgemein gültiger Lern-Empfehlungen muss jeder Studierende für sich selbst herausfinden, wann, wo und wie er am effektivsten lernen kann. Es gibt die Lerchen, die sich morgens am besten konzentrieren können, und die Eulen, die ihre Lernphasen in den Abend und die Nacht verlagern. Es gibt die visuellen Lerntypen, die am liebsten Dinge aufschreiben und sich anschauen; es gibt auditive Lerntypen, die etwa Hörbücher oder eigene Sprachaufzeichnungen verwenden. Manche bevorzugen Karteikarten verschiedener Größen, andere fertigen sich auf Flipchart-Bögen Übersichtsdarstellungen an, einige können während des

Spazierengehens am besten auswendig lernen, andere tun dies in einer Hängematte. Es ist egal, wo und wie Sie lernen. Wichtig ist, dass Sie einen für sich effektiven Lernstil ausfindig machen und diesem – unabhängig von Kommentaren Dritter – treu bleiben.

Bringen Sie in Erfahrung, wie die bevorstehende Prüfung aussieht

Die Art und Weise einer Prüfungsvorbereitung hängt in hohem Maße von der Art und Weise der bevorstehenden Prüfung ab. Es ist daher unerlässlich, sich immer wieder bezüglich des Prüfungstyps zu informieren. Wird auswendig Gelerntes abgefragt? Ist Wissenstransfer gefragt? Muss man selbstständig Sachverhalte darstellen? Ist der Blick über den Tellerrand gefragt? Fragen Sie Ihre Dozenten. Sie müssen Ihnen zwar keine Antwort geben, doch die meisten Dozenten freuen sich über schlau formulierte Fragen, die das Interesse der Studierenden bescheinigen und werden Ihnen in irgendeiner Form Hinweise geben. Fragen Sie Studierende höherer Semester. Es gibt immer eine Möglichkeit, Dinge in Erfahrung zu bringen. Ob Sie es anstellen und wie, hängt von dem Ausmaß Ihres Mutes und Ihrer Pro-Aktivität ab.

Decken Sie sich mit passendem Lernmaterial ein

Wenn Sie wissen, welcher Art die bevorstehende Prüfung ist, haben Sie bereits viel gewonnen. Jetzt brauchen Sie noch Lernmaterialien, mit denen Sie arbeiten können. Bitte verwenden Sie niemals die Aufzeichnungen Anderer – sie sind inhaltlich unzuverlässig und nicht aus Ihrem Kopf heraus entstanden. Wählen Sie Materialien, auf die Sie sich verlassen können und zu denen Sie einen Zugang finden. In der Regel empfiehlt sich eine Mischung – für eine normale Semesterabschlussklausur wären das z. B. Ihre Vorlesungs-Mitschriften, ein bis zwei einschlägige Bücher zum Thema (idealerweise eines von dem Dozenten, der die Klausur stellt), ein Nachschlagewerk (heute häufig online einzusehen), eventuell prüfungsvorbereitende Bücher, etwa aus der Lehrbuchsammlung Ihrer Universitätsbibliothek.

Erstellen Sie einen realistischen Zeitplan

Ein realistischer Zeitplan ist ein fester Bestandteil einer soliden Prüfungsvorbereitung. Gehen Sie das Thema pragmatisch an und beantworten Sie folgende Fragen: Wie viele

Tipps fürs Studium und fürs Lernen

Wochen bleiben mir bis zur Klausur? An wie vielen Tagen pro Woche habe ich (realistisch) wie viel Zeit zur Vorbereitung dieser Klausur? (An dem Punkt erschreckt und ernüchtert man zugleich, da stets nicht annähernd so viel Zeit zur Verfügung steht, wie man zu brauchen meint.) Wenn Sie wissen, wie viele Stunden Ihnen zur Vorbereitung zur Verfügung stehen, legen Sie fest, in welchem Zeitfenster Sie welchen Stoff bearbeiten. Nun tragen Sie Ihre Vorhaben in Ihren Zeitplan ein und schauen, wie Sie damit klar kommen. Wenn sich ein Zeitplan als nicht machbar herausstellt, verändern Sie ihn. Aber arbeiten Sie niemals ohne Zeitplan!

Beenden Sie Ihre Lernphase erst, wenn der Stoff bewältigt ist

Eine Lernphase ist erst beendet, wenn der Stoff, den Sie in dieser Einheit bewältigen wollten, auch bewältigt ist. Die meisten Studierenden sind hier zu milde im Umgang mit sich selbst und orientieren sich exklusiv an der Zeit. Das Zeitfenster, das Sie für eine bestimmte Menge an Stoff reserviert haben, ist aber nur ein Parameter Ihres Plans. Der andere Parameter ist der Stoff. Und eine Lerneinheit ist erst beendet, wenn Sie das, was Sie erreichen wollten, erreicht haben. Seien Sie hier sehr diszipliniert und streng mit sich selbst. Wenn Sie wissen, dass Sie nicht aufstehen dürfen, wenn die Zeit abgelaufen ist, sondern erst wenn das inhaltliche Pensum erledigt ist, werden Sie konzentrierter und schneller arbeiten.

Setzen Sie Prioritäten

Sie müssen im Studium Prioritäten setzen, denn Sie können nicht für alle Fächer denselben immensen Zeitaufwand betreiben. Professoren und Dozenten haben die Angewohnheit, die von ihnen unterrichteten Fächer als die bedeutsamsten überhaupt anzusehen. Entsprechend wird jeder Lehrende mit einer unerfüllbaren Erwartungshaltung bezüglich Ihrer Begleitstudien an Sie herantreten. Bleiben Sie hier ganz nüchtern und stellen Sie sich folgende Fragen: Welche Klausuren muss ich in diesem Semester bestehen? In welchen sind mir gute Noten wirklich wichtig? Welche Fächer interessieren mich am meisten bzw. sind am bedeutsamsten für die Gesamtzusammenhänge meines Studiums? Nicht zuletzt: Wo bekomme ich die meisten Credits? Je nachdem, wie Sie diese Fragen beantworten, wird Ihr Engagement in der Prüfungsvorbereitung ausfallen. Entscheidungen dieser Art sind im Studium keine böswilligen Demonstrationen von Desinteresse, sondern schlicht und einfach überlebensnotwendig.

Glauben Sie keinen Gerüchten

Es werden an kaum einem Ort so viele Gerüchte gehandelt wie an Hochschulen – Studierende lieben es, Durchfallquoten, von denen Sie gehört haben, jeweils um 10–15 % zu erhöhen, Geschichten aus mündlichen Prüfungen in Gruselgeschichten zu verwandeln und Informationen des Prüfungsamtes zu verdrehen. Glauben Sie nichts von diesen Dingen und holen Sie sich alle wichtigen Informationen dort, wo man Ihnen qualifiziert und zuverlässig Antworten erteilt. 95 % der Geschichten, die man sich an Hochschulen erzählt, sind schlichtweg erfunden und das Ergebnis von 'Stiller Post'.

Handeln Sie eigenverantwortlich und seien Sie mutig

Eigenverantwortung und Mut sind Grundhaltungen, die sich im Studium mehr als auszahlen. Als Studierende verfügen Sie über viel mehr Freiheit als als Schüler: Sie müssen nicht immer anwesend sein, niemand ist von Ihnen persönlich enttäuscht, wenn Sie eine Prüfung nicht bestehen, keiner hält Ihnen eine Moralpredigt, wenn Sie Ihre Hausaufgaben nicht gemacht haben, es ist niemandes Job, sich darum zu kümmern, dass Sie klar kommen. Ob Sie also erfolgreich studieren oder nicht, ist für niemanden von Belang außer für Sie selbst. Folglich wird nur der eine Hochschule erfolgreich verlassen, dem es gelingt, in voller Überzeugung eigenverantwortlich zu handeln. Die Fähigkeit zur Selbstführung ist daher der Soft Skill, von dem Hochschulabsolventen in ihrem späteren Leben am meisten profitieren. Zugleich sind Hochschulen Institutionen, die vielen Studierenden ein Übermaß an Respekt einflößen: Professoren werden nicht unbedingt als vertrauliche Ansprechpartner gesehen, die Masse an Stoff scheint nicht zu bewältigen, die Institution mit ihren vielen Ämtern, Gremien und Prüfungsordnungen nicht zu durchschauen. Wer sich aber einschüchtern lässt, zieht den Kürzeren. Es gilt, Mut zu entwickeln, sich seinen eigenen Weg zu bahnen, mit gesundem Selbstvertrauen voranzuschreiten und auch in Prüfungen eine pro-aktive Haltung an den Tag zu legen. Unmengen an Menschen vor Ihnen haben diesen Weg erfolgreich beschritten. Auch Sie werden das schaffen!

Andrea Hüttmann ist Professorin an der accadis Hochschule Bad Homburg, Leiterin des Fachbereichs „Communication Skills" und Expertin für die Soft-Skill-Ausbildung der Studierenden. Sie ist Autorin des bei Springer Gabler erschienenen Buches „Erfolgreich studieren mit Soft Skills". Als Coach ist sie auch auf dem freien Markt tätig und begleitet Unternehmen, Privatpersonen und Studierende bei Veränderungsvorhaben und Entwicklungswünschen (▶ www.andrea-huettmann.de).

Formelsammlung

Kap. 1
Endwert einer Ein- bzw. Auszahlung

$$e_n = e_0 \cdot (1 + p/100)^n = e_0 \cdot (1 + i)^n = e_0 \cdot q^n$$
$$a_n = a_0 \cdot (1 + p/100)^n = a_0 \cdot (1 + i)^n = a_0 \cdot q^n$$

Barwert einer Ein- bzw. Auszahlung

$$e_0 = e_n \cdot 1/(1 + p/100)^n = e_n \cdot 1/(1 + i)^n = e_n \cdot q^{-n}$$
$$a_0 = a_n \cdot 1/(1 + p/100)^n = a_n \cdot 1/(1 + i)^n = a_n \cdot q^{-n}$$

Kap. 2
Kapitalwert

$$C_0 = \sum_{t=0}^{n} \frac{e_t - a_t}{(1 + i)^t}$$

Ertragswert

$$EW = \sum_{t=1}^{n} \frac{e_t - a_t}{(1 + i)^t}$$

Kap. 3
Interpretation interner Zinsfuß

$$\text{Interner Zinsfuß } r = \frac{\text{entnahmefähiger Betrag}}{\text{gebundenes Kapital}} \cdot 100$$
$$\text{Interner Zinsfuß } r = \frac{(e_1 - a_1) - a_0}{a_0} \cdot 100$$

Grafisch-rechnerische Interpolation
Methode 1

$$x = \frac{C_{01}}{C_0} \cdot \Delta i$$
$$\Delta C_0 = |C_{01}| + |C_{02}|$$
$$\Delta i = i_2 - i_1$$

Methode 2

$$r = \frac{C_{01} \cdot i_2 - C_{02} \cdot i_1}{C_{01} - C_{02}}$$

Kap. 4

Barwert einer Rente

$$BW = c \cdot \frac{(1+i)^n - 1}{i \cdot (1+i)^n}$$

Rente eines Barwerts

$$c = BW \cdot \frac{i \cdot (1+i)^n}{(1+i)^n - 1}$$

Überschussannuität

$$c_ü = C_0 \cdot \frac{i \cdot (1+i)^n}{(1+i)^n - 1}$$

Periodenüberschussannuität

$$c_p = EW \cdot \frac{i \cdot (1+i)^n}{(1+i)^n - 1}$$

Kapitaldienst

$$c_K = K \cdot \frac{i(1+i)^n}{(1+i)^n - 1}$$

Formelsammlung

Kap. 5

Amortisationszeitpunkt (allgemeine Formel)

$$\sum_{t=1}^{x} \frac{e_t - a_t}{(1+i)^t} = a_0$$

Amortisationszeitpunkt (konstante Einzahlungen)

$$\frac{a_0}{c} = \frac{(1+i)^x - 1}{i \cdot (1+i)^x}$$

$$\frac{a_0}{c} = \text{RBWF}(x, i)$$

Relative Amortisationsdauer

$$\text{Relative Amortisationsdauer} = \frac{\text{Absolute Amortisationsdauer in Jahren}}{\text{Erwartete Nutzungsdauer in Jahren}} \cdot 100$$

Kap. 6

WACC

$$\text{WACC} = \frac{EK_M}{EK_M + FK_M} \cdot i_e + \frac{FK_M}{EK_M + FK_M} \cdot i_f \cdot (1 - t_c)$$

CAPM

$$i_e = i_b + \beta_a \cdot (i_{mr} - i_b)$$

Vollständige Fremdkapitalfinanzierung

$$i_f = \left(\frac{V_1}{FK_M} \cdot i_{f1} + \frac{V_2}{FK_M} \cdot i_{f2} + \cdots + \frac{V_n}{FK_M} \cdot i_{fn} \right) \cdot (1 - t_c) \cdot 100$$

Mischfinanzierung

$$i_m = \frac{EK_M}{EK_M + FK_M} \cdot i_e + \frac{FK_M}{EK_M + FK_M} \cdot i_f \cdot (1 - t_c)$$

Finanzmathematische Tabellen

Diese finanzmathematischen Faktoren finden Sie in den folgenden Tabellen:
- Aufzinsungsfaktor
- Abzinsungsfaktor
- Rentenbarwertfaktor
- Annuitätenfaktor
- Rentenendwertfaktor
- Restwertverteilungsfaktor

Finanzmathematische Tabellen

Aufzinsungsfaktor: Bezieht eine einzelne Zahlung auf einen späteren Zeitpunkt

Zinssatz (in %)	0,5	1	1,5	2	2,5	3	3,5	4	4,5	5
Jahre										
1	1,005	1,01	1,015	1,02	1,025	1,03	1,035	1,04	1,045	1,05
2	1,01003	1,0201	1,03023	1,0404	1,05063	1,0609	1,07123	1,0816	1,09203	1,1025
3	1,01508	1,0303	1,04568	1,06121	1,07689	1,09273	1,10872	1,12486	1,14117	1,15763
4	1,02015	1,0406	1,06136	1,08243	1,10381	1,12551	1,14752	1,16986	1,19252	1,21551
5	1,02525	1,05101	1,07728	1,10408	1,13141	1,15927	1,18769	1,21665	1,24618	1,27628
6	1,03038	1,06152	1,09344	1,12616	1,15969	1,19405	1,22926	1,26532	1,30226	1,3401
7	1,03553	1,07214	1,10984	1,14869	1,18869	1,22987	1,27228	1,31593	1,36086	1,4071
8	1,04071	1,08286	1,12649	1,17166	1,2184	1,26677	1,31681	1,36857	1,4221	1,47746
9	1,04591	1,09369	1,14339	1,19509	1,24886	1,30477	1,3629	1,42331	1,4861	1,55133
10	1,05114	1,10462	1,16054	1,21899	1,28008	1,34392	1,4106	1,48024	1,55297	1,62889
11	1,0564	1,11567	1,17795	1,24337	1,31209	1,38423	1,45997	1,53945	1,62285	1,71034
12	1,06168	1,12683	1,19562	1,26824	1,34489	1,42576	1,51107	1,60103	1,69588	1,79586
13	1,06699	1,13809	1,21355	1,29361	1,37851	1,46853	1,56396	1,66507	1,7722	1,88565
14	1,07232	1,14947	1,23176	1,31948	1,41297	1,51259	1,61869	1,73168	1,85194	1,97993
15	1,07768	1,16097	1,25023	1,34587	1,4483	1,55797	1,67535	1,80094	1,93528	2,07893
16	1,08307	1,17258	1,26899	1,37279	1,48451	1,60471	1,73399	1,87298	2,02237	2,18287
17	1,08849	1,1843	1,28802	1,40024	1,52162	1,65285	1,79468	1,9479	2,11338	2,29202
18	1,09393	1,19615	1,30734	1,42825	1,55966	1,70243	1,85749	2,02582	2,20848	2,40662
19	1,0994	1,20811	1,32695	1,45681	1,59865	1,75351	1,9225	2,10685	2,30786	2,52695
20	1,1049	1,22019	1,34686	1,48595	1,63862	1,80611	1,98979	2,19112	2,41171	2,6533

Finanzmathematische Tabellen

Aufzinsungsfaktor: Bezieht eine einzelne Zahlung auf einen späteren Zeitpunkt

Zinssatz (in %)	5,5	6	6,5	7	7,5	8	8,5	9	9,5	10
Jahre										
1	1,055	1,06	1,065	1,07	1,075	1,08	1,085	1,09	1,095	1,1
2	1,11303	1,1236	1,13423	1,1449	1,15563	1,1664	1,17723	1,1881	1,19903	1,21
3	1,17424	1,19102	1,20795	1,22504	1,2423	1,25971	1,27729	1,29503	1,31293	1,331
4	1,23882	1,26248	1,28647	1,3108	1,33547	1,36049	1,38586	1,41158	1,43766	1,4641
5	1,30696	1,33823	1,37009	1,40255	1,43563	1,46933	1,50366	1,53862	1,57424	1,61051
6	1,37884	1,41852	1,45914	1,50073	1,5433	1,58687	1,63147	1,6771	1,72379	1,77156
7	1,45468	1,50363	1,55399	1,60578	1,65905	1,71382	1,77014	1,82804	1,88755	1,94872
8	1,53469	1,59385	1,655	1,71819	1,78348	1,85093	1,9206	1,99256	2,06687	2,14359
9	1,61909	1,68948	1,76257	1,83846	1,91724	1,999	2,08386	2,17189	2,26322	2,35795
10	1,70814	1,79085	1,87714	1,96715	2,06103	2,15892	2,26098	2,36736	2,47823	2,59374
11	1,80209	1,8983	1,99915	2,10485	2,21561	2,33164	2,45317	2,58043	2,71366	2,85312
12	1,90121	2,0122	2,1291	2,25219	2,38178	2,51817	2,66169	2,81266	2,97146	3,13843
13	2,00577	2,13293	2,26749	2,40985	2,56041	2,71962	2,88793	3,0658	3,25375	3,45227
14	2,11609	2,2609	2,41487	2,57853	2,75244	2,93719	3,1334	3,34173	3,56285	3,7975
15	2,23248	2,39656	2,57184	2,75903	2,95888	3,17217	3,39974	3,64248	3,90132	4,17725
16	2,35526	2,54035	2,73901	2,95216	3,18079	3,42594	3,68872	3,97031	4,27195	4,59497
17	2,4848	2,69277	2,91705	3,15882	3,41935	3,70002	4,00226	4,32763	4,67778	5,05447
18	2,62147	2,85434	3,10665	3,37993	3,6758	3,99602	4,34245	4,71712	5,12217	5,55992
19	2,76565	3,0256	3,30859	3,61653	3,95149	4,3157	4,71156	5,14166	5,60878	6,11591
20	2,91776	3,20714	3,52365	3,86968	4,24785	4,66096	5,11205	5,60441	6,14161	6,7275

Finanzmathematische Tabellen

Aufzinsungsfaktor: Bezieht eine einzelne Zahlung auf einen späteren Zeitpunkt

Zinssatz (in %)	5,5	6	6,5	7	7,5	8	8,5	9	9,5	10
Jahre										
1	1,055	1,06	1,065	1,07	1,075	1,08	1,085	1,09	1,095	1,1
2	1,11303	1,1236	1,13423	1,1449	1,15563	1,1664	1,17723	1,1881	1,19903	1,21
3	1,17424	1,19102	1,20795	1,22504	1,2423	1,25971	1,27729	1,29503	1,31293	1,331
4	1,23882	1,26248	1,28647	1,3108	1,33547	1,36049	1,38586	1,41158	1,43766	1,4641
5	1,30696	1,33823	1,37009	1,40255	1,43563	1,46933	1,50366	1,53862	1,57424	1,61051
6	1,37884	1,41852	1,45914	1,50073	1,5433	1,58687	1,63147	1,6771	1,72379	1,77156
7	1,45468	1,50363	1,55399	1,60578	1,65905	1,71382	1,77014	1,82804	1,88755	1,94872
8	1,53469	1,59385	1,655	1,71819	1,78348	1,85093	1,9206	1,99256	2,06687	2,14359
9	1,61909	1,68948	1,76257	1,83846	1,91724	1,999	2,08386	2,17189	2,26322	2,35795
10	1,70814	1,79085	1,87714	1,96715	2,06103	2,15892	2,26098	2,36736	2,47823	2,59374
11	1,80209	1,8983	1,99915	2,10485	2,21561	2,33164	2,45317	2,58043	2,71366	2,85312
12	1,90121	2,0122	2,1291	2,25219	2,38178	2,51817	2,66169	2,81266	2,97146	3,13843
13	2,00577	2,13293	2,26749	2,40985	2,56041	2,71962	2,88793	3,0658	3,25375	3,45227
14	2,11609	2,2609	2,41487	2,57853	2,75244	2,93719	3,1334	3,34173	3,56285	3,7975
15	2,23248	2,39656	2,57184	2,75903	2,95888	3,17217	3,39974	3,64248	3,90132	4,17725
16	2,35526	2,54035	2,73901	2,95216	3,18079	3,42594	3,68872	3,97031	4,27195	4,59497
17	2,4848	2,69277	2,91705	3,15882	3,41935	3,70002	4,00226	4,32763	4,67778	5,05447
18	2,62147	2,85434	3,10665	3,37993	3,6758	3,99602	4,34245	4,71712	5,12217	5,55992
19	2,76565	3,0256	3,30859	3,61653	3,95149	4,3157	4,71156	5,14166	5,60878	6,11591
20	2,91776	3,20714	3,52365	3,86968	4,24785	4,66096	5,11205	5,60441	6,14161	6,7275

Finanzmathematische Tabellen

Abzinsungsfaktor: Bezieht eine einzelne Zahlung auf einen früheren Zeitpunkt

Zinssatz (in %)	0,5	1	1,5	2	2,5	3	3,5	4	4,5	5
Jahre										
1	0,99502	0,9901	0,98522	0,98039	0,97561	0,97087	0,96618	0,96154	0,95694	0,95238
2	0,99007	0,9803	0,97066	0,96117	0,95181	0,9426	0,93351	0,92456	0,91573	0,90703
3	0,98515	0,97059	0,95632	0,94232	0,9286	0,91514	0,90194	0,889	0,8763	0,86384
4	0,98025	0,96098	0,94218	0,92385	0,90595	0,88849	0,87144	0,8548	0,83856	0,8227
5	0,97537	0,95147	0,92826	0,90573	0,88385	0,86261	0,84197	0,82193	0,80245	0,78353
6	0,97052	0,94205	0,91454	0,88797	0,8623	0,83748	0,8135	0,79031	0,7679	0,74622
7	0,96569	0,93272	0,90103	0,87056	0,84127	0,81309	0,78599	0,75992	0,73483	0,71068
8	0,96089	0,92348	0,88771	0,85349	0,82075	0,78941	0,75941	0,73069	0,70319	0,67684
9	0,9561	0,91434	0,87459	0,83676	0,80073	0,76642	0,73373	0,70259	0,6729	0,64461
10	0,95135	0,90529	0,86167	0,82035	0,7812	0,74409	0,70892	0,67556	0,64393	0,61391
11	0,94661	0,89632	0,84893	0,80426	0,76214	0,72242	0,68495	0,64958	0,6162	0,58468
12	0,94191	0,88745	0,83639	0,78849	0,74356	0,70138	0,66178	0,6246	0,58966	0,55684
13	0,93722	0,87866	0,82403	0,77303	0,72542	0,68095	0,6394	0,60057	0,56427	0,53032
14	0,93256	0,86996	0,81185	0,75788	0,70773	0,66112	0,61778	0,57748	0,53997	0,50507
15	0,92792	0,86135	0,79985	0,74301	0,69047	0,64186	0,59689	0,55526	0,51672	0,50507
16	0,9233	0,85282	0,78803	0,72845	0,67362	0,62317	0,57671	0,53391	0,49447	0,45811
17	0,91871	0,84438	0,77639	0,71416	0,6572	0,60502	0,5572	0,51337	0,47318	0,4363
18	0,91414	0,83602	0,76491	0,70016	0,64117	0,58739	0,53836	0,49363	0,4528	0,41552
19	0,90959	0,82774	0,75361	0,68643	0,62553	0,57029	0,52016	0,47464	0,4333	0,39573
20	0,90506	0,81954	0,74247	0,67297	0,61027	0,55368	0,50257	0,45639	0,41464	0,37689

Finanzmathematische Tabellen

Abzinsungsfaktor: Bezieht eine einzelne Zahlung auf einen früheren Zeitpunkt

Zinssatz (%)	5,5	6	6,5	7	7,5	8	8,5	9	9,5	10
Jahre										
1	0,94787	0,9434	0,93897	0,93458	0,93023	0,92593	0,92166	0,91743	0,91324	0,90909
2	0,89845	0,89	0,88166	0,87344	0,86533	0,85734	0,84946	0,84168	0,83401	0,82645
3	0,85161	0,83962	0,82785	0,8163	0,80496	0,79383	0,78291	0,77218	0,76165	0,75131
4	0,80722	0,79209	0,77732	0,7629	0,7488	0,73503	0,72157	0,70843	0,69557	0,68301
5	0,76513	0,74726	0,72988	0,71299	0,69656	0,68058	0,66505	0,64993	0,63523	0,62092
6	0,72525	0,70496	0,68533	0,66634	0,64796	0,63017	0,61295	0,59627	0,58012	0,56447
7	0,68744	0,66506	0,64351	0,62275	0,60275	0,58349	0,56493	0,54703	0,52979	0,51316
8	0,6516	0,62741	0,60423	0,58201	0,5607	0,54027	0,52067	0,50187	0,48382	0,46651
9	0,61763	0,5919	0,56735	0,54393	0,52158	0,50025	0,47988	0,46043	0,44185	0,4241
10	0,58543	0,55839	0,53273	0,50835	0,48519	0,46319	0,44229	0,42241	0,40351	0,38554
11	0,55491	0,52679	0,50021	0,47509	0,45134	0,42888	0,40764	0,38753	0,36851	0,35049
12	0,52598	0,49697	0,46968	0,44401	0,41985	0,39711	0,3757	0,35553	0,33654	0,31863
13	0,49856	0,46884	0,44102	0,41496	0,39056	0,3677	0,34627	0,32618	0,30734	0,28966
14	0,47257	0,4423	0,4141	0,38782	0,36331	0,34046	0,31914	0,29925	0,28067	0,26333
15	0,44793	0,41727	0,38883	0,36245	0,33797	0,31524	0,29414	0,27454	0,25632	0,23939
16	0,42458	0,39365	0,3651	0,33873	0,31439	0,29189	0,2711	0,25187	0,23409	0,21763
17	0,40245	0,37136	0,34281	0,31657	0,29245	0,27027	0,24986	0,23107	0,21378	0,19784
18	0,38147	0,35034	0,32189	0,29586	0,27205	0,25025	0,23028	0,21199	0,19523	0,17986
19	0,36158	0,33051	0,30224	0,27651	0,25307	0,23171	0,21224	0,19449	0,17829	0,16351
20	0,34273	0,3118	0,2838	0,25842	0,23541	0,21455	0,19562	0,17843	0,16282	0,14864

Finanzmathematische Tabellen

Rentenbarwertfaktor (= Diskontsummenfaktor); Bildet den Gegenwartswert einer Rente

Zinssatz (in %)	0,5	1	1,5	2	2,5	3	3,5	4	4,5	5
Jahre										
1	0,99502	0,9901	0,98522	0,98039	0,97561	0,97087	0,96618	0,96154	0,95694	0,95238
2	1,9851	1,9704	1,95588	1,94156	1,92742	1,91347	1,89969	1,88609	1,87267	1,85941
3	2,97025	2,94099	2,9122	2,88388	2,85602	2,82861	2,80164	2,77509	2,74896	2,72325
4	3,9505	3,90197	3,85438	3,80773	3,76197	3,7171	3,67308	3,6299	3,58753	3,54595
5	4,92587	4,85343	4,78264	4,71346	4,64583	4,57971	4,51505	4,45182	4,38998	4,32948
6	5,89638	5,79548	5,69719	5,60143	5,50813	5,41719	5,32855	5,24214	5,15787	5,07569
7	6,86207	6,72819	6,59821	6,47199	6,34939	6,23028	6,11454	6,00205	5,8927	5,78637
8	7,82296	7,65168	7,48593	7,32548	7,17014	7,01969	6,87396	6,73274	6,59589	6,46321
9	8,77906	8,56602	8,36052	8,16224	7,97087	7,78611	7,60769	7,43533	7,26879	7,10782
10	9,73041	9,4713	9,22218	8,98259	8,75206	8,5302	8,31661	8,1109	7,91272	7,72173
11	10,67703	10,36763	10,07112	9,78685	9,51421	9,25262	9,00155	8,76048	8,52892	8,30641
12	11,61893	11,25508	10,90751	10,57534	10,25776	9,954	9,66333	9,38507	9,11858	8,86325
13	12,55615	12,13374	11,73153	11,34837	10,98318	10,63496	10,30274	9,98565	9,68285	9,39357
14	13,48871	13,0037	12,54338	12,10625	11,69091	11,29607	10,92052	10,56312	10,22283	9,89864
15	14,41662	13,86505	13,34323	12,84926	12,38138	11,93794	11,51741	11,11839	10,73955	10,37966
16	15,33993	14,71787	14,13126	13,57771	13,055	12,5611	12,09412	11,6523	11,23402	10,83777
17	16,25863	15,56225	14,90765	14,29187	13,7122	13,16612	12,65132	12,16567	11,70719	11,27407
18	17,17277	16,39827	15,67256	14,99203	14,35336	13,75351	13,18968	12,6593	12,15999	11,68959
19	18,08236	17,22601	16,42617	15,67846	14,97889	14,3238	13,70984	13,13394	12,59329	12,08532
20	19,98742	18,04555	17,16864	16,35143	15,58916	14,87747	14,2124	13,59033	13,00794	12,46221

Finanzmathematische Tabellen

Rentenbarwertfaktor (= Diskontsummenfaktor); Bildet den Gegenwartswert einer Rente

Zinssatz (in %)	5,5	6	6,5	7	7,5	8	8,5	9	9,5	10
Jahre										
1	0,94787	0,9434	0,93897	0,93458	0,93023	0,92593	0,92166	0,91743	0,91324	0,90909
2	1,84632	1,83339	1,82063	1,80802	1,79557	1,78326	1,77111	1,75911	1,74725	1,73554
3	2,69793	2,67301	2,64848	2,62432	2,60053	2,5771	2,55402	2,53129	2,50891	2,48685
4	3,50515	3,46511	3,4258	3,38721	3,34933	3,31213	3,2756	3,23972	3,20448	3,16987
5	4,27028	4,21236	4,15568	4,1002	4,04588	3,99271	3,94064	3,88965	3,83971	3,79079
6	4,99553	4,91732	4,84101	4,76654	4,69385	4,62288	4,55359	4,48592	4,41983	4,35526
7	5,68297	5,58238	5,48452	5,38929	5,2966	5,20637	5,11851	5,03295	4,94961	4,86842
8	6,33457	6,20979	6,08875	5,9713	5,8573	5,74664	5,63918	5,53482	5,53344	5,33493
9	6,9522	6,80169	6,6561	6,51523	6,37889	6,24689	6,11906	5,99525	5,87528	5,75902
10	7,53763	7,36009	7,18883	7,02358	6,86408	6,71008	6,56135	6,41766	6,2788	6,14457
11	8,09254	7,88687	7,68904	7,49867	7,31542	7,13896	6,96898	6,80519	6,6473	6,49506
12	8,61852	8,38384	8,15873	7,94269	7,73528	7,53608	7,34469	7,16073	6,98384	6,81369
13	9,11708	8,85268	8,59974	8,35765	8,12584	7,90378	7,69095	7,4869	7,29118	7,10336
14	9,58965	9,29498	9,01384	8,74547	8,48915	8,24424	8,0101	7,78615	7,57185	7,36669
15	10,03758	9,71225	9,40267	9,10791	8,82712	8,55948	8,30424	8,06069	7,82818	7,60608
16	10,46216	10,1059	9,76776	9,44665	9,14151	8,85137	8,57533	8,31256	8,06226	7,82371
17	10,86461	10,47726	10,11058	9,76322	9,43396	9,12164	8,82519	8,54363	8,27604	8,02155
18	11,24607	10,8276	10,43247	10,05909	9,70601	9,37189	9,05548	8,75563	8,47127	8,20141
19	11,60765	11,15812	10,73471	10,3356	9,95908	9,6036	9,26772	8,95011	8,64956	8,36492
20	11,95038	11,46992	11,01851	10,59401	10,19449	9,81815	9,46334	9,12855	8,81238	8,51356

Finanzmathematische Tabellen

Annuitätenfaktor: Formt einen Barwert in eine Rente um

Zinssatz (in %)	0,5	1	1,5	2	2,5	3	3,5	4	4,5	5
Jahre										
1	1,005	1,01	1,015	1,02	1,025	1,03	1,035	1,04	1,045	1,05
2	0,50375	0,50751	0,51128	0,51505	0,51883	0,52261	0,5264	0,5302	0,534	0,5378
3	0,33667	0,34002	0,34338	0,34675	0,35014	0,35353	0,35693	0,36035	0,36377	0,36721
4	0,25313	0,25628	0,25944	0,26262	0,26582	0,26903	0,27225	0,27549	0,27874	0,28201
5	0,20301	0,20604	0,20909	0,21216	0,21525	0,21835	0,22148	0,22463	0,22779	0,23097
6	0,1696	0,17255	0,17553	0,17853	0,18155	0,1846	0,18767	0,19076	0,19388	0,19702
7	0,14573	0,14863	0,15156	0,15451	0,1575	0,16051	0,16354	0,16661	0,1697	0,17282
8	0,12783	0,13069	0,13358	0,13651	0,13947	0,14246	0,14548	0,14853	0,15161	0,15472
9	0,11391	0,11674	0,11961	0,12252	0,12546	0,12843	0,13145	0,13449	0,13757	0,14069
10	0,10277	0,10558	0,10843	0,11133	0,11426	0,11723	0,12024	0,12329	0,12638	0,1295
11	0,09366	0,09645	0,09929	0,10218	0,10511	0,10808	0,11109	0,11415	0,11725	0,12039
12	0,08607	0,08885	0,09168	0,09456	0,09749	0,10046	0,10348	0,10655	0,10967	0,11283
13	0,07964	0,08241	0,08524	0,08812	0,09105	0,09403	0,09706	0,10014	0,10328	0,10646
14	0,07414	0,0769	0,07972	0,0826	0,08554	0,08853	0,09157	0,09467	0,09782	0,10102
15	0,06936	0,07212	0,07494	0,07783	0,08077	0,08377	0,08683	0,08994	0,09311	0,09634
16	0,06519	0,06794	0,07077	0,07365	0,0766	0,07961	0,08268	0,08582	0,08902	0,09227
17	0,06151	0,06426	0,06708	0,06997	0,07293	0,07595	0,07904	0,0822	0,08542	0,0887
18	0,05823	0,06098	0,06381	0,0667	0,06967	0,07271	0,07582	0,07899	0,08224	0,08555
19	0,0553	0,05805	0,06088	0,06378	0,06676	0,06981	0,07294	0,07614	0,07941	0,08275
20	0,05267	0,05542	0,05825	0,06116	0,06415	0,06722	0,07036	0,07358	0,07688	0,08024

Annuitätenfaktor: Formt einen Barwert in eine Rente um

Zinssatz (in %)	5,5	6	6,5	7	7,5	8	8,5	9	9,5	10
Jahre										
1	1,055	1,06	1,065	1,07	1,075	1,08	1,085	1,09	1,095	1,1
2	0,54162	0,54544	0,54926	0,55309	0,55693	0,56077	0,56462	0,56847	0,57233	0,57619
3	0,37065	0,37411	0,37758	0,38105	0,38454	0,38803	0,39154	0,39505	0,39858	0,40211
4	0,28259	0,28859	0,2919	0,29523	0,29857	0,30192	0,30529	0,30867	0,31206	0,31547
5	0,23418	0,2374	0,24063	0,24389	0,24716	0,25046	0,25377	0,25709	0,26044	0,2638
6	0,20018	0,20336	0,20657	0,2098	0,21304	0,21632	0,21961	0,22292	0,22625	0,22961
7	0,17596	0,17914	0,18233	0,18555	0,1888	0,19207	0,19537	0,19869	0,20204	0,20541
8	0,15786	0,16104	0,16424	0,16747	0,17073	0,17401	0,17733	0,18067	0,18405	0,18744
9	0,14384	0,14702	0,15024	0,15349	0,15677	0,16008	0,16342	0,1668	0,1702	0,17364
10	0,13267	0,13587	0,1391	0,14238	0,14569	0,14903	0,15241	0,15582	0,15927	0,16275
11	0,12357	0,12679	0,13006	0,13336	0,1367	0,14008	0,14349	0,14695	0,15044	0,15396
12	0,11603	0,11928	0,12257	0,1259	0,12928	0,1327	0,13615	0,13965	0,14319	0,14676
13	0,10968	0,11296	0,11628	0,11965	0,12306	0,12652	0,13002	0,13357	0,13715	0,14078
14	0,10428	0,10758	0,11094	0,11434	0,1178	0,1213	0,12484	0,12843	0,13207	0,13575
15	0,09963	0,10296	0,10635	0,10979	0,11329	0,11683	0,12042	0,12406	0,12774	0,13147
16	0,09558	0,09895	0,10238	0,10586	0,10939	0,11298	0,11661	0,1203	0,12403	0,12782
17	0,09204	0,09544	0,09891	0,10243	0,106	0,10963	0,11331	0,11705	0,12083	0,12466
18	0,08892	0,09236	0,09585	0,09941	0,10303	0,1067	0,11043	0,11421	0,11805	0,12193
19	0,08615	0,08962	0,09316	0,09675	0,10041	0,10413	0,1079	0,11173	0,11561	0,11955
20	0,08368	0,08718	0,09076	0,09439	0,09809	0,10185	0,10567	0,10955	0,11348	0,11746

Finanzmathematische Tabellen

Rentenendwertfaktor: Ermittelt den Endwert einer Rente

Zinssatz (in %)	0,5	1	1,5	2	2,5	3	3,5	4	4,5	5
Jahre										
1	1	1	1	1	1	1	1	1	1	1
2	2,005	2,01	2,015	2,02	2,025	2,03	2,035	2,04	2,045	2,05
3	3,01502	3,0301	3,04522	3,0604	3,07563	3,0909	3,10622	3,1216	3,13703	3,1525
4	4,0301	4,0604	4,0909	4,12161	4,15252	4,18363	4,21494	4,24646	4,27819	4,31013
5	5,05025	5,10101	5,15227	5,20406	5,25633	5,30914	5,36247	5,41632	5,47071	5,52563
6	6,0755	6,15202	6,22955	6,30812	6,38774	6,46841	6,55015	6,63298	6,71689	6,80191
7	7,10588	7,21354	7,32299	7,43428	7,54743	7,66246	7,77941	7,89829	8,01915	8,14201
8	8,14141	8,25867	8,43284	8,58297	8,73612	8,89234	9,05169	9,21423	9,38001	9,54911
9	9,18212	9,36853	9,55933	9,75463	9,95452	10,15911	10,3685	10,5828	10,80211	11,02656
10	10,22803	10,46221	10,70272	10,94972	11,20338	11,46388	11,73139	12,00611	12,28821	12,57789
11	11,27917	11,56683	11,86326	12,16872	12,48347	12,8078	13,14199	13,48635	13,84118	14,20679
12	12,33556	12,6825	13,04121	13,41209	13,79555	14,19203	14,60196	15,02581	15,46403	15,91713
13	13,39724	13,80933	14,23683	14,68033	15,14044	15,61779	16,11303	16,62684	17,15991	17,71298
14	14,46423	14,94742	15,45038	15,97394	16,51895	17,08632	17,67699	18,29191	18,93211	19,59863
15	15,53655	16,0969	16,68214	17,29342	17,93193	18,59891	19,29568	20,02359	20,78405	21,57856
16	16,61423	17,25786	17,93237	18,63929	19,38022	20,15688	20,97103	21,82453	22,71934	23,65749
17	17,6973	18,43044	19,20136	20,01207	20,86473	21,76159	22,70502	23,69751	24,74171	25,84037
18	18,78579	19,61475	20,48938	21,41231	22,38635	23,41444	24,49969	25,64541	26,85508	28,13238
19	19,87972	20,8109	21,79672	22,84056	23,94601	25,11687	26,35718	27,67123	29,06356	30,539
20	20,97912	22,019	23,12367	24,29737	25,54466	26,87037	28,27968	29,77808	31,37142	33,06595

Finanzmathematische Tabellen

Rentenendwertfaktor: Ermittelt den Endwert einer Rente

Zinssatz (in %)	5,5	6	6,5	7	7,5	8	8,5	9	9,5	10
Jahre										
1	1	1	1	1	1	1	1	1	1	1
2	2,055	2,06	2,065	2,07	2,075	2,08	2,085	2,09	2,095	2,1
3	3,16803	3,1836	3,19923	3,2149	3,23063	3,2464	3,26223	3,2781	3,29403	3,31
4	4,34227	4,37462	4,40717	4,43994	4,47292	4,50611	4,53951	4,57313	4,60696	4,641
5	5,58109	5,63709	5,69364	5,75074	5,80839	5,8666	5,92537	5,98471	6,04462	6,1051
6	6,88805	6,97532	7,06373	7,15329	7,24402	7,33593	7,42903	7,52333	7,61886	7,71561
7	8,26689	8,39384	8,52287	8,65402	8,78732	8,9228	9,0605	9,20043	9,34265	9,48717
8	9,72157	9,89747	10,07686	10,2598	10,44637	10,63663	10,83064	11,02847	11,2302	11,43589
9	11,25626	11,49132	11,73185	11,97799	12,22985	12,48756	12,75124	13,02104	13,29707	13,57948
10	12,87535	13,18079	13,49442	13,81645	14,14709	14,48656	14,8351	15,19293	15,56029	15,93742
11	14,5835	14,97164	15,37156	15,7836	16,20812	16,64549	17,09608	17,56029	18,03852	18,53117
12	16,38559	16,86994	17,37071	17,88845	18,42373	19,97713	19,54925	20,14072	20,75218	21,38428
13	18,2868	18,88214	19,49981	20,14064	20,80551	21,4953	22,21094	22,95338	23,72363	24,52271
14	20,29257	21,01507	21,7673	22,55049	23,36592	24,21492	25,09887	26,01919	26,97738	27,97498
15	22,40866	23,27597	24,18217	25,12902	26,11836	27,15211	28,23227	29,36092	30,54023	31,77248
16	24,64114	25,67253	26,75401	27,88805	29,07724	30,32428	31,63201	33,0034	34,44155	35,94973
17	26,9964	28,21288	29,49302	30,84022	32,25804	33,75023	35,32073	36,9737	38,7135	40,5447
18	29,4812	30,90565	32,41007	33,99903	35,67739	37,45024	39,323	41,30134	43,39128	45,59917
19	32,10267	33,75999	35,51672	37,37896	39,35319	41,44626	43,66545	46,01846	48,51345	51,15909
20	34,86832	36,78559	38,82531	40,99549	43,30468	45,76196	48,37701	51,16012	54,12223	57,275

Finanzmathematische Tabellen

Restwertverteilungsfaktor: Formt einen Endwert in eine Rente um

Zinssatz (in %)	0,5	1	1,5	2	2,5	3	3,5	4	4,5	5
Jahre										
1	1	1	1	1	1	1	1	1	1	1
2	0,49875	0,49751	0,49628	0,49505	0,49383	0,49261	0,4914	0,4902	0,489	0,4878
3	0,33167	0,33002	0,32838	0,32675	0,32514	0,32353	0,32193	0,32035	0,31877	0,31721
4	0,24813	0,24628	0,24444	0,24262	0,24082	0,23903	0,23725	0,23549	0,23374	0,23201
5	0,19801	0,19604	0,19409	0,19216	0,19025	0,18835	0,18648	0,18463	0,18279	0,18097
6	0,1646	0,16255	0,16053	0,15853	0,15655	0,1546	0,15267	0,15076	0,14888	0,14702
7	0,14073	0,13863	0,13656	0,13451	0,1325	0,13051	0,12854	0,12661	0,1247	0,12282
8	0,12283	0,12069	0,11858	0,11651	0,11447	0,11246	0,11048	0,10853	0,10661	0,10472
9	0,10891	0,10674	0,10461	0,10252	0,10046	0,09843	0,09645	0,09449	0,09257	0,09069
10	0,09777	0,09558	0,09343	0,09133	0,08926	0,08723	0,08524	0,08329	0,08138	0,0795
11	0,08866	0,08645	0,08429	0,08218	0,08011	0,07808	0,07609	0,07415	0,07225	0,07039
12	0,08107	0,07885	0,07668	0,07456	0,07249	0,07046	0,06848	0,06655	0,06467	0,06283
13	0,07464	0,07241	0,07024	0,06812	0,06605	0,06403	0,06206	0,06014	0,05828	0,05646
14	0,06914	0,0669	0,06472	0,0626	0,06054	0,05853	0,05657	0,05467	0,05282	0,05102
15	0,06436	0,06212	0,05994	0,05783	0,05577	0,05377	0,05183	0,04994	0,04811	0,04634
16	0,06019	0,05794	0,05577	0,05365	0,0516	0,04961	0,04768	0,04582	0,04402	0,04227
17	0,05651	0,05426	0,05208	0,04997	0,04793	0,04595	0,04404	0,0422	0,04042	0,0387
18	0,05323	0,05098	0,04881	0,0467	0,04467	0,04271	0,04082	0,03899	0,03724	0,03555
19	0,0503	0,04805	0,04588	0,04378	0,04176	0,03981	0,03794	0,03614	0,03441	0,03275
20	0,04767	0,04542	0,04325	0,04116	0,03915	0,03722	0,03536	0,03358	0,03188	0,03024

Finanzmathematische Tabellen

Restwertverteilungsfaktor: Formt einen Endwert in eine Rente um

Zinssatz (in %)	5,5	6	6,5	7	7,5	8	8,5	9	9,5	10
Jahre										
1	1	1	1	1	1	1	1	1	1	1
2	0,48662	0,48544	0,48426	0,48309	0,48193	0,48077	0,47962	0,47847	0,47733	0,47619
3	0,31565	0,31411	0,31258	0,31105	0,30957	0,30803	0,30654	0,30505	0,30358	0,30211
4	0,23029	0,22859	0,2269	0,22523	0,22357	0,22192	0,22029	0,21867	0,21706	0,21547
5	0,17918	0,1774	0,17563	0,17389	0,17216	0,17046	0,16877	0,16709	0,16544	0,16308
6	0,14518	0,14336	0,14157	0,1398	0,13804	0,13632	0,13461	0,13292	0,13125	0,12961
7	0,12096	0,11914	0,11733	0,11555	0,1138	0,11207	0,11037	0,10869	0,10704	0,10541
8	0,10286	0,10104	0,09924	0,09747	0,09573	0,09401	0,09233	0,09067	0,08905	0,08744
9	0,08884	0,08702	0,08524	0,08349	0,08177	0,08008	0,07842	0,0768	0,0752	0,07364
10	0,07767	0,07587	0,0741	0,07238	0,07069	0,06903	0,06741	0,06582	0,06427	0,06275
11	0,06857	0,06679	0,06506	0,06336	0,0617	0,06008	0,05849	0,05695	0,05544	0,05396
12	0,06103	0,05928	0,05757	0,0559	0,05428	0,0527	0,05115	0,04965	0,04819	0,04676
13	0,05468	0,05296	0,05128	0,04965	0,04806	0,04652	0,0452	0,04357	0,04215	0,04078
14	0,04928	0,04758	0,04594	0,04434	0,0428	0,0413	0,03984	0,03843	0,03707	0,03575
15	0,04463	0,04296	0,04135	0,03979	0,03829	0,03683	0,03542	0,03406	0,03274	0,03147
16	0,04058	0,03895	0,03738	0,03586	0,03439	0,03298	0,03161	0,0303	0,02903	0,02782
17	0,03704	0,03544	0,03391	0,03243	0,031	0,02963	0,02831	0,02705	0,02583	0,02466
18	0,03392	0,03236	0,03085	0,02941	0,02803	0,02672	0,02543	0,02421	0,02305	0,02193
19	0,03115	0,02962	0,02816	0,02675	0,02541	0,02413	0,0229	0,02173	0,02061	0,01955
20	0,02868	0,02718	0,02576	0,02439	0,02309	0,02185	0,02067	0,01955	0,01848	0,01746

Glossar

Absolute Amortisationsdauer Die absolute Amortisationsdauer ist der Zeitraum, in dem die Einzahlungsüberschüsse eines Projekts unter Berücksichtigung von Zinsen und Zinseszinsen größer als der Anschaffungspreis a_0 sind. Meist wird sie oft nur als Amortisationsdauer bezeichnet.

Absolute Vorteilhaftigkeit Ein Investitionsprojekt ist absolut vorteilhaft, wenn es bei Durchführung den Gewinn des Unternehmens erhöht.

Abzinsungsfaktor Der Abzinsungsfaktor $q^{-n} = (1 + i)^{-n}$ wird dafür verwendet, um den Barwert einer Zahlung zu berechnen.

Amortisationsdauer Die Amortisationsdauer ist der Zeitraum, in dem die Einzahlungsüberschüsse eines Projekts unter Berücksichtigung von Zinsen und Zinseszinsen größer als der Anschaffungspreis a_0 sind. Um sie von der relativen Amortisationsdauer abzugrenzen, wird sie oft als absolute Amortisationsdauer bezeichnet. Um die Amortisationsdauer zu berechnen, bildet man den Barwert der Einzahlungsüberschüsse und summiert diese so lange auf, bis sie gleich oder größer als die Anfangsauszahlung a_0 sind.

Amortisationsmethode Die Amortisationsmethode wird auch als Pay-off-Methode oder Wiedergewinnungsrechnung bezeichnet. Bei der Amortisationsdauer wird die Vorteilhaftigkeit eines Investitionsprojekts auf Grundlage der Amortisationsdauer berechnet. Ist diese kleiner als die Nutzungsdauer oder die vom Unternehmen vorgegebene maximale Amortisationsdauer, ist das Projekt absolut vorteilhaft und sollte durchgeführt werden. Entspricht die Amortisationsdauer der Nutzungsdauer bzw. der maximalen Amortisationsdauer, ist das Projekt weder vorteilhaft noch unvorteilhaft. Der Investor ist indifferent, ob das Projekt durchgeführt werden soll. Wird die Amortisationsdauer innerhalb der Nutzungsdauer nicht erreicht bzw. ist die Amortisationsdauer größer als die maximale Amortisationsdauer, ist das Projekt absolut unvorteilhaft.

Anfangsauszahlung a_0 Die Anfangsauszahlung ist das Kapital, das das Unternehmen in ein Projekt investiert. Die Anfangsauszahlung entspricht dem Kaufpreis inklusive Nebenkosten. Die Anfangsauszahlung wird auch Anschaffungsauszahlung, Investitionssumme oder Kapitaleinsatz genannt.

Annuität Eine Annuität oder auch Rente ist eine Zahlung von konstant bleibender Höhe.

Annuitätenfaktor Der Annuitätenfaktor wird verwendet, wenn aus dem Barwert mehrere konstante Zahlungen, die nachschüssig ausgezahlt werden, ermittelt werden.

Annuitätenmethode Bei der Annuitätenmethode wird die Vorteilhaftigkeit eines Investitionsprojekts auf Grundlage der Überschussannuität beurteilt. Ist die Überschussannuität positiv, ist das Projekt absolut vorteilhaft. Ist die Überschussannuität ist gleich null, ist der Investor indifferent. Bei einer negativen Überschussannuität ist das Projekt absolut unvorteilhaft und sollte nicht durchgeführt werden. Allerdings muss gewährleistet sein, dass die Projekte, die miteinander verglichen werden, dieselbe Nutzungsdauer haben.

Anschaffungsauszahlung a_0 Die Anschaffungsauszahlung ist das Kapital, das das Unternehmen in ein Projekt investiert. Die Anschaffungsauszahlung entspricht dem

Kaufpreis inklusive Nebenkosten. Sie wird auch Anfangsauszahlung, Investitionssumme oder Kapitaleinsatz genannt.

Aufzinsungsfaktor Der Aufzinsungsfaktor $q^n = (1 + i)^n$ wird dafür verwendet, um den Endwert einer Zahlung zu berechnen.

Äquivalente Annuität Eine äquivalente Annuität ist die nachschüssige jährliche Rente eines Investitionsprojekts. Die äquivalente Annuität wird auch als Überschussannuität bezeichnet.

Auszahlung a_t Die Auszahlungen sind der Höhe nach variierende Auszahlungen, die während der unterschiedlichen Perioden eines Investitionsprojekts anfallen, z. B. Lohnkosten für den Arbeiter, der die Maschine bedient.

Barwert Der Barwert ist derjenige Wert einer Zahlung, den man jetzt anlegen muss, um diese bestimmte Zahlung am Laufzeitende zu erhalten.

Beta (β) Das β ist ein Maß für das Risiko einer Aktie und ist für jede Aktie individuell verschieden. Je größer das β, desto größer ist das Risiko, in diese Aktie zu investieren.

Capital Asset Pricing Model Das Capital Asset Pricing Model (CAPM) stellt den Zusammenhang zwischen Rendite und Risiko von einzelnen Wertpapieren oder von ganzen Portfolios dar. Es wird davon ausgegangen, dass Investoren ein größeres Risiko nur dann eingehen, wenn dieses mit einer höheren Rendite kompensiert wird.

Dynamische Investitionsrechnung In der dynamischen Investitionsrechnung wird der Zeitwert von Geld berücksichtigt, d. h. die Höhe einer Zahlung hängt nicht nur vom absoluten Zahlungsbetrag ab, sondern auch vom Zeitpunkt der Zahlung.

Eigenkapitalfinanzierung Liegt Eigenkapitalfinanzierung vor, wird das Unternehmen zu 100 % mit Eigenkapital finanziert.

Eigenkapitalkostensatz Der Kalkulationszinssatz bei Eigenfinanzierung wird Eigenkapitalkostensatz i_e genannt. Der Eigenkapitalkostensatz bei reiner Eigenkapitalfinanzierung wird mithilfe des Capital Asset Pricing Model (CAPM) berechnet.

Einzahlung e_t Einzahlungen sind das Gegenstück zu den laufenden Auszahlungen. Diese Einzahlungen werden als Geldzufluss verbucht. Es handelt sich beispielsweise um Umsatzerlöse oder den Restverkaufserlös einer Produktionsmaschine nach Laufzeitende.

Einzahlungsüberschuss EZÜ $e_t - a_t$ Der Einzahlungsüberschuss ist die Differenz aus den laufenden Einzahlungen und den laufenden Auszahlungen.

Einzelinvestition Eine Einzelinvestition ist eine isoliert durchgeführte Investition, beispielsweise die Anschaffung einer neuen Verpackungsmaschine. Sie wird auch Einzelprojekt genannt.

Einzelprojekt Ein Einzelprojekt ist ein isoliert durchgeführtes Investitionsprojekt, beispielsweise die Anschaffung einer neuen Verpackungsmaschine. Es wird auch Einzelinvestition genannt.

Endwert Der Endwert ist derjenige Wert einer Zahlung, den man am Laufzeitende erhält.

Ergänzungsinvestition Bei einer Ergänzungsinvestition werden die vorhandenen Kapazitäten ausgebaut. Die Ergänzungsinvestition wird auch Erweiterungsinvestition genannt.

Ersatzinvestition Bei einer Ersatzinvestition werden vorhandene Anlagen durch neue

Glossar

Anlagen ersetzt. Hierbei wird zwischen dem technisch bedingten Ersatz und dem wirtschaftlich bedingten Ersatz (Rationalisierung) unterschieden.

Ertragswert Der Ertragswert ist die Summe der Barwerte aller Ein- und Auszahlungen von t_1 bis t_n eines Investitionsprojekts. Die Anfangsauszahlung wird also nicht berücksichtigt.

Erweiterungsinvestition Bei einer Erweiterungsinvestition werden die vorhandenen Kapazitäten ausgebaut. Die Erweiterungsinvestition wird auch Ergänzungsinvestition genannt.

Finanzierungsprojekt Ein Finanzierungsprojekt beginnt mit Einzahlungen und es folgen Auszahlungen.

Finanzinvestition Bei einer Finanzinvestition kann es sich um direkte Beteiligungen an anderen Unternehmen in Form von Aktien, Anleihen oder anderen Formen der Geldanlage handeln.

Fremdkapitalfinanzierung Liegt Fremdkapitalfinanzierung vor, wird das Unternehmen zu 100 % mit Fremdkapital finanziert.

Fremdkapitalkostensatz Der Kalkulationszinssatz bei Fremdfinanzierung wird Fremdkapitalkostensatz i_f genannt. Man bildet den Fremdkapitalkostensatz durch das Berechnen des gewichteten Durchschnitts der tatsächlichen Fremdkapitalzinsen gemäß der Kapitalstruktur eines Unternehmens.

Gegenseitig ausschließende Projekte Sich gegenseitig ausschließende Projekte sind Projekte, bei denen entweder das eine oder das andere Projekt durchgeführt werden kann. Die Durchführung beider Projekte gleichzeitig ist nicht möglich, da beispielsweise die Finanzkraft des Unternehmens dazu nicht ausreicht oder andere Ressourcen, beispielsweise die Anzahl der vorhandenen Grundstücke, beschränkt ist.

Gewichteter durchschnittlicher Kapitalkostensatz Der gewichtete durchschnittliche Kapitalkostensatz wird aus dem mit der Eigenkapitalquote gewichteten Eigenkapitalkostensatz und dem mit der Fremdkapitalquote gewichteten Fremdkapitalkostensatz berechnet. Im Englischen wird der gewichtete durchschnittliche Kapitalkostensatz als Weighted Average Cost of Capital (WACC) bezeichnet.

Interne Zinssatzmethode Bei der internen Zinssatzmethode wird der Zinssatz ermittelt, bei dem der Kapitalwert des Investitionsprojekts genau null ist. Ein Investitionsprojekt ist dann vorteilhaft, wenn dieser interne Zinssatz größer als die geforderte Mindestverzinsung ist. Bei mehreren Investitionsprojekten sollte dasjenige ausgewählt werden, dessen interner Zinsfuß am höchsten ist und gleichzeitig die Mindestzinsanforderung übersteigt. Die interne Zinsfußmethode ist in der Praxis sehr beliebt, da der interne Zinsfuß anschaulich interpretiert werden kann.

Interner Zinsfuß Der interne Zinsfuß r bezeichnet den Zinsfuß, der die Rentabilität des im Projekt gebundenen Kapitals angibt. Der Kapitalwert C_0 der Investition beträgt bei dem gewählten internen Zinsfuß r genau 0 €.

Investitionsprojekt Ein Investitionsprojekt beginnt mit Auszahlungen und es folgen Einzahlungen.

Investitionssumme a_0 Die Investitionssumme ist das Kapital, das das Unternehmen in ein Projekt investiert. Die Investitionssumme entspricht dem Kaufpreis inklusive Nebenkosten. Die Investitionssumme wird auch Anfangsauszahlung, Anschaffungsauszahlung oder Kapitaleinsatz genannt.

Glossar

Kalkulationszinssatz Der Kalkulationszinssatz entspricht dem Zinssatz, den ein Investor mindestens von einer Investition erwartet. Er hängt von den Finanzierungskosten für das Investitionsprojekt ab. Mit diesem Zinssatz berechnet man die Verzinsung des gebundenen Kapitals.

Kapitaldienst Der Kapitaldienst ist die Annuität eines Darlehens. Er setzt sich zusammen aus Zins- und aus Tilgungszahlungen und ist immer gleich hoch.

Kapitaleinsatz a_0 Der Kapitaleinsatz ist das Kapital, das das Unternehmen in ein Projekt investiert. Der Kapitaleinsatz entspricht dem Kaufpreis inklusive Nebenkosten. Er wird auch Anfangsauszahlung, Anschaffungsauszahlung oder Investitionssumme genannt.

Kapitalwert Der Kapitalwert ist die Summe der Barwerte aller Ein- und Auszahlungen (von t_0 bis t_n) eines Investitions- oder Finanzierungsprojekts.

Kapitalwertfunktion Die Kapitalwertfunktion stellt den Kapitalwert in Abhängigkeit vom Kalkulationszinssatz dar. Sie ist negativ vom Kalkulationszinssatz abhängig.

Kapitalwertmethode Bei der Kapitalwertmethode wird die Vorteilhaftigkeit eines Investitionsprojekts auf Grundlage des Kapitalwerts beurteilt. Ist der Kapitalwert positiv, ist das Investitionsprojekt vorteilhaft und sollte durchgeführt werden. Bei einem Kapitalwert von null ist der Investor indifferent. Ein Investitionsprojekt mit einem negativen Kapitalwert sollte nicht durchgeführt werden. Die Kapitalwertmethode ist die wichtigste Investitionsrechenmethode, da sie wissenschaftlich überzeugt und in der Praxis relativ einfach anwendbar ist.

Marktkapitalisierung Die Marktkapitalisierung ist der Wert des Unternehmens an der Börse. Sie wird berechnet, indem man die Anzahl der ausgegebenen Aktien mit dem aktuellen Aktienwert multipliziert.

Marktwert des Eigenkapitals Der Marktwert des Eigenkapitals entspricht der Marktkapitalisierung des Unternehmens. Die Marktkapitalisierung ist die Anzahl der ausgegebenen Aktien multipliziert mit dem aktuellen Aktienwert.

Marktwert des Fremdkapitals Der Marktwert des Fremdkapitals entspricht in der Regel dem Bilanzwert des Fremdkapitals.

Maximale Amortisationsdauer Die maximale Amortisationsdauer wird vom Unternehmen festgelegt. In der Praxis schwankt die maximale Amortisationsdauer meistens zwischen zwei und vier Jahren. Ein Investitionsprojekt sollte durchgeführt werden, wenn die absolute Amortisationszeit nicht größer als die vom Unternehmen festgelegte maximale Amortisationsdauer ist.

Maximalprinzip Beim Maximalprinzip wird angestrebt, das größtmögliche Ergebnis mit gegebenen Mitteln zu erreichen. Ein Beispiel wäre die Gewinnmaximierung.

Minimalprinzip Beim Minimalprinzip wird versucht, ein vorgegebenes Ziel mit möglichst wenigen Mitteln zu erreichen. Diese Maßnahme löst beispielsweise Bemühungen um Kostenminimierung aus.

Mischkapitalfinanzierung Liegt Mischkapitalfinanzierung vor, wird das Unternehmen sowohl mit Eigenkapital als auch mit Fremdkapital finanziert.

Neuinvestition Bei einer Neuinvestition wird eine neuartige Fertigung aufgebaut bzw. ein neues Zweigwerk errichtet.

Glossar

Nutzungsdauer Die Nutzungsdauer (ND) gibt an, wie lange ein Investitionsprojekt betrieben wird.

Objektive Wahrscheinlichkeit Objektive Wahrscheinlichkeiten werden auf der Grundlage von theoretisch ermittelten Wahrscheinlichkeiten oder empirisch ermittelten relativen Häufigkeiten bestimmt.

Partialmodell Hier wird die Projektumwelt – die Annahmen, die man der Beurteilung von Investitions- oder Finanzierungsprojekten zugrunde legt – vereinfacht.

Periodenüberschussannuität Bei der Periodenüberschussannuität wird die Annuität auf Basis des Ertragswerts berechnet.

Programmprojekt Ein Projektprogramm setzt sich aus mehreren Einzelprojekten zusammen. Beispielsweise wird eine Fabrikhalle mit allen Produktionsmaschinen geplant.

Relative Amortisationsdauer Die relative Amortisationsdauer wird berechnet, indem die absolute Amortisationsdauer durch die erwartete Nutzungsdauer geteilt wird.

Relative Vorteilhaftigkeit Ein Investitionsprojekt ist relativ vorteilhaft, wenn es im Vergleich zu anderen, absolut vorteilhaften Projekten den größten Gewinn erwirtschaftet.

Rentenbarwertfaktor Der Rentenbarwertfaktor wird verwendet, wenn der Barwert von mehreren konstanten Zahlungen, die nachschüssig ausgezahlt werden, berechnet wird.

Rentenendwertfaktor Der Rentenendwertfaktor wird verwendet, wenn der Endwert von mehreren konstanten Zahlungen, die nachschüssig ausgezahlt werden, berechnet wird.

Restverkaufserlös Am Ende eines Projekts kann es erneut zu einer Einzahlung kommen, wenn man nämlich sein Investitionsobjekt verkauft. Dieser Erlös nennt man Restverkaufserlös (RVE).

Restwertverteilfaktor Der Restwertverteilfaktor wird verwendet, wenn aus dem Endwert mehrere konstante Zahlungen, die nachschüssig ausgezahlt werden, ermittelt werden.

Risiko Bei der Entscheidung unter Risiko sind die Höhe der Ein- und Auszahlungen während der Nutzungsdauer bekannt, treten aber nicht sicher auf. Es können aber Eintrittswahrscheinlichkeiten bestimmt werden.

Sicherheit Hier geht man von einer Entscheidung unter Sicherheit aus. Das heißt, dass die prognostizierten Ein- und Auszahlungen während der Nutzungsdauer des Projekts mit 100 %iger Sicherheit zutreffen.

Statische Investitionsrechnung Bei den statischen Investitionsrechenverfahren berücksichtigt man nicht den Zeitwert von Geld, also den unterschiedlichen Wert von Ein- oder Auszahlungen zu unterschiedlichen Zeitpunkten. Es werden Durchschnittsergebnisse der Ein- und Auszahlungen über die gesamte Nutzungsdauer gebildet.

Subjektive Wahrscheinlichkeit Subjektive Wahrscheinlichkeiten können nicht theoretisch oder empirisch abgeleitet werden. Sie beruhen auf der subjektiven Einschätzung des Beobachters.

Technische Nutzungsdauer Die technische Nutzungsdauer ist diejenige Nutzungsdauer, die technisch möglich ist.

Tilgung Wenn die Kreditsumme eines aufgenommenen Kredits zurückgezahlt wird, wird das Tilgung genannt. Die Tilgung kann in gleichbleibenden Raten, in variablen Raten oder am Ende der Kreditlaufzeit erfolgen.

Überschussannuität Bei der Überschussannuität wird die Annuität auf Basis des Kapitalwerts berechnet. Bei Investitionsprojekten wird die Überschussannuität auch äquivalente Annuität genannt.

Unabhängige Projekte Unabhängige Projekte sind Projekte, die völlig unabhängig voneinander realisiert werden können.

Unsicherheit Bei der Entscheidung unter Unsicherheit sind die Höhe der Ein- und Auszahlungen während der Nutzungsdauer häufig bekannt. Es können aber keine Eintrittswahrscheinlichkeiten bestimmt werden. In einigen Fällen kann die Höhe der Ein- und Auszahlungen auch nicht bestimmt werden.

Vollkommener Kapitalmarkt Das bedeutet, dass Kapital zu jeder Zeit und in jeder Menge verfügbar ist. Außerdem kann der Investor entweder einen Kredit zur Finanzierung der Anschaffungsauszahlung aufnehmen oder seine Einzahlungsüberschüsse zum selben Zinssatz anlegen.

Weighted Average Cost of Capital Der Weighted Average Cost of Capital (WACC) wird aus dem mit der Eigenkapitalquote gewichteten Eigenkapitalkostensatz und dem mit der Fremdkapitalquote gewichteten Fremdkapitalkostensatz berechnet. Die deutsche Übersetzung des Weighted Average Cost of Capital lautet gewichteter durchschnittlicher Kapitalkostensatz.

Wirtschaftliche Nutzungsdauer Die wirtschaftliche Nutzungsdauer ist diejenige Nutzungsdauer, bei der der Gesamtgewinn aus dem Investitionsprojekt maximal ist.

Zinsänderungsrisiko Das Zinsänderungsrisiko gibt an, wie stark sich der Kalkulationszinssatz verändern kann, bis das Projekt unvorteilhaft wird.

Literatur

Grundlagenliteratur

Brealey, R. A., Myers, S. C., & Allen, F. (2014). *Principles of Corporate Finance*. New York: McGraw-Hill.

Copeland, T. E., Weston, J. F., & Shastri, K. (2005). *Financial Theory and Corporate Policy*. Boston: Pearson Addison Wesley.

Däumler, K.-D., & Grabe, J. (2014). *Grundlagen der Investitions- und Wirtschaftlichkeitsrechnung*. Herne/Berlin: Verlag Neue Wirtschaftsbriefe.

Herrlinger, A. (2005). *Methoden der Investitionsrechnung in der Praxis – eine empirische Untersuchung unter besonderer Berücksichtigung des Realoptions-Ansatzes*. Nürtingen: Hochschule Nürtingen.

Hillier, D., Ross, S. A., Westerfield, R. W., Jaffe, J., & Jordan, B. D. (2013). *Corporate Finance*. London: McGraw-Hill.

Kruschwitz, L. (2014). *Investitionsrechnung*. München: Oldenburg.

Olfert, K. (2012). *Investition*. Ludwigshafen: Kiehl.

Perridon, L., Steiner, M., & Rathgeber, A. W. (2012). *Finanzwirtschaft der Unternehmung*. München: Vahlen.

Volkart, R., & Wagner, A. F. (2014). *Corporate Finance, Grundlagen von Finanzierung und Investition*. Zürich: Versus.

Walz, H., & Gramlich, D. (2011). *Investitions- und Finanzplanung*. Heidelberg: Recht und Wirtschaft.

Wöhe, G., & Döring, U. (2013). *Einführung in die Allgemeine Betriebswirtschaftslehre*. München: Vahlen.

Weiterführende Literatur

Frankfurt School of Finance & Management (2010). *Studienwerk. Band Betriebswirtschaft*. Frankfurt: Frankfurt School of Finance & Management.

Röhrich, M. (2007). *Grundlagen der Investitionsrechnung: Eine Darstellung anhand einer Fallstudie*. München: Oldenbourg.

Quellennachweis Abbildungen und Tabellen

BASF SE (2015). BASF Bericht 2014. Ökonomische, ökologische und gesellschaftliche Leistung. https://www.basf.com/documents/corp/de/about-us/publications/reports/2015/BASF_Bericht_2014.pdf. Zugegriffen: 20. Juli 2015.

Bayrisches Landesamt für Umwelt (2012). *Energiesparfenster mit 3 Scheiben – Heizkosten senken und Lärm verhindern*. Augsburg: Bayrisches Landesamt für Umwelt. http://www.umweltbildung-bayern.de/uploads/media/uw_102_energiesparfenster.pdf. Zugegriffen am 14. Februar 2017.

BMW Group (2015). Geschäftsbericht 2014. http://geschaeftsbericht2014.bmwgroup.com/bmwgroup/annual/2014/gb/German/pdf/Bilanz.pdf. Zugegriffen: 2. Juni 2015.

Brounen, D., de Jong, A., Koedijk, K., Corporate Finance in Europe: Confronting Theory and Practice. in: *Financial Management*, Bd. 33, Nr. 4, S. 71-101.

Financial Times (2017). Equity Screener. Equity Screener, https://markets.ft.com/data/equities. Zugegriffen: 14. Februar 2017.

Solaranlagen-Portal (2015). Die eigene Photovoltaik-Rendite prüfen. https://www.solaranlagen-portal.de/photovoltaik/rendite.html. Zugegriffen: 2. Juni 2015.

ThyssenKruppGroup (2014). 2013_2014. Geschäftsbericht ThyssenKrupp AG. Essen. https://www.thyssenkrupp.com/media/investoren/documents_1/finanzberichte_1/2013_5/thyssenkrupp_2013_2014_gb.pdf. Zugegriffen: 2. Februar 2017.

MIX
Papier aus verantwortungsvollen Quellen
Paper from responsible sources
FSC® C105338

If you have any concerns about our products,
you can contact us on
ProductSafety@springernature.com

In case Publisher is established outside the EU,
the EU authorized representative is:
**Springer Nature Customer Service Center GmbH
Europaplatz 3, 69115 Heidelberg, Germany**

Printed by Libri Plureos GmbH
in Hamburg, Germany